Simone Boehringer (Hrsg.), Peter Boehringer,
Philipp Vorndran, Gerhard Spannbauer, Christine Illing

Der private Rettungsschirm

Simone Boehringer (Hrsg.)
mit Beiträgen von Philipp Vorndran, Gerhard Spannbauer,
Christine Illing und Peter Boehringer

Der private Rettungsschirm

Aktualisierte Auflage

Weil Ihnen Staat und Banken im Krisenfall nicht helfen werden

FBV

Bibliografische Information der Deutschen Nationalbibliothek
Die Deutsche Nationalbibliothek verzeichnet diese Publikation in der Deutschen Nationalbibliografie; detaillierte bibliografische Daten sind im Internet über **http://d-nb.de** abrufbar.

Für Fragen und Anregungen:
boehringer@finanzbuchverlag.de

2., aktualisierte Auflage 2012

Nymphenburger Straße 86
D-80636 München
Tel.: 089 651285-0
Fax: 089 652096

Redaktion: Jana Stahl
Korrektorat: Markus Setzler, mehrlichtimtext, Tübingen
Umschlaggestaltung: Maria Wittek
Satz: Grafikstudio Foerster, Belgern
Druck: CPI Ebner & Spiegel, Ulm
Printed in Germany

ISBN Print 978-3-89879-689-7
ISBN E-Book (PDF) 978-3-86248-235-1

Inhalt

Prolog: Haben Sie schon einen Plan B? Es ist Zeit dafür.

Simone Boehringer

1. Die Schuldenkrise verändert Europa

Wir sind im Jahr fünf der Finanzkrise. Eine Lösung ist nicht in Sicht. Schulden werden in Europa mit Schulden bekämpft, und das Kartenhaus aus Krediten und Bürgschaften wird immer fragiler, die Konstruktionen immer waghalsiger. Nur eines ist sicher: Die Bürger bezahlen die Rechnung; in Form steigender Steuern und Abgaben, geringerer staatlicher Leistungen und letztlich auch durch Enteignung, wenn die Preise steigen und die Zinsen weiter von den Zentralbanken künstlich niedrig gehalten werden.

Bricht das instabile Finanzgebäude auf einmal zusammen – und diese Gefahr besteht latent seit der Pleite der US-Investmentbank Lehman Brothers 2008 – wird die ganze Rechnung auf einmal fällig. Wie die Verteilungskämpfe dann aussehen, können wir in Griechenland sehen.

Die Schuldenkrise ist kein europäisches Sonderproblem. Praktisch alle westlichen Gesellschaften, allen voran die Vereinigten Staaten, haben über ihre Verhältnisse gelebt. Die Bankenkrise 2008 und die folgenden staatlichen Stützungsprogramme haben die Probleme noch verschärft. Zins und Zinseszins in unserem seit mehr als 40 Jahren völlig ungedeckten Papiergeldsystem sorgen dafür, dass es vielen Ländern überhaupt nicht mehr gelingt, die Lasten im Griff zu halten, geschweige denn abzutragen. »Aus den Schulden herauswachsen«, wie es viele Politiker sich erträumen und manche Ökonomen schönrechnen, ist in den meisten Fällen nicht mehr möglich, weil die aufgelaufenen Zinsen und der damit verbundene Konsolidierungsdruck auf die öffentliche Hand Investitions- und damit weitere Wachstumsmöglichkeiten einschränkt.

Schulden machen abhängig. Je höher die Verbindlichkeiten eines Landes, desto geringer der Verteilungsspielraum und damit auch die Gestaltungskraft für eigenständige Politik. Die Griechen etwa bekommen dreistellige Milliardenkredite – um ihre Schulden zu tilgen. Beim gemeinen Volk, das teils radikale Einsparungen hinnehmen muss, kommt von diesen »Hilfen« praktisch nichts an. Unverständnis, Wut, ja Hass auf die strengen Geldgeber sind die Folge. Die Hoffnung auf ökonomische Erholung dagegen schwindet. Aber auch die Gläubigerländer können sich immer weniger erlauben angesichts der wachsenden Solidarbeiträge, die sie zusätzlich zu den auch vor der Krise schon bestehenden eigenen Zins- und Tilgungsverpflichtungen leisten müssen. Dies ist absehbar nur durch höhere Steuern (Euro-Soli, Vermögensteuer), Kapitalverkehrskontrollen oder gar einen neuen Lastenausgleich zu finanzieren – bei gleichzeitig drastischer Einschränkung staatlicher Leistungen.

Kurz vor Redaktionsschluss dieses Buches diskutierte Europa gerade über die Erweiterung eines gemeinschaftlichen Rettungsfonds, der gerade erst Ende Juni vom Bundestag mit einem Volumen von 700 Milliarden Euro abgesegnet worden war. Zahlreiche Verfassungsbeschwerden gegen diesen sogenannten Europäischen Stabilitätsmechanismus (ESM) sorgten dafür, dass das Verfassungsgericht Bundespräsident Joachim Gauck zunächst gebeten hatte, das entsprechende Bundesgesetz nicht zu unterschreiben, bis das Gericht sich näher mit der Vereinbarkeit des ESM mit dem Grundgesetz beschäftig hat. Im Kern geht es darum, ob die umfassende Beteiligung Deutschlands am ESM – die Bundesrepublik haftet schon ohne Erweiterung des Fonds mit bis zu 190 Milliarden Euro – die Budgethoheit des Bundestages über Gebühr aushöhlt oder nicht. Das Verfassungsgericht hatte schon bei dem vorherigen Hilfsfonds namens EFSF Bedenken geäußert und darauf aufmerksam gemacht, dass weitergehende monetäre Verpflichtungen für den Erhalt des Euro dieses Königsrecht des Parlaments verletzen könnten. Anders als alle vorherigen

Krisenmechanismen der EU gibt es beim ESM viel weniger Möglichkeiten der parlamentarischen Einflussnahme.

Anstelle der nationalen, demokratisch gewählten Abgeordneten sollen sogenannte Gouverneure diese Institution leiten und können im Bedarfsfall über einen Großteil der nationalen Haushaltsbudgets entscheiden. Gemäß dem ESM-Vertrag[1] besteht die Führung des neuen Stabilitätsfonds aus den 17 Finanzministern der Euro-Staaten. Diese werden lediglich kontrolliert von einem Gremium an Direktoren, die die Gouverneure zuvor selbst ernannt haben – und die sie laut Vertrag auch jederzeit wieder absetzen können. Die ESM-Verantwortlichen agieren praktisch wie eine Regierung über den entsprechenden nationalen Gremien und sie genießen zudem absolute Immunität, haben eine umfassende Schweigepflicht und können die Länder dazu verpflichten, mehr Kapital einzulegen als anfangs vereinbart. Allerdings müssen die Gouverneure über alle Kreditzusagen einstimmig entscheiden. Der deutsche Gouverneur ist bei den meisten Entscheidungen an das Votum des Bundestages gebunden, bei Eilbedürftigkeit (was in dieser Krise bislang praktisch immer der Fall war) reicht jedoch eine Beteiligung kleinerer Gremien wie etwa des Haushaltsausschusses.

Schon vor dem ESM hatte Deutschland sich über andere Rettungsmechanismen verpflichtet, klammen Euro-Staaten Kredite und Bürgschaften über insgesamt rund 300 Milliarden Euro zu geben. Aber noch nie zuvor war die Bundesregierung bereit gewesen, einer supranationalen Behörde so viele Rechte abzutreten wie beim ESM. Hinzu kommt: Der ESM ist nicht das einzige Krisenvehikel, mit dem die Bundesrepublik zur Bekämpfung der Schuldenmisere in Euroland Risiken auf sich nimmt. Aber sonstige Leistungen über Bundesbankkredite oder den Aufkauf von Staatsanleihen durch die Europäische Zentralbank, die gleichfalls Ausfallprobleme bergen, dürfen bei der Entscheidung des Verfassungsgerichts

[1] Der ESM-Vertrag ist auf der Internetseite des Finanzministeriums http://www.bundesfinanzministerium.de/nn_1270/DE/Wirtschaft__und__Verwaltung/Europa/Der__Euro/Stabilitaet/Stabilisierung-des-Euro/20120202-ESMVertrag,templateId=raw,property=publicationFile.pdf oder auch beim europäischen Steuerzahlerbund www.taxpayers-europe.com/images/stories/pdfneu/esm-vertrag.pdf abrufbar.

zum ESM erst mal keine Rolle spielen.[2] Aber schon die Verpflichtungen aus den Hilfsfonds zeigen, dass die Dimensionen immer bedenklicher werden. Zum Vergleich: Die Steuereinnahmen der Bundesrepublik im wirtschaftlichen Boomjahr 2011 betrugen 248 Milliarden Euro. Inklusive sonstiger Erlöse und Neuverschuldung standen dem Parlament knapp 300 Milliarden Euro zur Verfügung. Die möglichen Lasten aus dem Rettungskurs der Regierung können also das Budget bei Weitem überschreiten![3]

Ein Parlament und eine Regierung aber, die nicht mehr Herr über den eigenen Haushalt sind, verlieren mit der ökonomischen auch die politische Freiheit. Denn wo keine nennenswerten Einnahmen mehr zur Verfügung stehen, können auch keine Wohltaten mehr an die Bürger verteilt werden. Wer unter solchen Umständen wiedergewählt werden will, muss noch mehr Schulden machen und wird damit noch abhängiger von den Kreditgebern und so weiter – eine Abwärtsspirale, aus der es ab einem bestimmten Punkt kein Entrinnen mehr gibt.

Dieser Gefahr ist sich die Bundesregierung durchaus bewusst. Das Problem ist nur: Es gibt keinen Weg aus der Schuldenkrise ohne Schmerzen. Kanzlerin Merkel bezeichnet die Übernahme immer weiterer Kreditrisiken als »alternativlos«, weil sie befürchtet, dass ein dauerhafter Zahlungsausfall eines Euro-Landes weitere klamme Staaten der Währungsunion wie Portugal, Spanien oder auch Italien mit in den Abwärtsstrudel reißen könnte. Eine Gefahr, die nicht von der Hand zu weisen ist. Für die gro-

[2] So hat die EZB Anfang 2012 Aufkäufe von Staatsanleihen im Volumen von 211 Milliarden Euro eingeräumt. Im Zuge der Hilfen für weitere Krisenländer wie Spanien wird gegen den Widerstand der Deutschen Bundesbank seit Juni eine Wiederaufnahme der Anleihekäufer diskutiert. Zudem hat die Bundesbank anderen Zentralbanken des Euro-Systems im Rahmen der sogenannten Target-Salden bis Juni 2012 fast eine Billion Euro geliehen. Diese Summe würde allerdings nur fällig bei einer Auflösung der Währungsunion, einem Rückzug Deutschlands oder in Teilen auch dann, wenn irgendein anderes Euro-Mitgliedsland die gemeinsame Währung aufgibt. Solange der Euro in seiner jetzigen Form erhalten bleibt, sind die Salden nicht zahlungsrelevant.

[3] Bislang besteht die Risikoübernahme Deutschlands über die Rettungsfonds »nur« aus Bürgschaften und Krediten. Die Garantien sind bislang nicht fällig geworden, weil eine mehrfach drohende Zahlungsunfähigkeit Griechenlands immer jeweils durch neue, wiederum von den anderen EU-Ländern verbürgte Darlehen abgewendet wurde. Dieselben von der Gemeinschaft garantierten Kredite haben auch Portugal und Irland bekommen. Die effektiven »Kosten« für die Bundesrepublik sind deshalb noch nicht bezifferbar. Das Kieler Institut für Weltwirtschaft hat immerhin ausgerechnet, dass die bisherigen Leistungen des Bundes den Schuldenstand der Bundesrepublik um 85 Milliarden Euro erhöhen werden (aus: »Euro-Rettung lässt deutsche Staatsschulden steigen«, Handelsblatt v. 15.03.2012, Seite 12).

ßen europäischen Partnerländer könnte Deutschland niemals glaubhaft bürgen, ohne selbst seine Kreditwürdigkeit zu verlieren.[4] Die für die Finanzierung der Staaten so wichtigen Anleihenmärkte würden zusammenbrechen. Das Ende der Währungsunion wäre vorprogrammiert.

Es ist diese Perspektive auf einen solchen deflatorischen Crash mit unabsehbaren Folgen, die viele Abgeordnete im Bundestag offenbar bislang vor einem »Nein« bei der Abstimmung zu den Milliardenhilfen zurückschrecken ließ. Zumal die durch die »Rettungspakete« erfolgten Schuldenrückzahlungen auch europäischen Banken und Versicherern zugutekamen und damit Steuerzahler und Besitzer von Lebensversicherungen zunächst vor weiteren Verlusten aus dem Finanzsektor bewahrten. Die Bundesregierung und die Europäische Kommission erkaufen sich mit dieser Politik des schnellen Geldes Zeit. Eine substanzielle Lösung für das Schuldenproblem ist bisher nicht in Sicht, weil Europas Südländer es trotz aller Sparprogramme bislang kaum schaffen konnten, ihre Haushalte in den Griff zu kriegen. Ohne Wirtschaftswachstum ist das auch besonders schwierig, und die EU-Kommission rechnet für das laufende Jahr mit einer Schrumpfung der Wirtschaftsleistung in acht der 17 Euro-Länder, darunter auch in Italien und Spanien. Der Geldbedarf in dieser Krise steigt, und er steigt in immer kürzeren Abständen. Parallel zu den Vorbereitungen für eine stärkere Koordination und Zentralisierung finanzpolitischer Entscheidungen auf EU-Ebene werden deshalb durchaus auch Ausstiegsszenarien diskutiert, für einzelne Länder (Griechenland) oder auch eine Gruppe von Staaten (Nord- und Süd-Euro). Einige Unternehmensberater und Wirtschaftslenker räumen inzwischen freimütig ein, dass viele Firmen mit solchen Alternativszenarien bereits planen. Von den meisten Politikern werden solche Ideen allerdings weitgehend tabuisiert oder gleich als »uneuropäisch« stigmatisiert. Auch hier sind die Angst vor den unabsehbaren Folgen einer Teilung der Eurozone und das politische Primat der europäischen Einigung offenbar zu stark, um sich mit den Chancen und Risiken solcher Alternativszenarien offen auseinanderzusetzen.

[4] Nach Bewilligung milliardenschwerer Hilfskredite für Spaniens Banken im Juli hat die internationale Ratingagentur Moody's der Bundesrepublik bereits mit einer Aberkennung ihrer bisherigen Aaa-Bestnote gedroht.

Hinzu kommt, dass die Entscheidungen in Brüssel eine gefährliche Dynamik erreicht haben, die vor der Krise undenkbar gewesen wäre. Entschieden wird primär von den Staats- und Regierungschefs der 17 Euro- oder auch der 27 EU-Mitgliedsländer unter Federführung einer europäischen »Regierung« aus EU-Kommissaren, Sonderbeauftragten und demnächst auch ESM-Gouverneuren. Das Europäische Parlament in Straßburg hat in der Euro-Debatte dagegen praktisch nichts mitzubestimmen. Auf diese Weise ersetzt die Exekutive zunehmend die Legislative. Mit der Krise hat sich diese Entwicklung beschleunigt: Es eilt immer, und die gewählten Volksvertreter nicken oft nur noch ab, was die EU-Ebene vorgibt. Dieses Vorgehen aber entkernt die Demokratie.

Die Politik hat keine Lösung für die Schuldenkrise. Sie stopft Löcher, immer größere Löcher, in immer kleineren Abständen. Viele Akteure haben deshalb die Flucht nach vorn angetreten und träumen von einer beschleunigten Gründung der Vereinigten Staaten von Europa mit einem Bundesland Deutschland. Dann könnten die Schulden ohne Umwege in einem Schritt vergemeinschaftet werden. Diese Idee ist legitim, kann aber nur über eine Volksabstimmung legal umgesetzt werden. Die Regierungen versuchen es derzeit über die Hintertür der ständigen »Euro-Rettung« und argumentieren mit der Notlage, die ein einheitliches Vorgehen erfordere. Wer so handelt, braucht sich nicht zu wundern, wenn viele Bürger des Europagedankens überdrüssig werden oder gar abwehrend reagieren – zumal die Bundesregierung die vor zwölf Jahren hastig eingeführte Gemeinschaftswährung gerne mit der europäischen Integration an sich gleichsetzt. »Scheitert der Euro, dann scheitert Europa«, sagt Kanzlerin Angela Merkel. Sie wirft damit die Erfolge von fünf Jahrzehnten Zusammenarbeit zwischen den einstigen Feinden in Europa in einen Topf mit der aktuellen Euro-Krise, die nur entstehen konnte, weil wider ökonomische Vernunft auch Staaten in die Währungsunion aufgenommen wurden, deren wirtschaftliche und finanzielle Basis für ein solides gemeinsames Geld nicht ausreichte.

Der Euro als gemeinsame Währung hätte die Krönung sein sollen in einem Prozess der allmählichen geld- und fiskalpolitischen Integration souveräner Nationalstaaten. So hatten es Europas Staatschefs in der

Nachkriegszeit vorgesehen. Stattdessen wurde das gemeinsame Geld ohne gemeinsame Fiskalpolitik eingeführt, was die ärmeren Länder vom Ruf der reicheren profitieren ließ und sie dazu einlud, sich günstig zu verschulden – wie wir heute wissen, auf Kosten der Gemeinschaft, die daran nun selbst zu zerbrechen droht.

2. Zu viele sagen nicht die ganze Wahrheit

Viele Entscheidungsträger in Politik und Wirtschaft sind sich der Fehlentwicklungen der Europäischen Gemeinschaft in den vergangenen zwei Jahrzehnten durchaus bewusst. Sie problematisieren sie aber nur selten offen und wenn, dann nicht weitgehend genug. Die meisten haben noch einen guten Teil ihrer Karriere vor sich und wollen sich daher nicht zu sehr aus dem Fenster lehnen. Manche geben auch offen zu, dass sie die Ächtung und den beruflichen Absturz fürchten, wenn sie sich bei der Schuldenkrise konträr zur herrschenden öffentlichen Meinung äußern (»Das kann ich doch nicht machen, in meiner Position«). Bezeichnenderweise meldeten sich bis vor Kurzem emeritierte oder am Ende ihrer Karriere stehende Rechts- und Ökonomieprofessoren[5] zu Wort – oder ab und zu auch Zurückgetretene, die ihre Beweggründe im Nachhinein erläutern, wie etwa Jürgen Stark. Er hatte seinen Posten als EZB-Chefvolkswirt im September 2011 wegen grundsätzlicher Meinungsverschiedenheiten über die Aufgaben der Zentralbank aufgegeben. »Die Zentralbanken rund um den Globus haben die Finanzmärkte mit Liquidität geflutet, und wir können in vielen fortgeschrittenen Volkswirtschaften keinen ernsthaften Versuch erkennen, die Fiskalpolitik in den Griff zu bekommen. [...] Ich glaube, die Politik will gar nicht zum Kernproblem der Rolle und der Größe des Finanzsektors vordringen, weil man in Wahlkämpfen steht und

[5] Erwähnt seien hier beispielhaft die Professoren Wilhelm Hankel, Joachim Starbatty, Wilhelm Nölling, Karl-Albrecht Schachtschneider, Dietrich Murswiek und der CSU-Bundestagsabgeordnete Peter Gauweiler, die in mehreren Verfassungsklagen gegen die Europäischen Verträge und auch gegen die europäischen »Rettungsschirme« Verfassungsbeschwerden eingereicht hatten, sowie etwa auch der Chef des Konjunkturforschungsinstituts ifo, Hans-Werner Sinn, der trotz starker Widerstände und Gegenreden nachgewiesen hat, dass über bestimmte Zahlungssalden (Target 2) noch einmal knapp eine Billion an Extra-Risiken im Zuge der Krisenpolitik der EZB entstanden sind.

das politische System von daher Grenzen setzt für langfristige Lösungen«, sagte Stark in seinem ersten großen Interview nach seinem Rücktritt.[6] Stark war nach dem ehemaligen Bundesbank-Chef Axel Weber der zweite deutsche Notenbanker, der ging, weil er Staatsanleihenkäufe und sonstige direkte und indirekte Geldspritzen der EZB für falsch und inflationstreibend hielt. Erst Anfang Juli 2012, als mit der Zustimmung der EU zu reinen Bankenhilfen für Spanien die Vergemeinschaftung reiner Branchenrisiken sehr offenkundig wurde, wandten sich rund 170 deutschsprachige Ökonomen um den Dortmunder Statistikprofessor Walter Krämer in einem offenen Brief an Politik und Bürger: »Weder der Euro noch der europäische Gedanke als solcher werden durch die Erweiterung der Haftung auf die Banken gerettet; geholfen wird stattdessen der Wall Street, der City of London – auch einigen Investoren in Deutschland – und einer Reihe maroder in- und ausländischer Banken, die nun weiter zulasten der Bürger anderer Länder, die mit all dem wenig zu tun haben, ihre Geschäfte betreiben dürfen.«[7] Die dringend erforderliche öffentliche Debatte zur Euro-Rettung setzte damit ein, wenige Tage, nachdem der Bundestag den neuen permanenten Rettungsschirm ESM mit Zweidrittel-Mehrheit abgesegnet hatte. Es folgten Gegenreden, weitere Aufrufe und Klarstellungen der Bundesregierung zu ihren Gipfelaussagen bezüglich Spanien. Obendrein hatte das Bundesverfassungsgericht für 12. September eine wichtige Entscheidung zur Verfassungsmäßigkeit des ESM angekündigt.

Die Ökonomen hatten in ihrem offenen Brief Worte gewählt, die ihre Zunft und auch große Teile des Politbetriebs zuvor höchstens in Hintergrundgesprächen gewagt hatten. »On record«, wie es im Fachjargon der Journalisten heißt, wurde und wird oft wesentlich weniger scharf gesprochen und dann entsprechend auch geschrieben als »off record«, quasi in den Kaminzimmern der Republik. Dort herrscht Zitierverbot. Gerade, wenn es um die heiklen und existenziellen Fragen der Finanzkrise geht, bleiben viele Politik- und Wirtschaftsakteure in ihrer öffentlich kundgegebenen Meinung weit hinter dem zurück, was sie tatsächlich über diese

---

6 Jürgen Stark in »Die Politik will nicht zum Kernproblem vordringen«, Handelsblatt vom 23.03.2012, S. 8 ff.

7 http://www.faz.net/aktuell/wirtschaft/protestaufruf-der-offene-brief-der-oekonomen-im-wortlaut-11810652.html

Krise denken. Mehr noch, manche verhalten sich auch privat anders, als sie es öffentlich preisgeben. Da gibt es zum Beispiel die Geldmanager, die tagsüber ihre weltweit streuenden Publikumsfonds und Zertifikate verkaufen und in der Mittagspause regelmäßig beim Goldhändler vorbeischauen, um sich mit jenen zinslosen Edelmetallen einzudecken, von denen ihr Arbeitgeber zugunsten von margenträchtigeren und vermeintlich risikoärmeren Produkten abrät. Oder den Regierungsberater, der nach dem Ausschalten des Aufnahmegeräts die Frage in den Raum wirft, warum die unter 30-Jährigen nicht längst auf der Straße seien. Sie würden schließlich im Zuge der Krise gerade enteignet. Dann doch lieber der Chefvolkswirt, der dezidiert kritisch auftritt; aber immer so, dass er von der Masse der offiziell Andersdenkenden noch akzeptiert wird. Privat hat er sich längst ein Haus mit Grundstück und Wasserquelle abseits der Großstadt gesichert: »Ich habe jetzt Familie, da muss man weiterdenken!«

Familie haben viele von uns und auch alle Autoren dieses Buches. Die Kurzatmigkeit und vor allem auch Kurzlebigkeit politischer Entscheidungen in den vergangenen Jahren macht es allerdings immer schwerer, Pläne zu schmieden, Ziele zu verfolgen und dem Nachwuchs Kontinuität vorzuleben. Wenn auf der großen Bühne Versprechen gebrochen wurden (»Es wird keine Schuldenübernahme für andere Euroländer geben«)[8] und Prinzipien immer öfter einem undefinierten Pragmatismus weichen müssen (Rettungsschirm, erweiterter Rettungsschirm, neuer Dauerrettungsschirm ESM, Aushilfsretter Notenbank), um Fehler aus der Vergangenheit auszugleichen (zu schnelle Währungsunion mit zu vielen Ländern), sind all diejenigen lästig, die prinzipientreu bleiben und weiter die Schwachstellen des Systems analysieren.

Das Dilemma ist: Der eingeschlagene Weg ist nicht mehr ohne große Friktionen rückgängig zu machen. Ähnlich wie im Nachgang zur Pleite der amerikanischen Investmentbank Lehman Brothers kommt die Diskussion

---

8 Die sogenannte No-Bail-out-Klausel nach § 125 des Vertrages über die Arbeitsweise der Europäischen Union (AEUV), auch Lissabon-Vertrag genannt, im Wortlaut: Die Union haftet nicht für die Verbindlichkeiten der Zentralregierungen, der regionalen oder lokalen Gebietskörperschaften oder anderen öffentlich-rechtlichen Körperschaften, sonstiger Einrichtungen des öffentlichen Rechts oder öffentlicher Unternehmen von Mitgliedstaaten und tritt nicht für derartige Verbindlichkeiten ein.

über prinzipielle Lösungen zu spät und zu langsam in Gang. Eine Fortführung der bestehenden Euro-Union wird für Deutschland immer teurer; doch jeder Ausschluss eines überschuldeten Mitgliedstaats wäre ebenfalls mit hohen Folgekosten verbunden.

»Wir Deutsche müssen aufpassen, dass uns nicht die Kraft ausgeht, denn unendlich sind auch unsere Möglichkeiten nicht, und damit wäre ganz Europa nicht geholfen«, sagt Kanzlerin Merkel.[9] Man könnte auch übersetzen: Der Kaiser ist bald nackt! Die Milliarden, die in den Rettungsmechanismen gebündelt sind, bestehen aus Krediten und Kreditversprechen, die zum größten Teil Deutschland trägt. Die Haftungssummen, die die Regierung bislang über direkte und indirekte Wege zugesagt hat, ließen sich schon bis Frühjahr 2012 auf mehr als eine Billion Euro hochrechnen.[10] Das ganze »Rettungs«-Konzept beruht darauf, dass die zugesagten Summen hoffentlich nie voll abgefragt werden. Dies erweist sich aber aktuell bereits als Illusion: Der laufende Hilfsschirm EFSF ist nach zwei Jahren zu mehr als der Hälfte aufgebraucht.

Ähnlich den Würdenträgern des kaiserlichen Hofstaats in Andersens Märchen sprechen auch die wichtigsten Mandatsträger in Politik und Wirtschaft heute die Probleme nicht offen an. Tatsächlich könnten sie dadurch aufs politische Abstellgleis geraten. Es ist aber nur eine Frage der Zeit, bis eine kritische Masse an Menschen das anfangs skizzierte Kredit-Kartenhaus zum Einsturz bringt und darin den nackten Kaiser sitzen sieht. Wer und wann das sein wird, kann niemand genau sagen. Der Aufruf der Ökonomen, an dem sich bis kurz vor Redaktionsschluss dieser Auflage etwa 200 Professoren beteiligt haben, könnte der Auslöser für eine neue Debattenkultur in dieser Schuldenkrise gewesen sein. Allerdings kommt es in unserer modernen Mediendemokratie nicht nur darauf an, was man sagt, sondern auch, wer es sagt. Und viele für die Leitmedien wichtigen Gesprächspartner sind eben just jene Funktionsträger, deren

9 »Europa ist unser Glück«, Angela Merkel im Interview mit der Süddeutschen Zeitung vom 26.1.2012, S. 19.

10 Der Staatsrechtsprofessor und Verfahrensbevollmächtigte zweier Verfassungsklagen zum Euro-Thema, Dietrich Murswiek, beziffert die Belastungen Deutschlands aus den bisherigen Hilfsschirmen (Griechenland, EFSF, EFSM) auf 304 Milliarden Euro. Mit dem ESM kommen Gewährleistungen über 190 Milliarden Euro hinzu. Zusammen mit riskanten Verrechnungsrisiken der Bundesbank, den sogenannten Target-Salden (950 Milliarden Euro bis Juni 2012) kommt man auf eine Haftungssumme der Bundesrepublik von fast 1,5 Billionen Euro.

Stellung vielfach von einer Beibehaltung der bestehenden Strukturen und Netzwerke abhängt. Solange es aus deren Sicht auch nur den Hauch einer Chance gibt, mit dem Durchwursteln weiterzukommen, wird deshalb der einmal eingeschlagene Weg weiterverfolgt, Risiken werden klein geredet und in die Zukunft verschoben.

3. Was Sie tun können: Die Elemente des privaten Rettungsschirms

Verlass ist auf eine solche Politik nicht mehr. Wenn der »Plan A« schiefgeht, können Sie aber davon ausgehen, dass die Entscheider die Ersten gewesen sind, die zumindest materiell vorgesorgt hatten. Was aber können Sie tun? Machen Sie es wie die Profis. Behalten Sie vorläufig Ihren angestammten Job und verfolgen Sie Ihre Karriere weiter, wenn es sinnvoll ist – aber erarbeiten Sie daneben einen »Plan B« für sich und Ihre Familie. Sie können sich vorbereiten auf die Zeit, nach der der Kaiser als nackt beziehungsweise die Euro-Rettung als Farce entlarvt wird – persönlich, beruflich, monetär und vor allem auch geistig.

»Die Bürger der westlichen Welt müssen mit einem Systembruch rechnen. Sein Ausgang kann zwar nicht seriös vorhergesagt werden. Der Übergang wie auch die Zeit danach bedeuten in jedem Fall für die große Mehrheit der Menschen eine gewaltige mentale Umstellung«, schreibt der systemkritische Wirtschaftsblogger und Vermögensberater **Peter Boehringer** und widmet sich deshalb im folgenden Kapitel der geistigen Vorbereitung auf die anstehenden Veränderungen, die eine alternative Geldanlage-Strategie genauso nötig werden lassen wie eine persönliche Vorsorge und den Willen, unabhängiger zu werden von den Strukturen des bestehenden Systems.

Eine der Hauptbotschaften dieses Buches lautet: Vertrauen Sie dabei auf sich selbst und weniger auf die Politik. Was die Politik im Großen nicht schafft, können Sie im Kleinen bewerkstelligen. Sich einen privaten Rettungsschirm aufspannen, damit Sie und Ihre Familie den eingangs skizzierten Einsturz des Kartenhauses möglichst unbeschadet überstehen. Dazu müssen Sie sich befreien von den vielen Scheingewissheiten unserer Gesellschaft, wie etwa der Stabilität des Euro, der Sicherheit Ihrer Lebensversicherung oder auch der immerwährenden günstigen Verfügbarkeit von Energie, Lebensmitteln und medizinischer Vollversorgung.

Zur persönlichen Vorbereitung gehört ganz konkret, die richtige Anlagestrategie zu finden, die einem das Ersparte auch im Falle beschleunigter Geldentwertung real erhält. Lieber in Sachwerte investieren, statt zu viele Schuldentitel zu kaufen, lautet die Kernthese von Autor **Philipp Vorndran**. Neben Gold setzt der Kapitalmarktstratege vor allem auf Aktien von Unternehmen mit bewährtem und krisentauglichem Geschäftsmodell, von denen viele über Jahre hohe Dividenden zahlen und den Anlegern damit auch dann einen regelmäßigen Ertrag bringen, wenn die Börsenkurse sinken. Vorndran erklärt, warum er eine fortschreitende Geldentwertung für die wahrscheinlichste Lösung dieser Schuldenkrise hält, und bereitet die Leser darauf vor, dass es in der Summe aller Anlagen in den nächsten Jahren im Wesentlichen um den realen Vermögenserhalt gehen muss.

Doch mit dem »Geld retten« alleine ist es nicht getan, zumal, wenn es zu einer ungeordneten Auflösung der Währungsunion kommen sollte. Daher rät Vorsorgeexperte **Gerhard Spannbauer**, sich für unruhige Zeiten ein Sicherheits- und Vorratskonzept aufzubauen. Seine Empfehlungen gehen dabei wesentlich über das hinaus, was Verbraucherschutzministerium und Bundesamt für Bevölkerungsschutz und Katastrophenhilfe seit Jahren bereits zum Schutz vor Naturkatastrophen, längeren Stromausfällen oder Reaktorunglücken vorsehen. Wer in schwierigen Zeiten etwas erreichen will, muss auch persönlich über sich hinauswachsen, die eigene Trägheit überwinden und lernen, Probleme früher und konsequent anzugehen. Die Menschen werden in der Krise »mit neuartigen Herausforderungen konfrontiert, die für das weitere Leben entscheidend sein können«, schreibt Spannbauer. Er empfiehlt deshalb, ganz gezielt Projekte zu suchen, die einen auf den ersten Blick überfordern, um daran zu wachsen und auf diese Weise persönlich krisenfester zu werden. Interessanter Nebenaspekt: Aus den so gewonnenen Fähigkeiten könnte auch mal der Hauptjob werden.

Die ehemalige Kapitalmarktanalystin und Selbstversorgerin **Christine Illing** hat ihr Leben bereits erfolgreich umgestellt. Sie beschreibt, wie Sie es Stück für Stück und ohne größeren Aufwand schaffen können, Ihren bisherigen Lebenswandel zu verändern und Qualitäten und Fertigkeiten (wieder-) zu erlangen, die für die Generation unserer Großeltern noch selbstverständlich waren. Bei Illing geht es ganz handfest ums Haltbarmachen, um das Selbstanbauen und um Konzepte einer gesünderen und vom krisenanfälligen System der »Just-in-time-Lieferung« unabhängigen Ernährung. »Es macht wenig Sinn, sich ständig mit den Details einer unlösbaren gesellschaftlichen Gesamtsituation zu beschäftigen. Deshalb ist es besser, die eigene Energie auf positive Schritte im persönlichen Umfeld zu lenken. Schritte, die jeder ohne größeren Aufwand selbst bewerkstelligen kann«, ermutigt Illing, die selbst offen zugibt, vor fünfzehn Jahren nicht einmal genügend Lebensmittel für die nächste Mahlzeit im Haus gehabt zu haben.

Der private Rettungsschirm ist keine Anleitung für gesellschaftliche Aussteiger, sondern eine Einführung für diejenigen, die sich auf eine wahrscheinlich unangenehme Zeit vorbereiten wollen, in der sie nach mehr als zehn Jahren Reallohnverlust mit weiteren (großen) Wohlstandseinbußen rechnen müssen; aber auch für die Jahre nach diesem Paradigmenwechsel, der mit der Schuldenkrise bereits eingeleitet worden ist. Es kann allerdings sein, dass die laufende Krisenpolitik noch ein paar Monate, vielleicht auch Jahre trägt. Diese Zeit können Sie konstruktiv für den Aufbau Ihres privaten Rettungsschirms nutzen und sich damit einen mentalen und materiellen Vorsprung vor denen erarbeiten, die die Probleme lieber ignorieren.

I. Die geistige Vorbereitung

Peter Boehringer

1. Die innere Revolte zulassen

1.1 Problemdimension erkennen

»Es ist absolut möglich, dass sich ein Mensch außerhalb des Gefängnisses befinden kann und dennoch gefangen ist; dass er frei aller körperlichen Fesseln ist und dennoch psychologisch unfrei – dazu gezwungen, so zu denken, zu fühlen und zu handeln, wie es die Vertreter des Staates oder gewisser privater Interessen innerhalb des Staates von ihm verlangen. Die Natur eines solchen psychologischen Zwanges ist dergestalt, dass diejenigen, die ihm unterworfen sind, glauben, sie handelten auf Grundlage ihrer eigenen Initiative. Das Opfer von Verstandes-Manipulation weiß nichts von seiner Rolle als Opfer. Für ihn sind die Wände seines Gefängnisses unsichtbar, und er selbst glaubt, frei zu sein. Dass dies nicht stimmt, ist aber nur für die anderen Menschen offensichtlich. Sein Sklaventum ist rein objektiv.«[11]

»Just look at us. Everything is backwards, everything is upside down. Doctors destroy health, lawyers destroy justice, psychiatrists destroy minds, scientists destroy truth, major media destroys information, religions destroy spirituality and governments destroy freedom.«[12]

---

[11] Aldous Huxley: *Wiedersehen mit der schönen neuen Welt*, 1958
[12] Michael Ellner, US-Psychologielehrer und Autor, 1997

Die private Vorbereitung auf große finanzielle, gesellschaftliche und politische Umstellungen bedeutet Arbeit, Zeit- und Geldeinsatz. Dieses zu tun – gar mit dem Risiko der zeitweisen gesellschaftlichen Ausgrenzung – erfordert Überzeugung, das Richtige und Wichtige zu tun. Dieses Kapitel soll die Motivation dazu liefern, die gewaltige zeitliche und thematische Dimension der Verwerfungen zu erkennen, welche noch in diesem Jahrzehnt dazu führen werden, dass wir die Inhalte, die heute die Massenmedien beherrschen, nur noch als dekadenten und anachronistischen Abklatsch einer an der Oberfläche immer noch heilen, darunter jedoch in vielerlei Hinsicht hohlen, verlogenen und zunehmend substanzlosen Welt verstehen werden.

Die Bürger der westlichen Welt müssen mit einem Systembruch rechnen. Sein Ausgang kann zwar nicht seriös vorhergesagt werden (möglich ist die Rückkehr zu nationalen Währungen nach einem radikalen Schuldenschnitt oder aber eine globale Planwirtschaft). Der Übergang wie auch die Zeit *danach* werden in jedem Fall für die große Mehrheit der Menschen sowohl eine gewaltige *mentale* Umstellung als auch eine private *Vorsorge* mit dem Ziel möglichst großer Unabhängigkeit erforderlich machen.

Nur sehr Weitsichtige erkannten die umfassenden gesellschaftlichen Verwerfungen schon so früh wie Huxley oder Ellner. In den Wirtschaftswissenschaften waren die ersten Warner vor dem zwingenden Kollaps unseres heutigen Aufschuldungssystems die Ökonomen der sogenannten »Österreichischen Schule«. Ludwig von Mises analysierte schon vor mehr als 100 Jahren die fatalen gesellschaftlichen Folgen einer auch nur teilweisen Aufgabe der Golddeckung des Geldes, welche nach einer zunächst *allmählichen* Erosion im Laufe des 20. Jahrhunderts dann 1971 *endgültig* vollzogen wurde. Schon seit 1913 wurde es im Westen Zentralbanken überlassen, wie viel Geld in Umlauf gebracht wird. Und diese neigten spätestens seit der Aufgabe der Golddeckung 1971 dazu, jede (kleinere und unvermeidliche) Konjunkturdelle mit uferlos aus dem Nichts kreierten Geldmengen abzumildern, anstatt reinigende Schrumpfungen des Wirtschaftssystems (Rezessionen) einfach zuzulassen.

Aufgrund der ebenfalls im 20. Jahrhundert »perfektionierten«, nur minimalen Hinterlegungspflicht der Geschäftsbanken werden heutzutage aus einer Milliarde frisch geschöpften Geldes viele Milliarden Kredit, denn die Geschäftsbanken dürfen legal jeweils ein Vielfaches dessen weiterverleihen, was sie über dieses fraktionale System von den Notenbanken zur Verfügung gestellt bekommen.

Um von den fatalen Schwächen des menschengemachten Schuldgeldsystems abzulenken, wird der Preis des natürlichen Geldes (Gold), von den Kreditgeldverantwortlichen systematisch gedrückt. Gold ist das Geld, das Menschen seit Jahrtausenden bei freier Wahl wählen – Verfügbarkeit natürlich vorausgesetzt. Damit aber steht das tote Metall als *objektiver* Maßstab und als *unbestechlicher* Stabilitätshüter der machtpolitisch gewünschten ständigen Ausweitung der Papiergeldmengen entgegen. Die künstlich und ab 1913 ohne jeden Nutzen für die Allgemeinheit eingeführten geldmonopolistischen Zentralbanken haben darum, wie auch die chronisch klammen Politiker, nicht nur einen Anreiz, sondern geradezu eine existenzielle Not, den Goldpreis als objektives Barometer der jeweiligen Güte der künstlichen Papiergeldalternativen zu manipulieren. Die in diesem Sinne logische und folgerichtige Goldpreisdrückung wurde von den Verantwortlichen seit vielen Jahrzehnten immer mal wieder zugegeben oder sie wurde anderweitig als *real* erkennbar. Die Nichtregierungsorganisation GATA hat einschlägige Belege und Indizien über eine Zeitspanne von mehr als 50 Jahren akribisch dokumentiert.[13] Zudem wurde die Goldpreisdrückung seit etwa 1993 in mehreren Publikationen statistisch zweifelsfrei nachgewiesen – am umfassendsten wohl durch den Mathematiker Dimitri Speck.[14]

Die Menschen sind in Geldsachen sensibel: Wann immer sie nur leise Zweifel am herrschenden Geldsystem hegen, fliehen unter normalen Umständen viele reflexartig ins Gold. Und je höher sein Preis steigt, desto mehr Menschen werden aufgeschreckt und springen auf den Zug auf. Sogar Ex-US-Notenbankchef Alan Greenspan hat schon 1966 den wichtigen Zusammenhang zwischen einem freien Goldpreis und wirtschaftlicher Freiheit ausgeführt,[15] auch wenn er später zum schlimmsten und

---

13 GATA-Dokumentation der Goldpreisdrückungsindizien: http://www.gata.org/taxonomy/term/21

14 Dimitri Speck: *Geheime Goldpolitik*, FinanzBuch Verlag 2010, http://www.geheime-goldpolitik.de/

15 Alan Greenspan, *Gold und wirtschaftliche Freiheit*, in Ayn Rands Newsletter *The Objectivist*, 1966; siehe dazu auch Abbildung 2 in Kapitel I.4.

lange mächtigsten Vertreter des nunmehr seit gut 40 Jahren herrschenden ungedeckten Papiergeldsystems mutiert ist.

Der heute absehbare endgültige Systembruch unseres nicht nachhaltigen Schuldgeldsystems wird mathematisch und psychologisch zwingend vom Geldsystem ausgehen – auch wenn er durch manipulative, propagandistische, anti-marktwirtschaftliche und am Ende totalitäre politische Maßnahmen noch ein wenig hinausgezögert werden kann.

Die persönliche Rettung vor den Folgen des Systembruchs erfordert Anstrengungen, die nur der Überzeugte und geistig Vorbereitete zu leisten bereit ist. Noch dazu sind der Ausgang des Systemwechsels und der Ablauf der Übergangsphase unsicher. Man muss sich daher auf verschiedene Szenarien vorbereiten. In der Eskalationsphase des Umbruchs wird jedenfalls keine Zeit mehr bleiben, das fehlende Wissen nachzuholen. Dann ist nur noch Umsetzung gefragt! Wir sind spätestens seit den Bankenrettungen 2008 bereits in dieser Eskalationsphase. Die Zeichen stehen an der Wand. Es werden jeden Tag mehr.

1.2 Falsche Vorstellungen ablegen

Die folgenden Zitate und die darin beschriebenen Anekdoten sind für die große Mehrheit der Menschen absolut typisch. Einige sind Leserzuschriften; entnommen der Internet-Seite »Hartgeld.com«. Die einzelnen Zuschriften dort sind nicht repräsentativ – ihre Summe spiegelt »Volkes Denke« aber oftmals genau wider. Die Realitätsverweigerung bezüglich der seit etwa 2010 eigentlich recht klar erkennbaren Folgen unseres »legalen Falschgeldsystems«[16] ist bei Konsumenten der Massenmedien noch immer extrem ausgeprägt. Dies gilt nicht nur für *BILD*-Leser, sondern fast mehr noch für die Zeitschriften der sogenannten »Eliten« wie *ZEIT* oder *Spiegel*. In vielerlei Hinsicht ist der wenig belesene Stammtisch heute *intuitiv* näher an der Realität als die politisch korrekte »Intelligentia«!

16 Reinhard Deutsch: *Die Geldfalle*, Eigenverlag 2001.

»Ich habe das schnelle Ende der ehemaligen DDR noch relativ bewusst erlebt. Noch im September 89, als die ›Flüchtlinge‹ aus Prag und Ungarn nach Westdeutschland ausreisen durften, hätte wohl niemand (sicher von ganz wenigen Insidern abgesehen) auch nur einen Pfifferling darauf gewettet, dass im November die Mauer fällt und ein Jahr später die beiden deutschen Staaten wieder vereinigt wären. Wenn man an die 80er Jahre in der DDR zurückdenkt, erkennt man leider erschreckend viele Parallelen zur heutigen Zeit. Hier nur ein paar Beispiele, die Liste könnte sicher beliebig fortgesetzt werden:

- komplette Entfremdung der Politik vom Volk und ein gewaltiger Bürokratismus (welcher aber gegenüber dem Bürokratismus der heutigen BRD nur ein Lacher war);
- viele gut ausgebildete und qualifizierte Menschen (Intelligenz) verließen in Scharen das Land;
- andere, welche trotz permanenter Gehirnwäsche noch in der Lage waren, eigenständig denken zu können, aber nicht gehen wollten oder konnten, zogen sich oftmals frustriert ins Private zurück;
- nur politisch als unbedenklich eingestufte Personen, Ja-Sager und Karrieristen übernahmen leitende Funktionen in Politik und Gesellschaft. ›Kritiker‹ und ›Querdenker‹ wurden permanent schikaniert und gemaßregelt, bis diese dann oftmals von selbst entnervt aufgaben oder ggf. von den staatlichen Machtorganen aus den Verkehr gezogen wurden;
- ausufernde Zahlungen für Sozialleistungen und Subventionen, dagegen fehlte Geld für Investitionen in die Wirtschaft und in die Infrastruktur (z. B. Instandsetzung defekter Straßen);
- die angebliche Freiheit der Medien war nur auf dem Papier festgeschrieben; in der Realität überall Zensur und Kontrolle;
- begehrte Waren waren nur gegen Westgeld oder im Tauschhandel zu bekommen. Ostpapiergeld war nicht gefragt (ganz so weit sind wir noch nicht, aber das ist der nächste Schritt und es dauert ganz sicher nicht mehr lang, wenn die Masse beginnt, den Glauben an den Euro zu verlieren)«

Für mich ist es erschreckend, unter welcher Realitätsverweigerung der Großteil der Bevölkerung immer noch leidet. Ich merke es jedes Mal, wenn ich solche Themen wie Krisenvorsorge oder Währungsreform im Bekannten- bzw. Kollegenkreis anspreche. Meist wird es wegdiskutiert nach dem Motto, dass nicht sein kann, was nicht sein darf. Inzwischen halte ich mich nur noch dezent zurück, da ich es leid bin, mich als notorischer Schwarzseher, unverbesserlicher Pessimist etc. titulieren zu lassen.

Seit mehreren Jahren versuche ich, mich im Rahmen meiner Möglichkeiten der systematischen Volksverdummung zu entziehen. So habe ich bereits 2006 mein Fernsehgerät entsorgt. Ich habe diesen Schritt bis heute noch nicht bereut – so bleibt z.B. viel mehr Zeit zum Lesen (Fachliteratur, Recherchen im Internet). Ich kann nur jedermann empfehlen, ebenfalls diesen Schritt zu tun. Meine Informationen beziehe ich seither nahezu ausschließlich aus dem Internet und aus Zeitungen, welche nicht dem Mainstream verfallen sind.«

Auch die eigene Familie will oft nicht hören, schreiben die Autoren in den Foren:

»Als ich auf die Lage des Finanzsystems hingewiesen und Goldkauf vorgeschlagen hatte, hat mich meine Frau müde belächelt. Woher willst Du das wissen? Glaub' ich nicht, kann ich mir nicht vorstellen. Es passiert schon nichts, alles Blödsinn. Uns betrifft das nicht. Meine Eltern meinten nur, ich wäre ein Pessimist und Schwarzseher. (Meine Anmerkung: Außerdem lässt man sich vom Sohn doch nichts sagen). Dann habe ich mir erlaubt, Anfang 2007 meinen Eltern zu raten, Sie sollten Postbank-Aktien verkaufen und ihre guten Gewinne realisieren. Nein, das steigt noch weiter. Das gleiche Spielchen mit den Schwiegereltern (Nein, ich lasse mir doch vom Schwiegersohn nichts sagen). Jetzt sitzen sie immer noch auf ihren Aktien und jammern oder sagen: Das kommt schon wieder. Und heute höre ich dann nur: Das konnte doch keiner ahnen, dass es soweit runtergeht, dass es eine Bankenkrise gibt usw. Das hat doch keiner vorhergesagt. Da wird alles ausgeblendet. Auch heute noch glauben die an das System und sagen ›Das wird schon wieder‹. Gestern kam die Schwester. Die meinte, die Krise komme ja doch nicht, einige Preise seien doch sogar gefallen. Und wenn sie doch verhungern müsse, dann verhungere sie halt, das wäre halt dann Gottes Wille, blablabla. Mein Fazit: Den Menschen ist nicht zu helfen. Es ist vollkommen sinnlos, zu versuchen, andere von der Krisenvorsorge zu überzeugen. Die wollen verhungern, und sollen es dann aber auch. Ich habe es aufgegeben, den Leuten Infos zu geben oder Andeutungen zu machen. Es wurde mir sogar mitgeteilt, dass man der Meinung sei, dass ich unter Verfolgungswahn leide und evtl. eine psychiatrische Behandlung benötige.«

»Schwiegereltern (während des Zweiten Weltkriegs geboren – 1948 eine Geldentwertung erlebt, Reichsmark zu Schilling): ›Na ja, schlecht wär es nicht etwas Gold/Silber daheim zu haben, aber das macht man heute nicht mehr. Wir haben zwar noch ein paar Silbermünzen, aber die sind eh nix wert.‹ Schwager (40 Jahre, Ingenieur, keine Geldentwertung erlebt): ›Was Du sagst, ist totaler Schwachsinn, in Aktien gehört investiert, wir haben keine Inflation‹ blablabla, hat fast sein ganzes Geld in Aktien/Fonds und einen Bausparvertrag für jedes Kind. Anderer Schwager (41 Jahre, Arbeiter): ›Also ich würde mir schon etwas Gold daheim einlagern, aber ich brauch ein neues Auto.‹ Rest des Geldes in Aktien, 2008 40 Prozent seines Vermögens verloren. Meine Großeltern (geboren um 1920, zweimal Geldentwertung erlebt): ›Was Du uns erzählst, ist ein alter Hut, wir haben einiges an Hartwährung auf Lager. Wie viel kostet ein Maria-Theresia-Taler [MTT] und ein Wiener Philharmoniker [PH]? Okay. Hier hast Du Geld für 4 PH und 40 MTT.‹«

Fazit dazu: Der Grad der Realitätsverweigerung ist in der Gesellschaft unterschiedlich ausgeprägt. Zugespitzt kann man feststellen: Beamte und Akademiker aller Altersstufen sowie viele Leute zwischen 60 und 70 Jahren sind besonders systemgläubig und wollen sich einen Systemkollaps nicht vorstellen. Die kognitive Dissonanz zu allem, was ihnen medial vorgegeben wurde und was sie zeitlebens an stetigem Wachstum erfahren haben, ist oftmals unauflösbar. Bei schlechter Verdienenden wird (nachvollziehbarerweise) oft der Konsum der Vorsorge vorgezogen. Die ganz Jungen haben meist noch kein Vermögen und nur die wenigsten von ihnen werden sich in der System-Endphase mit ehrlicher Arbeit eines erarbeiten können. Nur falls sie etwas erben, wird es eine (entscheidende) Rolle spielen, ob sie gelernt haben, politisch inkorrekt und damit rational zu investieren. Die ganz Alten dagegen haben den letzten ganz großen Zusammenbruch einer Konsumschuldenpyramide noch erlebt, sorgen schon immer vor und investieren schon immer in reale Werte.

Sehr treffend bringt ein Psychologe diesen fast schon pathologischen Zustand unserer Gesellschaft auf den Punkt: »Die Krankheit sollte heißen: ›Ignorantia chronica absoluta‹. Dieses Krankheitsbild tritt sehr häufig in Verbindung mit ›Arrogantia chronica absoluta‹ auf. Eine sehr gefährliche Mischung.«

Die kollektive Verdrängung ist übrigens kein rein deutsches Problem. Ein US-Blog[17] fasst die Unsicherheit und Ignoranz der Menschen am Beispiel total verunsicherter Aktienanleger zusammen:

> »We're terrified to take our money out of the markets, and we're terrified to leave it in. We know we have no way of ensuring food in the pantry when we are old; or that our children will get an education with it; but we're not yet ready to admit that our hope of rising purchasing power of stocks is already lost, and thus, cut our losses. We desperately need the market to go up, so we are in profound denial. We have no alternate plan, the government has no alternate plan. If what you say is true, we face utter disaster. Please tell me that there's a way to make that not happen.«

Wussten Sie,

- dass die USA schon seit Ende 2008 mehr als 50 Prozent ihrer Staatsneuverschuldung über die Druckerpresse finanzieren? Dass sie also mehr als die Hälfte der Summe, um die sie über ihre Verhältnisse leben, nicht mehr über reale externe Geldgeber finanzieren können, sondern die zugehörigen neu emittierten Schuldverschreibungen direkt an die amerikanische Notenbank Federal Reserve verkaufen?
- dass die EZB unter Mario Draghi seit 2012 daran ist, ebenfalls diesen Wert zu erreichen, nachdem sie auch schon unter Trichet mit dieser Staatsfinanzierung begonnen hatte – zumeist indirekt über zwischengeschaltete Banken, dann über den EFSF; und inzwischen sogar laut EZB-eigenen Statuten über eine verbotene direkte Monetisierung nicht werthaltiger »Sicherheiten« über die EZB-eigene Bilanz?

[17] http://sharonastyk.com/

- dass die EZB seit Januar 2012 ebenso wie die Fed nun auch offiziell fast jede früher noch sehr strenge Qualitätsanforderung an solche refinanzierungsfähigen Sicherheiten aufgegeben hat?
- dass alleine durch die beiden sogenannten Rettungsschirme EFSF und ESM in nur fünf Jahren 2010–2015 mit mehr als fünf Billionen EUR (!) vermutlich mehr Schulden auf deutsche Bücher transferiert werden, als in 60 Jahren an ungedeckten Sozialversicherungsversprechen aufgelaufen sind?
- dass die offizielle staatliche Neuverschuldung in Deutschland ohne Zinszahlungen auf Altschulden fast immer negativ gewesen wäre? Mit anderen Worten: Ohne Schuldensünden der Vergangenheit gäbe es kein Defizit, sondern einen Staatsüberschuss; es würden in diesem Land Milch und Honig fließen. Deutschland könnte seit Jahren sogar Schulden abbauen.
- dass die acht größten Zentralbanken der Welt alleine nur von 2007 bis 2011 ihre Bilanzen um fast zehn Billionen Dollar verlängert und damit verdreifacht haben – meist über die direkte oder indirekte Monetisierung minderwertiger »Sicherheiten«? Dies noch vor Beginn der nun seit 2012 auch in Europa erfolgten völligen Aufgabe der Qualitätsanforderungen.

All diese Maßnahmen können ausschließlich deshalb noch funktionieren, weil den USA (als Inhaberin der Weltleitwährung und des größten Militärapparats) sowie der EZB (mit dem noch immer weltbesten Schuldgaranten Deutschland) weiterhin Vertrauen und damit Bonität gewährt wird. Doch seit 1971 sind unsere Währungen nicht mehr mit Gold gedeckt, sondern jeder Geldschein stellt, wie oben ausgeführt, nur mehr ein Versprechen auf Erhalt der Kaufkraft dar.

Erste Erkenntnis zum Merken daher: Solches Scheingeld lebt ausschließlich vom Vertrauen der Menschen. Geht Vertrauen aber erst einmal auch nur ansatzweise verloren, ist es unter Umständen wie ein fallender Stein und der weitere Verlust des Vertrauens nicht mehr aufzuhalten: Dieses fällt so lange, bis mit ihm die Kaufkraft des Geldes auf Null gesunken ist. Stehen Sie daher zu Ihrer »Paranoia« in Finanzfragen: Sie ist zwingend notwendig – ebenso wie es leider »normal« ist, dass die meisten Menschen in Ihrem Umfeld nichts davon wissen wollen, solange die Lage in den Mainstream-Medien verharmlost und unehrlich dargestellt wird. Wussten Sie,

- dass der Chef der hessischen Landesbank und Mitglied des Bundesbankvorstands Hans Reckers am 26. April 2000 in einer öffentlichen Pressekonferenz die Verschiebung des Euro-Beitritts Griechenlands gefordert hatte. Grund – die mangelnde Wirtschaftskraft des Landes .
- dass ihn daraufhin sofort der damalige Bundesbankpräsident Welteke zurückgepfiffen hat. Und dass sogar Finanzminister Hans Eichel schriftlich höchsten Druck auf die (formal unabhängige!) Bundesbank und auch gegen Hans Reckers persönlich aufbaute, um diese Stimme der Wahrheit sofort zum Schweigen zu bringen.
- und dass Reckers sich heute erinnert: »Ich habe damals nur die Meinung meiner Kollegen im Zentralbankrat wiedergegeben. Aber ganz schnell nach den politischen Interventionen distanzierten sich Bundesbank, EU-Kommission und Finanzministerium.« [18]

Erinnern Sie sich noch,

- dass Helmut Kohl 1998 im Bundestag eine Eloge[19] auf die Integrität und Vorteilhaftigkeit des Euro hielt, und die Euro-Währungszone niemals und in tausend Jahren nicht zu einer Haftungs- und Transferunion werden sollte: »Meine Damen und Herren, nach der vertraglichen Regelung gibt es keine Haftung der Gemeinschaft für Verbindlichkeiten der Mitgliedstaaten und keine zusätzlichen Finanztransfers. Dieser Satz verdient einen Moment des Innehaltens: *Nach den vertraglichen Regelungen gibt es keine Haftung der Gemeinschaft für Verbindlichkeiten der Mitgliedstaaten und keine zusätzlichen Finanztransfers.* Ich bin ganz sicher – wie wir es schon bei anderen geschichtlichen Ereignissen erlebt haben –, dass diejenigen, die heute

[18] Das Thema führte fast zu einem Untersuchungsausschuss, der am Ende aber unter »internationalem« Druck und auf Basis eines stillschweigenden Gentleman-Agreements aller bedingungslos Euro-freundlichen Bundestagsparteien verhindert wurde. Quelle: BILD.de vom 2.11.2010: »Untersuchungs-Ausschuss gegen Hans Eichel?«. http://www.bild.de/politik/2010/politik/untersuchungs-ausschuss-fuer-hans-eichel-14506746.bild.html

[19] Bundestags-Protokoll vom 23.4.1998: http://dipbt.bundestag.de/dip21/btp/13/13230.asc

Nein zum Euro sagen, schon in wenigen Jahren leugnen werden, dass sie je eine solche Meinung vertreten haben.«

- dass die französischen Eliten um Mitterrand schon 1992 wesentlich ehrlicher waren als unsere Politiker und offen aussprachen, dass der Euro ausschließlich zur Niederhaltung Deutschlands eingeführt werden würde: »Maastricht, das ist der Versailler Vertrag ohne Krieg«.[20]

Seit September 2011 haben wir es nun auch vom inoffiziellen Sprecher der Londoner Bankenwelt, dem Journalisten des englischen *Telegraph*, Evans-Pritchard, in sehr deutlichen Worten schriftlich, was die Währungsunion für Deutschland *immer schon* bedeutet hatte, und was auch alle Eliten inklusive Kohl wussten: Der Euro ist eine Verschwörung (»conspiracy«) gegen Deutschland! Die Verschwörungstheorie ist nun offizielle Realität – und wird mit dem ESM noch 2012 sehr grausam und existenzgefährdend: »Sorry Deutschland. History has conspired against you, again. You must sign away € 2 trillion, and debauch your central bank, and accept 5% inflation, or be blamed for Götterdämmerung. It is not fair but that is what monetary union always meant. Didn't they tell you?«[21]

Heute wissen wir, welche Folgen diese Realitätsausblendung, besser Realitätsunterdrückung spätestens seit Mai 2010 hatte: Die wenigen verbleibenden Zahlerstaaten im Euro-System (also vor allem Deutschland) bezahlen nach inzwischen zwei direkten Hilfspaketen mehr als 200 Milliarden Euro für das griechische Euro-Desaster. Der Zusammenbruch des hellenischen Euro-Experiments mit dem meines Erachtens sicheren Fälligwerden aller Garantien Deutschlands für Griechenland wird dabei vorausgesetzt.[22] Die indirekten Rettungsbeiträge über zum Beispiel die EZB, die griechischen Geschäftsbankenhilfen und über das »Target2«-Verrechnungssystem der Euro-Zone (über das die Bundesbank seit 2008 alleine nur über den griechischen Zahlungsverkehr mehr als 100 Milliarden Euro an niemals werthaltig saldierbaren Forderungen gegenüber dem EZB-

[20] Le Figaro 18.9.1992, zitiert im Spiegel 40/1992 http://www.spiegel.de/spiegel/print/d-13682473.html

[21] Ambrose Evans-Pritchard, *The Telegraph*, 25.9.2011: http://www.telegraph.co.uk/finance/comment/ambroseevans_pritchard/8788138/Geithner-Plan-for-Europe-is-last-chance-to-avoid-global-catastrophe.html

[22] Vgl. Peter Boehringer »Es sind doch bloß Garantien«, Smart Investor 11-2011, http://www.goldseiten.de/artikel/18057--.html?storyid=18057

System aufgehäuft hat)[23], sind dabei mangels transparenter Zahlen noch gar nicht mitgerechnet. Wohlgemerkt – wir sprechen nur von den Finanzhilfen für den Mini-Staat Griechenland mit einer Wirtschaftskraft, die nicht einmal die Bayerns erreicht.

Political Correctness siegte bei der griechischen Aufnahme ins Euro-System über wirtschaftliche Vernunft. Dies ist in der heutigen westlichen Wirtschaftspolitik die Regel und nicht die Ausnahme! Das einzige, was am oben genannten Fall Griechenland ungewöhnlich war, ist die in diesem Fall sehr eindeutige Beweislage der Drohungen Eichels und Weltekes gegen den Whistleblower Hans Recker.

Doch auch solche Disziplinierungsmaßnahmen gegen kritische Entscheider sind heutzutage hinter den Kulissen die absolute Regel bei all den vielen Mauscheleien und politisch gewollten Entscheidungen gegen den Markt und damit gegen die Menschen. Denn nichts anderes ist der Markt und damit auch der zuletzt immer wieder als böse spekulierend dargestellte Kapitalmarkt: Die Sammlung der Meinungen aller Investoren, die mal über- und mal untertreiben, aber in der Summe eine viel ehrlichere Interpretation der Realität abliefern, als viele politische Akteure sie hochideologisch leisten. Dies ist die zweite Grunderkenntnis, die Sie gleich zu Beginn dieses Buches unbedingt mitnehmen sollen. Es gibt Zigtausende von Belegen und Indizien dafür, von denen beispielhaft nur ein Bruchteil auf den folgenden Seiten aufgeführt wird.

Die hohe Kunst der wirtschaftspolitischen Analyse kann es heutzutage nur sein, herauszufinden, welche Entscheidungen *überhaupt* noch unabhängig, ökonomisch rational und rechtmäßig im Sinne einer wahrhaft repräsentativen Demokratie getroffen worden sind. In relevanten Politikbereichen dürften das nur noch sehr wenige sein, was auch erklärt, weshalb Politiker aller Parteien Volksabstimmungen oder auch nur ansatzweise basisnahe plebiszitäre Abstimmungsformen apodiktisch ablehnen und Debatten darum mit der Kampfrhetorik der »Gefahr populistischer Ergebnisse« abwürgen.

---

[23] »Target2 – Die Verharmlosung einer finanziellen Atombombe«, Taxpayers Association of Europe, 23.2.2012, http://deutsch.taxpayers-europe.com/infos/aktuell/39/164-target2-die-verharmlosung-einer-finanziellen-atombombe.html

Der Politikprofessor Klaus Hornung ordnet die Basisferne der heutigen »Eliten« in einen größeren Kontext ein: In kulturellen Hoch-Zeiten seien die Eliten schöpferische und integre Vorbilder, »an denen sich die Gesamtgesellschaft orientiert, während sie im Niedergang zu nur noch herrschenden, genießenden und ausbeuterischen Minderheiten herabsinken«.[24] Da sie aber medial überrepräsentiert sind oder ihnen gar die Medien gehören, wird in dieser Phase die Kluft zwischen berichteter Realität und der Meinung und Wahrnehmung des Volkes immer größer.

Unser Realitätssinn und unsere Intelligenz werden medial jeden Tag beleidigt; die »dunkle Seite der Macht« und damit die Realität konsequent verschwiegen.

Abb. 1.1: Realität versus berichtete Realität, Eigene Darstellung: Peter Boehringer.

[24] Klaus Hornung, »Herausforderung und Antwort«, Junge Freiheit 9.5.2008.

1.3 Zeitlichen Fortschritt des Problems erfassen

Unser Kreditgeldsystem mit seiner noch massiv problemverschärfenden Teildeckung der Bankeinlagen – und damit der illegitimen Zinsnahme auf faktisch aus dem Nichts geschöpftem Geld – führt zu exponentiellem Wachstum der Geldmengen. Schon seit 1971 kann diese stetig wachsende Geldmenge nicht mehr durch eine reale Kopplung an Gold irgendwie verankert werden. Nach 41 Jahren aber ist die Kreditgeldkurve nun hinter dem »Knick« angelangt, den jede Exponentialfunktion mathematisch zwingend irgendwann erreicht.

Geld kann gemäß dem Mises'schen Regressionstheorem[25] nur funktionieren, solange das Vertrauen an eine substanzielle Deckung und damit an dauerhafte Kaufkraft bei den Menschen im Gedächtnis ist. Diese Erinnerung ist Umfragen zufolge heute noch immer bei über 70 Prozent der Menschen unbewusst vorhanden. Doch seit Beginn der Bankenkrise 2008 lässt der Irrglaube rapide nach. Immer mehr Menschen erkennen, dass ihre vermeintliche Erinnerung nur eine Illusion und das Geldsystem ein Ponzi-Spiel ist, bei dem die Letzten, die ihre Buchgewinne noch nicht in reale Werte umgemünzt haben, alles verlieren werden! Es ist fatal, wenn dieses Vertrauen durch immer weitere aus dem Nichts kreierte Papiergeld-Milliarden stetig erodiert (wird). Ein erodierender Vertrauensprozess ist ein lawinenartiger Vorgang, der klein und langsam beginnt – aber an einem bestimmten Punkt nicht mehr zu stoppen ist und verheerende Folgen haben kann. Sobald die Masse Zweifel bekommt, ob der Zahlenwert auf dem Schein wirklich in entsprechende Leistungen Dritter oder in Rohstoffe oder Gold umtauschbar ist, wird selbst die Annahmeverpflichtung des gesetzlichen Papiergeldmonopols die Währung nicht retten können! Dann verblasst sehr schnell und endgültig die Erinnerung an ehemalige Stabilität und Werthaltigkeit – selbst wenn die Erinnerung mehr als 40 Jahre lang unbewusst vorhanden war. Die Masse wird gegebenenfalls über Nacht ihr Vertrauen verlieren und vor den bunt bedruckten Zetteln fliehen.

---

[25] Peter Boehringer: »Ungedecktes Papiergeld ist legales Falschgeld«, Smart Investor Magazin 10-2009; http://www.goldseiten.de/artikel/12107--.html?storyid=12107

Dass die Vertrauens-Erosion bereits einsetzt, zeigen solche seit 2008 ebenfalls exponentiell zunehmenden Leserzuschriften im Internet. Nur ein Beispiel:

> »Die Leute beginnen, etwas zu merken: Ich stelle fest, dass bei Gesprächen, die man über Politik und Geldsystem führt, die Menschen anscheinend immer mehr die Ohren spitzen und zuhören. 2008 noch war es fast unmöglich, irgendjemandem die Probleme und Auswirkungen der Krise näher zu bringen. Ich wurde belächelt, sogar ausgelacht. Es wurde sogar behauptet, ich gehöre einer Sekte an. Das hat sich nun mittlerweile geändert. Immer mehr Menschen spüren offenbar, dass große Veränderungen bevorstehen. Ich stelle nun fest, dass die Menschen sensibler reagieren und eher bereit sind, sich mit den Ursachen der Krise auseinanderzusetzen. Dies dürfte meiner Meinung nach in Kürze (zwei Jahre?) dazu führen, dass wie bei der Exponentialfunktion plötzlich die Masse aufwacht.«

Die zu über 90 Prozent in Staatsanleihen angelegten Vermögen der Pensionsfonds und Lebensversicherungen sind hochgradig gefährdet, was den Anlegern und Versicherten aber unter keinen Umständen gesagt werden darf. Die stetige Entwertung dieser Vermögen durch die seit Jahren signifikant negative Realverzinsung von mehr als fünf Prozent per annum wird mittels statistischer Beschönigungen verschleiert. Seit 2010 kommt nun auch noch das ständig steigende Risiko des Ausfalls von Staatsanleihen in diesen Portfolia hinzu (Griechenland, Portugal, …).

Der Chef der Deutschen Bank sagte bereits 2009, die Gesellschaft werde möglicherweise »am Ende akzeptieren müssen, dass der Staat in systemischen Bankenkrisen der Aktionär der letzten Instanz bleibt«[26]. Ackermann forderte damit den uferlosen Bailout aller Banken, was nach dem Dauereinsatz der Kreditvehikel EFSF und EZB nun ab Herbst 2012 der neue »permanente Rettungsschirm« namens »ESM« tatsächlich leisten wird. Zwar werden über diese Vehikel offiziell lediglich »Garantien« ausgesprochen – in der Hoffnung, dass diese in Gänze niemals eingefordert werden.

[26] *Capital* vom 17.11.2009: »Ackermann will Vollkasko für Banken«, http://www.capital.de/finanzen/100026339.html / Peter Boehringer: »Sozialismus à la carte« http://www.goldseitenblog.com/peter_boehringer/index.php/2009/11/17/sozialismus-a-la-carte

Der Glaube an diesen Mythos[27] schwindet aber rasant, wenn zum Beispiel Finanzminister Schäuble noch vor der Bundestagsabstimmung zum zweiten Griechenland-»Rettungs«-Paket bereits die hohe Wahrscheinlichkeit eines dritten betont.[28] Die buchhalterischen Verschiebebahnhöfe toxischer Schulden und Garantien sind bereits heute überfüllt, und auch der letzte Garant (der deutsche Steuerzahler) hat nur *endliche* Bonität.

Sogar im Mainstream wird inzwischen ab und zu ganz ungeschminkt die Wahrheit über das Geldsystem berichtet[29] – wenn auch noch nicht die volle und noch nicht in letzter Konsequenz. »Letzte Konsequenz« würde bedeuten, den Menschen zu erklären, dass sie mindestens seit der einseitigen Aufkündigung der Goldeinlösungsverpflichtung des Dollars 1971 durch US-Präsident Nixon – und ganz besonders seit den Bankenrettungen (Bailouts) seit 2008 – in einer kollektiven Psychose leben. In einer schuldenfinanzierten Schönwetter-Matrix, aus der sie eines Tages erwachen müssen, falls sie nicht warten wollen, bis die wahre Realität sie eben nolens volens herausreißt. Der Mainstream muss also noch weiter gehen als er es bislang tut. Und er wird es tun – es ist nur eine Frage der Zeit. Vermutlich wird es nur noch wenige Jahre dauern, bis der dann vielleicht 45-jährige Spuk des Papier-Falschgelds zu Ende geht, falls dieses nicht doch endlich wieder glaubhaft gedeckt wird. Vermutlich wird am Ende dieses Prozesses sogar die *Idee*, echtes Geld könne als Kreditgeld heutiger Natur ausgestaltet werden, nur noch absurd klingen!

Der Mindestreservesatz der Banken liegt heute in Europa nur noch bei einem Prozent der Anlegereinlagen. In der Anfangsphase der D-Mark lag dieser Satz 1948 aus gutem Grund einmal bei 15 Prozent. Zudem bieten die amerikanische Federal Reserve und die EZB ihren Systembanken seit mehr als 15 Jahren künstliche Niedrigzinsen und seit 2008 die allmähliche Aufgabe jeglicher Qualitätsanforderungen für bei ihnen zur Refinanzierung eingereichte Kredite. Das sind alles klare Symptome der Endphase eines Kreditgeldsystems.

---

27 Vgl. Peter Boehringer: »Es sind doch bloß Garantien«, Smart Investor 11-2011, http://www.goldseiten.de/artikel/18057--.html?storyid=18057

28 dpa-Meldung vom 24.2.2012, vgl. z. B. http://www.welt.de/newsticker/dpa_nt/infoline_nt/brennpunkte_nt/article13886372/Schaeuble-schliesst-drittes-Griechenland-Paket-nicht-aus.html

29 Z.B. WELT online 26.2.2012: »Die EZB verschachert unbemerkt Deutschlands Bonität«, http://www.welt.de/debatte/kommentare/article13889503/Die-EZB-verschachert-unbemerkt-Deutschlands-Bonitaet.html

Trotz der anhaltenden Fortführung von staatlichen Rettungsaktionen der Banken kann daher eine Flucht der Sparer in Sachwerte ab einem bestimmten Punkt nicht mehr verhindert werden. Das ist dann der Beginn des mittelfristigen Systemendes – wenn (!) man nicht die Marktwirtschaft komplett abschafft, Zwangsanleihen, Kapitalverkehrskontrollen, Bargeldhortungsverbote, Abhebungsbeschränkungen, Goldverbote und offen enteignende, planwirtschaftliche Maßnahmen einführt. Bestrebungen, die unter der Bezeichnung »finanzielle Repression« nicht zufällig bereits in Vorbereitung oder sogar im Gange sind; und die in der Eskalationsphase noch durch *reale* Repression (Mobilitätseinschränkungen, Ausgangsverbote, Versammlungsverbote, Internet-Abschaltungen oder -sperrungen) ergänzt werden können.

Falls all diese möglichen Maßnahmen konsequent ergriffen werden, kann das System noch lange Jahre weiterbestehen. Wir leben dann allerdings in einer anderen Republik. Eigentlich ist es dann gar kein Rechtsstaat mehr.

1.4 Hintergrund der Verwerfungen: menschengemacht oder systemisch?

Jeder Leser, der die im Folgenden noch weiter ausgeführte Lügenmatrix ansatzweise versteht, wird früher oder später die Frage stellen: »Wie konnten wir dahin kommen? Wer oder was ist verantwortlich?« Diese Neugierde ist nachvollziehbar und normalerweise steht in der Tat am Beginn jeder Problembetrachtung eine Ursachenanalyse. Zwei Warnungen aber vorab:

1. Unsere Probleme sind *sowohl* systemisch *als auch* menschengemacht – und beides bedingt sich auch noch gegenseitig! Das Systemproblem des ungedeckten Kreditgelds mit Zinsnahme auf aus dem Nichts kreierten Kapital begünstigt in fast allen gesellschaftlichen Ebenen menschliches Fehlverhalten. Massenhaft vorkommende Korruption von Entscheidungsträgern und deren Unterstützer-Stäben ist teuer und wird nur über legalisiertes Papierfalschgeld ermöglicht, welches wiederum ohne menschengemachte Geldmonopolgesetze und ohne die Goldpreismanipulation in einer freien Marktwirtschaft niemals existieren könnte. Die aktuellen finanziellen Verwerfungen sind ebenso papiergeldinduziert wie beinahe jede gesellschaftliche Fehlentwicklung der letzten 40 bzw. besser 100 Jahre! Die Entwicklung von knappem goldgedeckten Geld hin zu ungedecktem und per staatlichem Zwang dekretierten Monopolgeld zwischen 1913 und 1971 war die Ursache der meisten gesellschaftlichen Katastrophen der »modernen« Neuzeit. Kein Krieg seit 1914 hätte ohne das ungedeckte Machtgeld in der brutalen Intensität des über uferlose Verschuldung hochgerüsteten »modernen« 20. Jahrhunderts geführt werden können. In einem System freien Wettbewerbs der Geldsysteme wären solche Perversionen schlicht unfinanzierbar gewesen.

Abb. 1.2: Kausalkette der Geld-, Markt- und Gesellschaftsmanipulation, Eigene Darstellung: Peter Boehringer.

2. Jenseits der unbestreitbaren menschengemachten Systemfehler sind die ganz konkreten menschlichen Eingriffe und Manipulationen zwar über Indizien praktisch jeden Tag belegbar. Sie sind jedoch nur schwer in einen Gesamtkontext einzuordnen, will man nicht riskie-

ren, als »Verschwörungstheoretiker« abgetan zu werden. Wer sich also nur privat »retten« will und keinen Drang zu nerven- und zeitaufreibender Aufklärungsarbeit verspürt, dem sei an dieser Stelle ganz dringend geraten, die täglichen menschlich-politischen Eingriffe zwar zur Kenntnis zu nehmen (was wichtig für das Gesamtverständnis und für Prognosen des Kommenden ist), sich aber nicht als Missionar in dieser Richtung zu betätigen. Man kann sich zum Aufklärer berufen fühlen – aber rechnen Sie dann ab einem bestimmten Punkt mit gesellschaftlicher Ausgrenzung, die wohl erst nach dem Systemkollaps enden wird – vielleicht auch niemals. Ich zitiere nachfolgend nur ein eindeutiges Beispiel des Eingreifens eines demagogischen Elitisten mit dem Ziel der Beeinflussung der öffentlichen Meinung:

Joschka Fischer: »Zahlen für die Mittelmeerländer oder ein Ende des Euros in Kauf nehmen? Allein diese Frage macht zweifelsfrei klar, worum es tatsächlich geht: um die Zukunft des gesamten Projekts Europa. Und diese Frage lädt zu jeder Form von Populismus und nationalistischen Affekten ein.« [30]

Noch relativ neutral kommentiert der Internet-Aufklärer Anthony Wile das Thema:

»Die Zentralbank-Volkswirtschaften des Westens und der Welt sind menschengemacht und wurden im Laufe der Zeit bewusst entwickelt. Die Leute, die sie errichtet haben, wissen sehr genau, wozu sie in der Lage sind – und wie sie Länder und ganze Volkswirtschaften regelmäßig zusammenbrechen lassen und ruinieren. Deshalb [glaube ich], dass das sich vor unseren Augen entfaltende und wachsende Chaos im gewissen Sinne geplant ist oder zumindest nicht unerwartet kommt. Mein Eindruck ist, dass die Eliten eine globale Währung und ›global governance‹ anstreben und sich dafür das, was eine weltweite Depression werden könnte, zunutze machen. Ordo ab chao – Ordnung aus dem Chaos.«[31]

[30] Joschka Fischer »Griechenland-Finanzkrise: Durchwursteln verboten«, in der SZ vom 22.2.2010. http://www.sueddeutsche.de/geld/finanzmisere-in-griechenland-durchwursteln-verboten-1.64032-2

[31] Anthony Wile, »The Daily Bell«, zitiert im Smart Investor Sonderheft »Gutes Geld«, September 2011, S. 98.

Der bekannte US-Börsenbrief-Herausgeber und Multimillionär Doug Casey geht noch weiter. Aus seiner Sicht sind die wichtigsten Staaten der Welt inzwischen von »Soziopathen« übernommen:

> »So is there a root cause to all the problems I've cited? If we can find it, it may tell us how we personally can best respond to the problems. [I argue] that the US government, in particular, is being overrun by the wrong kind of person. It's a trend that's been in motion for many years but has now reached a point of no return. In other words, a type of moral rot has become so prevalent that it's institutional in nature. There is not going to be, therefore, any serious change in the direction in which the US is headed until a genuine crisis topples the existing order. Until then, the trend will accelerate.
>
> The reason is that a certain class of people – sociopaths – are now fully in control of major American institutions. Their beliefs and attitudes are insinuated throughout the economic, political, intellectual and psychological/spiritual fabric of the US. [...] Bush lacked the awareness to see he was fertilizing evil [men] by turning the US into a national security state after 9/11. [...] Now, I believe, it's out of control. The US is already in a truly major depression and on the edge of financial chaos and a currency meltdown. The sociopaths in government will react by redoubling the pace toward a police state domestically and starting a major war abroad. To me, this is completely predictable. It's what sociopaths do.«

Leider hat man für solche Soziopathen im Laufe der vergangenen 30 Jahre beste Bedingungen geschaffen. Wenn erst einmal der Rechtsstaat angeknackst ist und hohe Verwaltungspositionen mit den per Negativ-Auslese hochgeschwemmten Parteileuten besetzt werden, gehen auch die guten Leute frustriert aus der Administration. Das ist ein weiteres Beispiel für den sich selbst verstärkenden Teufelskreis »Systemfehler – Begünstigung menschlicher Fehler – weitere Verschlimmerung und Institutionalisierung der Systemfehler – usw.«!

2. Wer ist betroffen?

2.1 Generell fast alle

Der Mensch tendiert wie alle Lebenswesen aus physiologischen Gründen des effizienten Einsatzes seiner Energie zur Faulheit. Wenn ein Zustand nicht verändert werden muss, dann wird er in aller Regel auch nicht verändert. Beharren bzw. bewahren (lat. »conservare«) ist daher der natürliche Zustand jedes Individuums und jeder Gesellschaft – auch wenn wir uns natürlich trotzdem ständig bewegen und verändern müssen und vielleicht auch manchmal wollen. Dennoch ist eine konservative, bewahrende, inaktive Rolle in einer stabilen Umgebung natürliche und rationale Normalität. Dies ist eine Grundaussage, die keineswegs durch darwinistische Langfristargumente (»Ständige Veränderung sonst Ausselektion!«) oder durch freigeldliche und keynesianische Mythen (»Ständiges *künstlich beschleunigtes* Wachstum sonst implodiert unsere Wirtschaft!«) widerlegt wird! Die Zeiten des klassischen Goldstandards von circa 1880 bis 1913 waren in den westlichen Ländern gesellschaftlich sehr stabile Zeiten: Wirtschaft und Gesellschaft konnten sich darin wohltuend langsam entwickeln und bewährte Dinge und Werte bewahren. Zugleich aber konnten sie auch linear-natürlich wachsen – sowohl quantitativ als auch erfinderisch-qualitativ.

Gesellschaften jedoch, die unter das Joch des 1913 eingeführten privatisierten, ungedeckten Teildeckungs-Geldsystems kamen, gerieten schon nach wenigen Jahrzehnten in einen ohne Systemkollaps unentrinnbaren Überschuldungskreislauf! Dies hat Auswirkungen auf fast alle Menschen, die in solchen Gesellschaften leben. Nach der endgültigen Aufgabe der letzten Teil-Golddeckung der Währungen am 15. August 1971 sind diese Auswirkungen heute weltweit in praktisch allen Indikatorkurven ablesbar. Dies ist die Ursache für eine ungeheure Beschleunigung und einen scheinbar unerklärlichen allumfassenden Niedergang unserer Werte, Umgangsformen, Realwirtschaft, Bildung, Politik und Freiheit!

2.2 Betroffene Gruppen: Beispiele

a) Wirtschaftswissenschaftler und -journalisten:

Lebenslügen: Der Mensch ist ein perfekter emotionsloser Homo oeconomicus, dessen Verhalten sich rechnerisch modellieren und auch zu einem gesellschaftlichen »Optimum« hin steuern lässt.

Die Volkswirtschaftslehre muss sich endlich wieder mehr den wahren Beweggründen menschlichen Handelns widmen und aufhören, die Realität in ein mathematisch modellierbares Muster pressen zu wollen. Seit Keynes, Friedman und Samuelson[32] haben sich die allermeisten Ökonomen als abgehobene Theoretiker in ein Fremdfach eingemischt, zu dem mathematische Modelltheorien jedenfalls auf Makroebene ganz generell nicht passen! Die Ökonomie ist eine (angewandte) Sozialwissenschaft mit dem Haupt-Forschungsobjekt »komplexer, imperfekter und häufig irrationaler Mensch«. Sie ist keine Naturwissenschaft mit praktisch immer sehr eindeutigen Kausalgesetzen von Ursache und Wirkung. Die »*oikonomia*« als griechischer Wortstamm des Wirtschaftens bedeutet schlicht »Haushaltsführung«. Und da menschelt es eben regelmäßig. Die »Ökonometrie« bzw. »Economics« gemäß Samuelson'scher Definition ist dagegen ein mathematisiert-schönes Bauwerk, das aber leider wenig mit der realen Menschenwelt zu tun hat. Und erst recht nichts mit den Realitäten in der pervertierten Welt des privatisierten fraktionalen und ungedeckten Papiergeldsystems, in dem das »uneven playing field« zugunsten der Gelddrucker und Systembanken heute die absolute Regel ist! Die allgegenwärtigen Markt-Manipulationen, die systemfremden und diskriminierend selektiven Bankenbailouts sowie die hochvolatilen Mengen an willkürlich gedrucktem oder auch wieder vernichtetem Kreditgeld sind niemals modellierbar! Weder qualitativ noch quantitativ. Nicht ex post und erst recht nicht ex ante, wie es die Modelltheoretiker aber immer so autoritativ behaupten, wenn sie neue, noch komplexere Modelle vorlegen.

---

[32] Peter Boehringer, 14.12.2009 »Samuelson: Der Ökonometriker des Jahrhunderts« http://www.goldseiten-blog.com/peter_boehringer/index.php/2009/12/14/samuelson-der-oekonometriker-des-jahrhun

b) Geldwissenschaftler und -journalisten

Lebenslügen: Wir haben gutes Geld. Wir leben im Kapitalismus.

Geld ist kein öffentliches Gut, sondern ein marktfähiges Gut wie fast alle anderen auch. Ungedecktes Schuldgeld würde niemals den Lackmus-Test der freiwilligen Nutzung bestehen. Die Menschen wählen bei freier Wahl immer Geld mit intrinsischer Wertzuschreibung – also Warengeld. Nur Gold und Silber sind natürliches, von den Menschen freiwillig akzeptiertes Geld [33] – wer etwas anderes behauptet, der stelle seinen Geldfavoriten dem freien Wettbewerb der Geldsysteme ohne Monopolgesetze.

> Roland Baader: »Der Glaube der mittelalterlichen Alchimisten, aus Blei Gold machen zu können, war eine Manifestation der nüchternen Vernunft im Vergleich zu dem neuzeitlichen Wahn, aus Papier Geld machen zu können.«[34]

> Baader: »Als Kapitalismus sollte man nur eine Privatrechtsordnung bezeichnen, in der die wesentlichen Freiheitselemente der Person unangetastet bleiben: Körper und Leben der Person sowie ihr Eigentum und die Vertragsfreiheit.«[35]

Man erkennt sofort, dass wir in unserem heutigen Falschgeldsystem weder kapitalistisches, gutes, freiwillig akzeptiertes Markt-Geld noch uneingeschränkte Vertragsfreiheit haben. Die uferlosen Bailouts der Banken über die EU-Rettungseinrichtungen verzerren das faire Spielfeld massiv und willkürlich zugunsten der Banken. Auch das Eigentumsrecht wird immer weiter ausgehöhlt – die Gesetze für Vermögensabgaben liegen bereits fertig ausformuliert in der Schublade. Der Kapitalismus ist heute nur noch ein pervertierter Begriff und hat mit der ursprünglichen Bedeutung »Marktwirtschaft« real nichts mehr zu tun. Man kann ohne weiteres heute schon vom »sozialistischen Kapitalismus« oder auch vom »kapitalistischen Sozialismus« der Banken sprechen. Das Finanzkapital dient nicht

---

[33] Peter Boehringer, »Silber ist natürliches Geld«, Smart Investor Sonderheft 2011 »Gutes Geld«, S. 64.

[34] Roland Baader, *Freiheitsfunken*, Lichtschlag-Verlag 2008, S. 81.

[35] Roland Baader, *Geld, Gold und Gottspieler*, Resch-Verlag 2004, S. 83.

mehr der Realwirtschaft. Die Bankengewinne werden privatisiert; die Verluste dagegen über die Bürger sozialisiert – alles ermöglicht und protegiert durch staatliche Eliten, die Geld und Bailouts willkürlich-selektiv gewähren! Die Rückkehr zu gutem Geld ohne staatliche Monopolschutzgesetze und ohne uferlose fraktionale Vermehrung bedeutete das sofortige Ende der staatlichen Aufschuldung als Folge dieser Bailouts. Der libertäre Ordnungspolitiker Michael von Prollius erklärt dazu:

> »Das ist zugleich ein Grund, warum die Regierungen die Masse der Menschen im Glauben bestärken, das Ende des Staatsmonopols sei eine Utopie. Gutes Geld und ein gesundes Finanzwesen sind nicht unmöglich, sondern lediglich verboten.«[36]

c) Finanzwissenschaftler

Lebenslüge: Derivate, Hedging-Instrumente und »moderne Finanzinnovationen« machen Risiken beherrschbar und sorgen so für bessere Wachstumsfinanzierung.

Lassen wir dazu einfach Ex-Fed-Chef Paul Volcker zu Wort kommen. Dieser führte im Dezember 2009 ein bemerkenswertes »Scherbengericht« zum Thema, das es damals kaum in die deutsche Berichterstattung geschafft hat. Immerhin aber in die *TIMES*.[37] Volcker äußerte sich sehr pointiert zur Behauptung, die vielgelobten »financial innovations« beziehungsweise Derivatstrukturen, die die Bankenwelt während der vergangenen circa 15 Jahre in die Welt gesetzt hat, würden »Wachstum fördern« oder gar zu Wohlstand führen:

> »I wish someone would give me one shred of neutral evidence that financial innovation has led to economic growth – one shred of evidence.«

---

[36] Michael von Prollius: »Gutes Geld kommt vom Markt«, Smart Investor Magazin 9-2010, S. 25.

[37] TIMES Online, 9. Dezember 2009: http://business.timesonline.co.uk/tol/business/industry_sectors/banking_and_finance/article6949387.ece

Nach mehr als 15 Jahren ist damit endlich die eigentlich triviale (aber von den »modernen« Finanzwissenschaftlern als Ignoranz oder Häresie abgelehnte) Überzeugung konservativer Goldbugs, dass man selbst durch noch so kreative »Finanzinnovationen«, derivative Wetten, Umverteilungen und Paketierungen volkswirtschaftlich einfach keine Werte schaffen kann, endlich auch mainstreamfähig geworden. Mit Volcker sind endlich die Thesen salonfähig, dass Derivate eben nicht in erster Linie »Risiko hedgen« und auch nicht – wie von der Finanzindustrie und dem Mainstream immer wieder mantrahaft wiederholt:

> »Risiko in verdauliche Tranchen aufteilen und so die Volkswirtschaften in die Lage versetzen, größere Investitions-Risiken zu schultern und damit über den Transmissionsriemen ›geringerer Eigenkapital-Bedarf‹ schneller zu wachsen«!

Der Super-GAU der Banken- und Finanzwelt seit 2008 hat bewiesen, dass das Gegenteil der Fall ist, und dass der fast 1.000 Billionen Dollar schwere Derivatemarkt eines Tages die »finanzielle Massenvernichtungswaffe« werden könnte, als die sie der US-Investor Warren Buffett schon bei einem Volumen von 200 Billionen Dollar bezeichnet hat.

d) Börsenspekulanten und vorsichtige Anleger

Lebenslügen: An der Börse wird Geld nur umverteilt. Das Geld ist nie weg – es hat nur ein anderer.

Alle Anleger müssen sich die wahre Natur des Kreditgelds bewusst machen. Es kam aus dem Nichts ins Leben – gegen eine fraktional vermehrte Schuldeneinbuchung. Und es kann dahin zurückgebucht werden, woher es kam: in der Deflation immerhin *temporär* – und in der Währungsreform sogar *dauerhaft*! Phasen der Schuldenausbuchung sind Geld-Vernichtungsphasen. Einzige Ausnahme ist das wahre Geld, das Geld ohne Schuldgegenbuchung und damit ohne Emittentenrisiko – also ausschließlich physisches Gold und Silber.

Und bitte vergessen Sie gerade in den kommenden hochmanipulierten Umbruchzeiten niemals den alten Spruch: »The markets can stay irrational longer than you can stay liquid.« Man muss nicht nur als Anleger, sondern auch als seiner Familie gegenüber verantwortlicher Bürger diesen Ratschlag beherzigen: Wenn in der noch in diesem Jahrzehnt eskalierenden globalen Überschuldungskrise das Vertrauen der Anleger in die aufgetürmten Schuldenpyramiden verloren geht, werden weltweit alle Sparer gleichzeitig die Banken beziehungsweise Online-Konten stürmen; es wird dann jedoch nur ein Bruchteil der Kunden ausgezahlt werden können. Bankkonkurse oder -schließungen innerhalb von Stunden können die Folge sein. Der Deflationsexperte Günter Hannich empfiehlt aus diesem Grund, »für die kommende Deflation mindestens so viel Bar-Kapital zu besitzen, dass man davon bei sparsamer Lebensweise fünf Jahre existieren könnte«.[38] Dem ist zuzustimmen – wenn auch mit dem sehr wichtigen Zusatz, dass die konservativste und natürlichste »Bar-Liquidität« Gold und Silbermünzen sind; neben einigen weiteren fungiblen Sachgütern und haltbaren Vorratsgütern (Rasierklingen etc.).

e) Wirtschaftspolitiker/Keynesianer

Lebenslügen: Die reale Welt ist nicht nur modellierbar, sondern auch über geld- und fiskalpolitische Methoden »zum gesellschaftlichen Vorteil« zu verbessern. Eine wachsende Wirtschaft braucht eine wachsende Geldmenge. Überschuldungskrisen können mit Geldspritzen kuriert werden. Große Banken sind systemrelevant und müssen wegen drohendem Dominoeffekt immer und alternativlos per Bailout gerettet werden.

Die keynesianischen Methoden sind empirisch inzwischen widerlegt. *Langfristig* hat die Geldpolitik des »deficit spending« niemals Wohlstandsverbesserungen, sondern immer nur Umverteilung und Sozialismus gebracht.

[38] Günter Hannich: *Deflation – die verheimlichte Gefahr*, 2004.

> »Die Vorstellung, dass ein wachsendes Geldvolumen wirtschaftlich und gesellschaftlich wohltätig und wünschenswert wäre, ist einer der größten Irrtümer unserer Zeit. Dieser Irrtum hält sich seit Jahrhunderten. Er hat zahllose Währungen ruiniert, unbeschreibliches Leid über die Völker gebracht und gesellschaftliche und politische Umbrüche erzeugt.«[39]

Nur fraktional Geld aus dem Nichts schöpfende Banken mit minimaler Kapitalhinterlegungspflicht können »too big to fail« werden. Die Konsequenz darf nicht sein, sie alternativlos zu retten, sondern das »fractional banking« abzuschaffen und eine 100-prozentige Deckung der Kredite zu verlangen. Wenn dann eine Bank insolvent geht, dann ist der Kollateralschaden überschaubar und nur die unmittelbaren Einleger verlieren Geld. Das aber hätte heilende Wirkung im System und würde das Risikobewusstsein enorm steigern und Bankenpleiten sehr selten machen. Es ist die Lebenslüge nicht nur der »Bailout-EU«, dass sich ein Schuldenproblem durch noch mehr Kreditgeld lösen lässt. War es doch genau diese abstruse Idee, die das System erst in die heutige Sackgasse geführt hat.

> Roland Baader: »Das Ausmaß der auf den Westen zukommenden Katastrophe entspricht dem Ausmaß der Ignoranz der Bevölkerung und der Eliten hinsichtlich des Wesens des Geldes.«[40]

f) Politikgläubige

Lebenslügen: Der Staat will unser Bestes. Der Staat ist immer vertrauenswürdig, seine Politiker repräsentieren uns.

Das politische System ist heute ein reiner Machtapparat mit demokratischem und inzwischen nur noch scheinbar rechtsstaatlichem *Anstrich*. Staatsrechtler von Arnim wählt drastische Worte: »Staat und Politik sind in einem Zustand, von dem nur noch Berufsoptimisten oder Heuchler behaupten können, er sei aus dem Willen der Bürger hervorgegangen.«[41]

---

[39] Hans Sennholz, 2003; zitiert in Schweizerzeit 19.9.2003: »Ende des Wohlstands«.
[40] Roland Baader, *Freiheitsfunken*, Lichtschlag-Verlag, 2008, S. 94.
[41] Hans Herbert von Arnim, *Das System*, Knaur 2001, S. 19.

Der Parteienapparat ist durchsetzt von Lobbyismus, Vetterleswirtschaft und Postengeschacher. Das Parteiensystem ist so konstruiert, dass eine Negativauslese stattfinden muss, die die Unfähigsten und Korruptesten sowie die skrupellosesten Schauspieler nach oben befördert. Im Zuge der Euro-»Rettungen« 2010-2012 (ff.) wurden alle bislang wenigstens noch geheuchelten Grundsätze der ehrlichen Problemdebatte, der Rechtsstaatlichkeit, der Demokratie und der ökonomischen Vernunft missachtet. Das Volk wird angelogen bezüglich Ursachen, Profiteuren, Ausmaß und Lösungsmöglichkeiten der Krise.

In einem offiziellen Regierungspapier[42] dachte die Obama-Administration zusammen mit der Harvard University und der Chicago Law School schon 2008 darüber nach, wie man – speziell im Internet zu findende Staats- und Regierungskritiker mundtot machen könne: Wer auch nur *Zweifel* gegen offizielle Regierungsdarstellungen vorbringt oder ihnen gar offen widerspricht, dem sollte dies gemäß dem Papier (wahlweise) offiziell verboten werden, der Verfassungsschutz auf den Zahn fühlen, eine Steuer auferlegt und/oder Strafe bis hin zum Gefängnis angedroht werden!

Die jeweilige Regierungsversion der »Wahrheit« muss strafbewehrt verteidigt werden! Die Angst vor der unzensierten Wahrheit muss bei den Eliten schon sehr groß sein, wenn derartige Ideen auch nur *gedacht* werden können.

In so einem Zensur- und Polizeistaat rücken dann Zustände wieder in den Bereich des Realen, die die Welt seit Luther und Galileo Galilei überwunden glaubte – spätestens jedoch seit der Aufklärung. Die Herrschaft sagt: »Ablasszahlungen sind legitim im Sinne der einzig wahren Heiligen katholischen Kirche«; oder die Inquisition sagt: »Die Erde ist der Mittelpunkt des Universums«; oder die Welteliten sagen: »CO2 ist ein Gift.«[43]; demnächst dann »2+2=5«. Ein Ketzer im Internet widerspricht. Die Strafen werden fürchterlich sein.

---

[42] Siehe »Obama adviser: Infiltrate all ›Conspiracy Theorists‹«, Worldnet Daily, www.wnd.com/2010/01/121884 / »Social Science Research Network« http://papers.ssrn.com/sol3/papers.cfm?abstract_id=1084585, 15.1.2008

[43] Spiegel Online 7.12.2009: »US-Umweltbehörde definiert CO2 erstmals als gefährlich«; dazu auch Peter Boehringer »Auftaktbericht vom Welt-CO2-Kirchentag«, 8.12.2009 http://www.goldseitenblog.com/peter_boehringer/index.php/2009/12/08/auftakt-bericht-vom-welt-co2-kirchentag-1

Lügen und vor allem Statistiklügen haben aber reale Konsequenzen für uns alle: Wenn zunehmend Statistiken gefälscht werden und auch Krisen-Barometer ökonomischer Vernunft manipuliert werden (also v.a. der Goldpreis und damit das natürliche Zinsniveau), dann ist ein Staatsschiff orientierungslos und wird auf die Klippen laufen. Es ist die unweigerliche Konsequenz – selbst für die größten, mächtigsten, reichsten und bislang gesündesten Staaten.

Nehmen Sie für Ihre geistige Krisenvorbereitung mit: Die wenigsten Volksvertreter dienen noch in erster Linie Ihnen. In den sogenannten Volksvertretungen oberhalb der Ebene von Stadtteilversammlungen wird nicht einmal ansatzweise unabhängige Politik für Sie als vermeintlichem »Souverän« gemacht! Rechnen Sie mit einem weiteren Abbröckeln der Restdemokratie, der wirtschaftlichen Restvernunft und des noch immer geheuchelten Rechtsstaats. Wir werden wieder Kämpfe gegen den Totalitarismus und für Werte der Aufklärung führen müssen, die wir vor 200 Jahren für gewonnen gehalten hatten.

Der Journalist Günter Lachmann kommentiert den Status quo so: »Politik und Wähler leben längst in verschiedenen Welten. Sie wollen schon lange nicht mehr dasselbe. Die einen rufen nach mehr Demokratie, die anderen begegnen der Forderung nach Offenheit und Transparenz mit Täuschung und Mauschelei.«[44]

> Baader: »Der gefährliche Wandel von der Rechtsgemeinschaft zur ›Wertegemeinschaft‹ ist der Traum der Intellektuellen, weil sie hier das Interpretationsmonopol für sich beanspruchen können. Im Namen der Rechtsgemeinschaft kann man keine Priesterherrschaft errichten, im Namen einer ›Wertegemeinschaft‹ sehr wohl.«[45]

[44] WELT 22.8.2011 »Das Volk kündigt den Vertrag mit der Politik« http://www.welt.de/debatte/kommentare/article13558240/Das-Volk-kuendigt-den-Vertrag-mit-der-Politik.html

[45] Roland Baader, *Freiheitfunken*, Lichtschlag-Verlag 2008, S. 74.

g) Politiker, Parteifunktionäre, Mitläufer in pseudo-neutralen politischen Organisationen

Lebenslüge: Ich arbeite für eine gute Sache, bin wichtig, einflussreich und würde auch in der freien Wirtschaft einen Job bekommen.

Bericht von einer prototypischen politischen Bierzeltveranstaltung:

> »Diese halbe Stunde im Politikerzelt war äußerst aufschlussreich. Es gelang mir, für ein Statement das Mikrofon in die Hand zu bekommen: Ich sagte den Politikern, dass sie mit ihren Banken-Bailouts nur die Bank-Manager vom Gefängnis fernhielten, und dass alle im Zelt dafür bezahlen werden durch Hyperinflation mit Entwertung der Spareinlagen, Lebensversicherungen und Gehälter. Die Politiker wollen alle nicht wissen, was diese Krise ist – nämlich der Kondratieff-Winter, in dem Kredite und Verwerfungen abgebaut werden. Diese Leute sind in der Politik großgeworden, keiner will einen Millimeter von der Parteilinie abweichen. Alle haben extreme Scheuklappen auf. Sie sehen auch nicht die Bedrohung durch den Systemumbruch und Staatsbankrott. Sie alle laufen jetzt sehenden Auges über eine Klippe. Wie der Rest der Eliten auch. Von solchen Eliten ist keine Führung in der Krise zu erwarten, sie müssen ausgetauscht werden. Übrigens, auf mein kritisches Statement gab es keine einzige Reaktion – also auch keinerlei Neugier. Reine Ideologie-Roboter und Karriere-Opportunisten also, die fahren auch über eine Klippe, ohne es zu merken.«

h) Papiergeldgläubige Sparer

Lebenslügen: Papiergeld ist gutes Geld. Eine Staatsanleihe verbrieft realen Wert. Meine Kinder sind sicher investiert in »mündelsicheren« Papieren. Manager von Lebensversicherung-Portfolios und massenmedial bekannte Berater sind grundsätzlich kompetent, unabhängig und testen objektiv und ideologisch unvoreingenommen.

Papiergeld kommt nur durch Verschuldung in die Welt. Es verbrieft nur Ansprüche auf Leistungen. In der aktuell laufenden Endphase des Aufschuldungssystems ist Papiergeld kein sicheres Wertaufbewahrungsmittel mehr. Ebenso wenig alle Anlagevehikel, die auf Papiergeld aufbauen – Sparbücher, Lebens- und Rentenversicherungen, Pensionsfonds. Die Manager solcher Fonds stehen sowohl unter gesetzlichem wie regulatorischem Druck, Papiergeldanleihen und vor allem Staatsanleihen stark überzugewichten. Zudem werden sie *politisch* unter Druck gesetzt, dies zu tun. Ebenso die manchmal als neutrale »Stiftungen« getarnten hochpolitischen medialen Finanzberater.

Dazu Ex-Fed-Chef Alan Greenspan 1966:

> »Der Inhaber einer Staatsanleihe glaubt, dass er einen validen Anspruch auf reale Werte hat. In Wirklichkeit sind nun aber mehr Ansprüche auf Realwerte im Umlauf als Realwerte vorhanden sind.«[46]

Gemessen am seit 1966 massiv fortgeschrittenen Geldmengenüberhang ist diese Aussage heute noch um den Faktor 50 wahrer als 1966!

Dazu passender Kommentar eines Bankers in einem Internetforum:

> »In der Beratung wird auch über Gold geredet und auch Interesse bekundet. Doch der Schritt hin zum Kauf von physischem Gold findet bei Kunden letztendlich nicht statt. Die Barriere, aus dem Papiergeld zu gehen, ist schlussendlich für 99 Prozent der Sparer psychologisch nicht überwindbar. Es fehlt die Entschlossenheit, aus dem System auszusteigen.«

i) Anleger in »gut diversifizierten« Fonds

Lebenslügen: Volatilität ist gleich Risiko. Eine breite Diversifikation des Ersparten sichert meinen Anlageerfolg. Credo: »Wer streut, rutscht nicht aus.« Die Nominalrendite ist entscheidend für meine Anlagen.

Obwohl Markowitz für die Gleichsetzung von Volatilität und Risiko einer Anlage in seiner »modernen Portfoliotheorie« von 1952 tatsächlich 1990

[46] Alan Greenspan, *Gold und wirtschaftliche Freiheit*, in Ayn Rands Newsletter »The Objectivist«, 1966.

noch den Wirtschaftsnobelpreis bekommen hat, ist diese Risiko-Definition willkürlich-definitorischer Humbug! Risiko beziehungsweise Sicherheit müsste ganz anders definiert werden als über die immer nur ex post messbare Schwankungsbreite einer Anlageklasse.[47] Diese Gleichsetzung hat ganze Generationen von Ökonomie-Studenten und Vermögensverwaltern verbildet und dadurch Millionen von ahnungslosen Kleinanlegern von *wirklich* risikoarmen Investments abgelenkt! Der pseudo-objektive mathematische Markowitz-Ansatz blendet gerade in den kommenden Jahren des Endes des aktuellen Aufschuldungszyklus seit 1945 die wahren Gefahren für den Anleger völlig aus: Wie hoch wird die regelmäßige und sichere Enteignung meiner Kaufkraft durch die Inflation sein? Welche Diskontierungssätze sind in den kommenden Jahren risikoadäquat für meine Anlagen? Welche Rendite muss ich darum mindestens erreichen, um real selbst bei nominal guter Performance nicht zu verarmen? Wann kommt die nächste Währungsreform – und überlebt mein Investment diese? Welche politischen Risiken handle ich mir ein?

j) Mediengläubige

Lebenslügen: Die Medien sind die neutrale, unabhängige vierte Gewalt jedes Staates. Ihre Pluralität und Investigativkraft stellen die rechtzeitige Korrektur möglicher Fehler der anderen Machtorgane sicher.

Realität: Wir leben im Zeitalter hochkonzentrierter und zentralisierter internationaler Medien-Oligopole. Viele Medien gehören nur wenigen Eigentümern und sind angewiesen auf den Zugang zu »Exklusivinformationen« und Werbeeinnahmen und damit vielfältig abhängig von offiziellen Machtstrukturen (z.B. Regierung, regierungsnahe Institute, Verfassungsrichter) wie auch von inoffiziellen Mächten (pseudo-unabhängige NGOs, Großkonzerne). Vielfach herrschen heimliche Zensurinstanzen der Political Correctness oder manchmal sogar offene Meinungs- und Gesinnungsgesetze über die veröffentlichte Meinung.

---

[47] Peter Boehringer, 2.4.2010: »Anlageampel grün: zertifiziert, garantiert, sicher, renditelos« http://www.goldseitenblog.com/peter_boehringer/index.php/2010/03/04/anlage-ampel-gruen-zertifiziert-garantie

Noch dazu wird in immer mehr Gesetzes-Definitionen das »Bestimmtheitsgebot« des Artikels 103 GG nicht mehr beachtet.[48] Gesinnungsrichter haben damit immer mehr Spielraum für unbillige Verurteilungen. Selbst im Internet werden scheinbar freie Debatten oftmals gesteuert – die bezahlten Hilfstruppen in den Foren zählen nach Hunderttausenden – und weil sich die freie Meinung noch immer zu oft Bahn bricht, wird sogar debattiert, die technischen Plattformen als inhaltliche Hilfssheriffs zwangszuverpflichten, um die freie Rede zu unterbinden (ACTA-Debatte 2012, »Clean-IT«-Projekt der EU 2012[49]). Dies geschieht meist unter dem geheuchelten Vorwand der maßlos überzogen dargestellten und anderweitig besser bekämpfbaren Scheingefahren des Urheberrechtsschutzes, der »Internet-Kriminalität« oder gar der Pädophilie. In der Endphase des ums Überleben kämpfenden Schuldgeldsystems ist die Wahrheit gefährlich.

Selten aber wird uns der Anspruch auf Herrschaftswissen so unverblümt beziehungsweise unverfroren erklärt wie in diesen vom Sender 3sat im Februar 2010 dokumentierten[50] Statements zweier namentlich nicht genannter »Hauptstadtkorrespondentinnen«, die über die berühmt-berüchtigten »Hintergrundgespräche« der Politiker mit handverlesenen, privilegierten beziehungsweise incentivierten Systemjournalisten wörtlich Folgendes sagten:

> »Wir wollen geheime Politik verstehen. Und das muss ein Zuhörer oder ein Leser nicht erfahren. Sondern die müssen dann nur verstehen, was wir sagen. […] Der Mehrwert [unserer Hintergrundgespräche] besteht darin, dass wir die Wahrheit erfahren und sie dann – so bitter es für manche auch ist – nicht schreiben oder senden dürfen.«

---

[48] Heise.de 26.8.2010 »EU will Datenbank zur Bekämpfung der ›Radikalisierung‹ einrichten.« http://www.heise.de/tp/blogs/8/148267 : *»Die Rede ist von einem ›hochflexiblen Instrument‹, … was heißt, man will beliebig, … Radikalisierung definieren können. Letztlich geht es darum, ›Listen derjenigen Personen aufzustellen, die an der … Übermittlung von radikalisierenden Botschaften beteiligt sind‹. Auffällig ist dabei, dass … die Begrifflichkeiten bewusst möglichst vage gehalten werden.«*

[49] »Clean IT: Die EU will das Internet ›sauber‹ und ›gesund‹ halten«, http://netzpolitik.org/2012/clean-it-die-eu-will-das-internet-sauber-und-gesund-halten/ , 24.2.2012.

[50] http://www.youtube.com/watch?v=0QO4DZu9mxA

»... dass wir die Wahrheit NICHT schreiben oder senden dürfen.« Das war damals kein Witz, sondern explizit erklärte bundesdeutsche Medien-Realität! Die Lüge wird also öffentlich-»rechtlich« institutionalisiert, GEZahlt und gemanagt. Der offizielle Bildungsauftrag der vierten Gewalt wird von einigen Massenmedien inzwischen systematisch pervertiert. So funktionieren die Mechanismen eines zentralistisch gesteuerten Propaganda-Staats. Das Ziel der Massenmedien ist es seit Edward Bernays Beginn der wissenschaftlich betriebenen Massenmanipulation vor mehr als 80 Jahren, eine Gefolgschaft von unkritischen Konsumenten zu schaffen, die alles glauben, was man ihnen vorsetzt. Die leider zu wenigen unabhängigen und zugleich qualitativ hochwertigen Internet-Medien und die Handvoll noch unabhängiger und zugleich auflagenstarker Magazine sind inzwischen die einzige und dringend erforderliche fünfte Gewalt zur Kontrolle der multipel versagenden ersten vier Staatsorgane geworden. Übrigens funktioniert nur hier im Internet auch noch der freie Markt und die ungesteuerte demokratische Meinungsbildung: Das Volk will in einer Demokratie die Macht. Und diese steht ihm nach Artikel 20 (2) Grundgesetz auch zu. So ist es nur logisch, dass sich in einer Situation einer gleichzeitigen latenten Verfassungs- und Medienkrise eine weitere Gewalt etabliert. Im Online-Journalismus ist das einzige Kriterium für die darwinistische Selektion die messbare Qualität der Artikel und Blogs. Jede Seite, die Verbalmüll, Enten, Lügen oder Irrelevantes verbreitet, wird innerhalb weniger Wochen durch ausbleibende Klickraten aus dem Markt selektiert. Dafür sorgen im Netz extrem schnell die Leser.

Der etablierte Mainstream dagegen lebt noch heute vom jahrelangen Artenschutz, den vielfach noch die Alliierten 1946 bis 1949 durch die restriktive Vergabe von Druck- oder Sendelizenzen gewährleistet haben. Nur unter diesen Bedingungen konnten sich nach dem Krieg »führende« Medien mit ihren Zeitungspaketen marktbeherrschende regionale Monopole oder thematische Oligopole sichern, an denen zum Beispiel lokal interessierte Leser überhaupt nicht vorbeikommen und so nolens volens mit dem Lokalteil eines Blattes auch die Politik- und Kulturteile mitabonnieren müssen. Zudem wird die Gleichschaltung des Mainstreams auch noch durch die gesetzlich (»staatsvertraglich«) verbriefte Macht des planwirtschaftlich-verbindlichen »öffentlich-rechtlichen« Zwangs-Pay-TV sichergestellt und seit den 1980ern auch durch die Fusion von Medienkonzernen stark befördert. Wenn dann wie im Deutschland der letzten 25 Jahre auch noch ein Dutzend Landesmedienanstalten die knappen Sende-Frequenzen und die Kabelkanäle regelten und gegen den Markteintritt neuer, unabhängiger Sender absicherten wie Kerberos der Höllenhund, dann werden wirklich systemkritische Gedanken de facto aus allen Blättern und Sendern herausgehalten. Subtil zwar – aber dennoch wirksam und totalitär. Wäre es anders gewesen, könnte der seit 2008 ablaufende Bankenputsch niemals ohne prohibitiven Widerstand durchgezogen werden. Das neue Ermächtigungsgesetz des Jahres 2012 namens ESM wäre in einer ungesteuerten Medienwelt nicht einmal andenkbar gewesen – eine medial aufgeklärte Bevölkerung hätte sich ein solches Ansinnen niemals bieten lassen. Protestkundgebungen wie zum Beispiel die Großdemos gegen »Stuttgart 21« wären gegen die beim ESM adäquaten Massenproteste ein laues Parkpicknick gewesen. Die Deutungshoheit der Massenmedien bröckelt inzwischen zwar – doch leider zu langsam: Die Zeit wird in der System-Endphase knapp, wenn der Staatsbankrott Deutschlands noch verhindert werden soll.

> »Vor der Einführung von Rundfunk und Fernsehen mussten noch umständlich Massenveranstaltungen abgehalten werden. Durch den technischen Fortschritt kann man fast jeden Menschen erreichen, der noch dazu darauf wartet, gelenkt zu werden. Menschen zu lenken, ist erschreckend einfach und blickt auf eine lange Tradition zurück.«[51]

> »Immer gilt: Verfügt die Lüge über Geld und Einfluss, so wird sich auch eine irrige Ansicht wie eine Lawine ausbreiten. Und das Volk wird jeden mit einer –dann plötzlich seltenen– gegenteiligen Meinung als ›Ketzer‹ abqualifizieren, erscheint ihm das Ziel nur edel genug. Jede x-beliebige Wahnvorstellung kann breiten Massen über die Mechanismen der medialen Beeinflussung glaubhaft gemacht werden. Die wunderbaren Erlösungsrezepte verkaufen sich dann wie von selbst. Lügen brauchen [heute] nur noch Prominenz, Kameras, wissenschaftliche Modelle und Statistiken.«[52]

51 Victor Farkas, *Lügen in Krieg und Frieden*, Orac-Verlag 2004, S. 85.
52 Gerald Archangeli: *Börsenstrategien zwischen Wunder, Wahn & Aberglauben*, Holzinger Verlag 2010.

Nicht zufällig beschreibt ein kompetenter aber massenmedial weitgehend totgeschwiegener Kritiker der CO2-Klimareligion seine Erfahrungen beim Ausbrechen aus dem erbarmungslosen medialen Konformitätsdruck so: »Die Strafe für Widerspruch ist heute (noch nicht) Haft oder Liquidation, aber die Verbannung aus der medialen Relevanzzone.« Bei praktisch allen anderen Lebenslügen ist es genauso.

k) Privatsphären-Nostalgiker

Lebenslügen: Wenn ich mich unauffällig verhalte, kann mir keiner was. Wenn ich nichts zu verbergen habe, kann der Staat gerne meine Daten einsehen.

»Privat« wird gegenüber dem Staat bald nichts mehr sein. In Deutschland sträubt sich nur noch Justizministerin Sabine Leutheusser-Schnarrenberger mit Rückendeckung von Millionen Netznutzern gegen die Vorratsdatenspeicherung (VDS), die über die Offenlegung nicht nur von Telefonaten, sondern (viel schlimmer noch) der Adressen aller besuchten Internetseiten und allen E-Mail-Verkehrs jeden Bürgers bis hin zu den intimsten (und u. U. nie versendeten!) Gedanken und Lektüren gläsern macht. Rasterfahndungen über die VDS-Daten werden in Zukunft Standard sein. Die Unschuldsvermutung wird bald ausgehebelt. Jeder ist bis zum (von ihm zu liefernden) Beleg des Gegenteils potenziell verdächtig.

In Europa hat nur ein einziges Verfassungsgericht bislang Klartext gegen die VDS gesprochen. Folgen für die von allen Mitgliedsstaaten weiterhin umzusetzende EU-Richtlinie zur VDS hatte das bislang nicht. Hier der Text von 2009:

> »Rumänisches Verfassungsgericht erklärt Vorratsdatenspeicherung für verfassungswidrig. Zur Begründung führte der Verfassungsgerichtshof Rumäniens am 8. Oktober 2009 aus, dass das Gesetz zur Vorratsdatenspeicherung die in der Strafprozessordnung vorgesehenen Ausnahmen vom Fernmeldegeheimnis zur Regel mache. Im Fall einer Vorratsdatenspeicherung könne von Fernmeldegeheimnis und Meinungsfreiheit ›nicht mehr frei und unzen-

> siert‹ Gebrauch gemacht werden. Eine allgemeine Vorratsdatenspeicherung wecke in den Menschen die berechtigte Sorge um die Wahrung ihrer Privatsphäre und die Furcht vor einem möglichen Missbrauch. Die dauerhafte und die gesamte Bevölkerung betreffende Vorratsdatenspeicherung ›drohe die Unschuldsvermutung auszuhebeln‹, erkläre die gesamte Bevölkerung zu potenziellen Straftätern und erscheine exzessiv. Die Erfassung aller Verbindungsdaten könne ›nicht als vereinbar mit den Bestimmungen der Verfassung und der Europäischen Menschenrechtskonvention erachtet werden‹.«[53]

Die VDS ist nur *ein* Einbruch in die Privatsphäre. Viele weitere sind bereits umgesetzt oder die Gesetze in Vorbereitung. Es gibt auch Tausende von Indizien, dass die Provider in vorauseilendem Gehorsam oder unter (inoffiziellem aber realem) Druck Daten ohne rechtlich zwingende Vorgabe speichern und Behörden und Geheimdiensten zur Auswertung überlassen.

l) Schul- und Unigläubige Eltern

Lebenslügen: Es wird wertneutral alles vermittelt, was die Kinder zum Leben brauchen. Bologna war eine wichtige Reform gegen Bummelstudenten. Alle Studiengänge sind gleich schwer, und wir brauchen möglichst viele Akademiker aller Fachrichtungen.

Idealerweise sollten Kinder in der Schule nach einem gründlichen und unideologischen Faktenstudium zum selbstständigen Denken angeregt und aufgeklärt werden. »Sapere aude« hieß es bei Horaz, was Kant etwas unscharf aber trotzdem stimmig mit dem berühmten »Habe Mut, Dich Deines Verstandes zu bedienen« übersetzte. Das Wagnis der Vernunft ist der Kern der europäischen Aufklärung und damit die Grundlage des europäischen Wirtschaftserfolgs der vergangenen 300 Jahre. Tugenden wie Pünktlichkeit, Bescheidenheit, Menschlichkeit, Pflichtbewusstsein und eben auch Fertigkeiten wie rationales, selbstständiges Denken und Eigenständigkeit sind nicht angeboren. Sie müssen erlernt werden, ebenso

[53] http://www.vorratsdatenspeicherung.de/content/view/342/1/lang,de/

wie Faktenwissen. All das kommt heutzutage in deutschen Schulen kaum noch vor. Bildungstugenden eines Wilhelm von Humboldt oder des preußischen Aufklärers Christian Thomasius sucht man in der real existierenden und wertnihilistischen deutschen Bildungskatastrophe vergebens. (Bestenfalls wird noch das gutmenschlich überhöhte »Methodenwissen« meist »spielerisch« vermittelt, soweit die Sprachfähigkeiten multikultureller Klassen dies überhaupt noch zulassen.) Drei Viertel aller Kinder würden heute als Legastheniker gelten, wenn man sie am Rechtschreibniveau der 1960er Jahre messen würde.[54]

Spätestens nach der Grundschule wird ein erheblicher Teil der Unterrichtszeit zur Indoktrination verwendet. Naturwissenschaftliches und geschichtliches Faktenwissen, klassisch-literarische Kenntnisse und allgemeinbildende handwerkliche Fähigkeiten geraten zur Nebensache. Gefragt sind (Selbst-)Darstellungs- und Sozialkompetenz. Zudem Gender-Mainstreaming, CO2-Geschwafel und nicht zuletzt die Mythen der herrschenden Wirtschaftslehre in unserem legalen Falschgeldsystem: »unabhängige Zentralbank«, »alternativloser Euro«, »Preisstabilität«, die gesamte Täuschungs-Palette, der auch später die Erwachsenen nicht entkommen sollen.

»Die Schule ist das größte Hindernis bei der Entwicklung des menschlichen Geistes«: Nie war dieser alte Sarkasmus[55] aktueller als heute.

Ebenso wenig wird eigenständiges Denken noch in den verschulten heutigen »Bologna«-Universitäten mit ihren zentralisierten, privatisierten und gleichschaltenden »Equis[56]-Akkreditierungs«-Prozessen gefördert. Das unkritische Auswendiglernen von ideologisch immer weiter eingeengten und vereinheitlichten Inhalten prägt dort den Alltag des chronisch gestressten Bachelor- oder Master-Studenten, der zwischen »credit-relevanten« Vorlesungen und Kellnern keinerlei Zeit mehr für ein freies Studium hat, was aber die Voraussetzung für die Herausbildung freiheitlicher und kreativer

---

54 Gerd Maas: *Dekadenz*, www.gerd-maas.de, 2009.

55 Arthur Schopenhauer zugeschrieben.

56 »European Quality Improvement System«; europäischer Arm eines intransparent betriebenen aber hoheitlich protegierten internationalen Normierungs-Netzwerks von Uni-Lehrinhalten und -prozessen.

Gedanken wäre, welche wiederum Voraussetzung für ein Verständnis der Ursachen des uns umgebenden geldsozialistischen Wahnsinns wären. Der Staat seinerseits wacht mit seiner ganzen Polizeigewalt darüber, dass gerade im Bildungswesen möglichst keine alternativen (privaten oder gar häuslichen) Erziehungs- und Bildungsangebote eine Chance gegen die staatliche sozialistische Einheitsschule bekommen. Professor Gerd Habermann von der Hayek-Stifung und zugleich Leiter des Familienunternehmer-Instituts spricht zurecht vom »*Staatsabsolutismus*«[57] im Bildungswesen. Es ist ein Paradoxon, dass gerade die heute als »Kadavergehorsams-Erziehung«[58] verrufene preußische Erziehung gegenüber dem real existierenden Staatsabsolutismus der Jetztzeit ein Hort der aufgeklärten Liberalität war.

m) EU-Fans und Euro-Gläubige

Lebenslügen: Die EU war und ist für Deutschland ökonomisch ein Segen. Die EU und der Euro sind eine Frage von Krieg und Frieden in Europa. Die EU setzt demokratisch den Willen der Völker um. Die EU ist alternativlos. Der Euro ist alternativlos. Scheitert der Euro, scheitert Europa. Der Euro muss und kann dauerhaft gerettet werden.

Die meisten dieser Mythen werden an anderer Stelle in diesem Kapitel bereits widerlegt. Selbst wenn man aber noch immer an angebliche Segnungen der EU glaubt: Der dafür inzwischen zu zahlende Preis ist viel zu hoch. Der Bundestag wird noch im Sommer 2012 einem faktischen Putschgesetz zustimmen, das mit der Ratifikation aller ESM-Länderparlamente praktisch unwiderruflich die finanzielle Hoheit Deutschlands an eine sich selbst verwaltende, supranationale, ohne Widerspruchsmöglichkeit fast grenzenlos durch die Nationalstaaten budgetierte, nicht kontrollierbare Bank mit vollständig immunisiertem Personal abgeben wird. Ein ökonomischer, demokratischer, ordnungspolitischer und staatsrechtlicher Albtraum! Wir reden von nichts Geringerem als der Herrschaft einer künftig autark von Kontrollen und geradezu souverän handlungsfähigen, ho-

---

57 Gerd Habermann, »Bildung als Staatsmonopol«, Junge Freiheit 30.7.2010, S. 22.

58 Ehrhardt Bödecker, *Preußen – eine humane Bilanz*, Olzog-Verlag 2010.

heitlich befugten ESM-Banker-Clique, gar noch finanziert auf Kosten der Bürger und Steuerzahler, vor allem in Deutschland.[59] Man muss wirklich in historischen Dimensionen und Zeiträumen denken, um diesen Putsch der EU und aller Berliner »Blockparteien« gegen das deutsche Volk richtig einordnen zu können: »No taxation without representation!« war vor 1776 der Schlachtruf der Amerikaner gegen die englischen Kolonialherren. Der ESM führt uns zu diesen längst überwunden geglaubten Kämpfen zurück, denn Haftungsgemeinschaften und daraus folgende Verschuldung laufen immer auf höhere Besteuerung oder Inflation hinaus, ohne dass die betroffenen Steuerbürger auch nur den Hauch einer Beeinflussungsmöglichkeit des ESM-Gouverneursrats hätten! Dieser ist nicht gewählt, fast grenzenlos budgetiert und sogar gegen jedwede juristische Verfolgung immunisiert. Und die bei Drucklegung im April 2012 noch nicht endgültig bekannten Mitwirkungsrechte des Bundestags können schon jetzt getrost als vernachlässigbar angesehen werden: Weite Teile der ESM-Entscheidungen unterliegen der Geheimhaltung – ein vermutlich 20-köpfiges Untergremium des Haushaltsausschusses des Bundestages wird über ESM-Entscheidungen informiert werden. Das ist der blamable Rest der nationalen Haushalts»souveränität« und der Volksbeteiligung anno 2012. Politische Zustände aus den Zeiten vor der Aufklärung und vor der Befreiung des Bürgertums aus monarchistischer und kolonialistischer (später auch kommunistischer) Unterjochung: Das ist die Folge einer umfassend ermächtigten ESM-»Dauerrettungsinstitution«! Eurobonds müsste ein solchermaßen budgetierter Suprastaat eigentlich gar nicht mehr einführen. Doch auch das wird in EU-Absurdistan noch geschehen – Rot-Grün hat dem in (nicht »für«) Deutschland bereits zugestimmt.

> »In der EU verbinden sich zwei ideologische Stränge, nämlich ein International-Sozialismus und der International-Kapitalismus. Dieser Internationalismus hat ein Interesse am schon von Trotzki geforderten Gebot der ›permanenten Revolution‹. Deshalb muss es auch jetzt [trotz faktischem Bankrott aller Mittelmeerstaaten und fast aller Banken] weitergehen.«[60]

---

59 Vgl. Studie des Europäischen Steuerzahlerbunds vom 14.2.2012: »ESM-Vetrag stoppen«: http://www.taxpayers-europe.com/infos/aktuell/39/162-esm-stoppen-die-eu-buerger-zahlen-die-zeche.html

60 Manfred Brunner, 1993 Gründer des EU-kritischen »Bund freier Bürger«, Junge Freiheit 7.5.2010, S. 3.

Die europäische Einigung als Freihandelsprojekt war vielleicht einmal eine sinnvolle Idee nach dem Zweiten Weltkrieg; umgesetzt in Form der EWG, der EG und vielleicht sogar noch dem »Währungsschlangensystem« bis 1999. Es ist aber wichtig zu wissen, dass es bereits seit den 1920er Jahren supranationale politische Ideen für den europäischen Bundesstaat gegeben hatte (Paneuropa-Union, Frankfurter Schule), die bis heute zwar niemals mehrheitsfähig und nach geltendem Verfassungsrecht ohne Volksabstimmung auch rechtswidrig[61] wären; die aber ganz offenbar aktuell und putschartig zur EU-staatlichen illegalen »Perfektion« vorangetrieben werden.

n) Freiheitsliebende, Vermögende und Republikaner (Rechtsstaatler)

Lebenslügen: Der Staat, unsere Demokratie und unsere Verfassung schützen dauerhaft meine Freiheit, mein Vermögen und meine Rechte.

Bürgerliche Rechte, Meinungsfreiheitsrechte und sogar die elementarsten Eigentumsrechte und Menschenrechte sind heutzutage auch im Westen in höchster Gefahr. Vielfach sind sie faktisch bereits massiv eingeschränkt, obwohl sie auf dem Papier noch existieren. Auch Verfassungspapier verbrieft letztlich wie Papiergeld nur Versprechen, die gebrochen werden können! Die Belege für diese harten Aussagen füllen Bände (beziehungsweise eher Gigabyte auf den noch halbwegs freien Internetseiten). Nehmen Sie hier nur mit, dass es Teil einer geistigen Vorbereitung sein sollte, sich auch rechtlich in den kommenden Jahren auf *nichts* mehr zu verlassen. Gerade für die Jahrgänge ab etwa 1945 ist diese geistige Umstellung schwierig, denn sie haben ihr ganzes bewusstes Leben lang im historischen Vergleich ungewöhnlich gesundes Wachstum, Stabilität, hohe Rechtssicherheit und relative Bürgernähe der Politik erlebt. Wer aber große Teile seines bisherigen Lebens in diesem positiven Umfeld, das zunehmend illusorisch wird, verbracht hat, kann von der heutigen Realität nur enttäuscht werden. Manche werden bei der Des-Illusionierung im Zuge der Krieseneskalation wahnsinnig werden – besser ist es daher, *rechtzeitig* und *kontrolliert* die propagandistisch aufgehübschte Scheinwelt zu verlassen.

---

[61] FAZ vom 30.6.2009 zum Lissabon-Urteil des BVerfG: »*Weckruf aus Karlsruhe: Bis hierhin und nicht weiter*« http://www.faz.net/aktuell/politik/lissabon-urteil-weckruf-aus-karlsruhe-1815140.html

Den vielleicht kürzestmöglich zitierbaren Beleg dafür, dass kein vermeintlich ehernes und ewiges Menschenrecht in Deutschland heute noch sakrosankt ist, lieferte Bundesfinanzminister Wolfgang Schäuble: »Im Hinblick auf die Ewigkeitsgarantie des Grundgesetzes mahne ich zur Zurückhaltung.«[62] Jeder, der auch nur ansatzweise andere (= politisch inkorrekte, individuelle) Vorstellungen hat als der es mit uns vorgeblich wohlmeinende kollektivistische »Nanny«-Staat, wird die Einschränkungen spüren. Nur perfekt angepasste Schafe werden von der nicht demokratisch legitimierten EU-Kommission, vom ESM-Gouverneursrat und der zunehmend omnipotenten Weltregierung aus IWF, Fed und Weltbank unbehelligt bleiben. Und natürlich werden auch diese nicht von der explodierenden Geldentwicklung verschont bleiben. Auch und gerade vermögenslose Menschen werden über diese Geldentwertung noch weiter verarmen. Die offiziellen Inflationsstatistiken werden ebenso wie alle anderen relevanten Regierungsstatistiken die wahre Lage chronisch und zunehmend beschönigen. Schon deshalb wird der Staat versuchen, Artikel 5(1) Grundgesetz (aktive Meinungsfreiheit, das Recht auf freie Meinungsäußerung) einzuschränken, um unabhängige Wirtschaftsanalysten aus dem öffentlichen Diskurs zu verbannen. Und er wird sogar den Artikel 5(2) Grundgesetz (passive Meinungsfreiheit/Informationsrezeptions-Freiheit – also das Recht, alles zu lesen) einschränken! Damit sind auch Menschenrechte beziehungsweise unveräußerliche Freiheitsrechte tangiert – denn Artikel 19 UN-Menschenrechtscharta verleiht der Meinungsfreiheit den Status eines Menschenrechts. Auch der bereits 2008 verabschiedete Lissabon-Vertrag (»EU-Verfassung«) schränkt potenziell viele weitere Demokratie-, Wirtschafts-, Bürger-, Grund- und Freiheitsrechte ein – besonders im Krisenfall.[63] Sie denken, das sei alles übertrieben? Denken Sie um – das Problem verschärft sich weltweit!

Simon Black vom libertären amerikanischen (besser: kosmopolitischen) Wirtschaftsdienst »sovereign man« hat im Februar 2012 für den kommenden Zustand der Freiheit der Welt die Abkürzung TEOLAWKI erfunden: »The End Of Liberty As We Know It.«

---

[62] FAZ 21.9.2011: http://www.faz.net/aktuell/wirtschaft/europas-schuldenkrise/wolfgang-schaeuble-weder-der-weg-zu-eurobonds-noch-zur-transferunion-11337583.html

[63] Karl Albrecht Schachtschneider: Verfassungsbeschwerde vom 25.5.2008 gegen das deutsche Zustimmungsgesetz zum Lissabon-Vertrag http://www.kaschachtschneider.de/files/Schachtschn-Lissab-Klage.pdf

Christine Lagarde sagte schon im Mai 2010 als damalige französische Wirtschaftsministerin über die Euro- beziehungsweise Banken-Rettungsaktionen mittels EFSF: »Wir verletzten alle Rechtsvorschriften, weil wir einig auftreten und die Euro-Zone retten wollten.« [64]

Und ihr Chef Sarkozy schob nach dem Krisengipfel noch lapidar eine weitere »Begründung« des zugegebenen Rechtsbruchs nach: Die Frage der Rechtsgrundlage für den Rettungsschirm sei »nicht entscheidend, da die Märkte diese Frage nicht interessiere«[65]! Kann man noch klarer sagen, dass die vielbeschworene »Rechtsgemeinschaft EU« eine Farce ist?

So gehen Epochen zu Ende. Erst nach einer grundlegenden Selbstreinigung eines solch verachtenswerten Systems kann es wieder aufwärtsgehen. Diese Erkenntnis ist zwingender Teil der geistigen Vorbereitung.

o) Gläubige der Gewaltenteilung

Lebenslügen: Das System der Gewaltenteilung ist robust. Die Gewalten kontrollieren sich gegenseitig.

Der Krisenfall wird in Zeiten der »permanenten Rettung« (ESM) künftig der Dauerzustand werden. Es wird schon in den kommenden Jahren geschehen, dass deutsche Regierungen oder dann die supranationalen Regierungen per Notstandsverordnung regieren werden. Und Not kennt ja kein Gebot – obwohl dies vom BVerfG explizit nicht als Verfassungsgrundsatz anerkannt wurde. Das Bundesverfassungsgericht scheint übrigens auch die klar ablehnende Rechtsexpertise des Wissenschaftlichen Dienstes des Bundestages[66] zum ESM von 2011 bislang nicht weiter zu kümmern. Man kann leider nicht damit rechnen, dass das Bundesverfassungsgericht die dortige klare Meinung, der Bundestag unterliege einem

---

[64] Reuters 18.12.2010 http://de.reuters.com/article/topNews/idDEBEE6BH05H20101218

[65] FAZ 10.5.2010: http://www.faz.net/aktuell/wirtschaft/europas-schuldenkrise/eilmassnahmen-fuer-den-euro-ezb-soll-direkt-staatsanleihen-kaufen-1981024.html

[66] Berliner Umschau 14.5.2011, http://www.berlinerumschau.com/news.php?id=19042&title=Gutachter+des+Bundestages+sehen+beim+Euro-Rettungsmechanismus+Verfassungsrisiken&storyid=1305353385903

»haushaltswirtschaftlichen Selbstverstümmelungsverbot« teilt. Noch im Frühjahr 2012 wird dieser eine einstweilige Verfügung gegen den ESM-Putschvertrag einlegen, was angesichts des Versagens aller anderen Verfassungsorgane Deutschlands der einzige noch mögliche Weg zur Verhinderung des Ausverkaufs der Rest-Demokratie und der Aufgabe des deutschen Nationalstaats wäre.

Die Aufschuldung über Garantien und Rettungsschirme wird den Staat noch in diesem Jahrzehnt vor die Wahl stellen, Bürgerrechte zu wahren oder das Überleben des Systems zu gewährleisten. Die Systemträger aber sind per Definition auf das System angewiesen. Sie sind notwendigerweise *Partei* in dieser Grundsatz-Entscheidung. Der Status, das finanzielle Wohlergehen und sogar das physische Überleben der Organe des Systems werden vom Überleben des Systems abhängen. Also werden sie sich im Zweifelsfall unter allen Umständen für das System und gegen die Bürgerrechte entscheiden. Für sie ist das System alternativlos, denn wenn es zerbricht, wird es für sie nicht einmal eine Hartz IV-Unterstützung geben. Verfassungsrichter könnten zu Bettlern werden. Es geht für die Organbeamten um buchstäblich alles. Ein klarer Fall eines Interessenkonflikts. Die Bürger könnten dadurch ihre Eigentums- und Freiheitsrechte verlieren.

Wir werden »multiples Organversagen« erleben. Schon heute gerieren sich Regierung und Opposition im Bundestag, Bundesrat und die ganze politische Parteienklasse zunehmend bürgerfern bis -feindlich. Es gibt keine schmerzfreie Lösung des alles dominierenden Schuldenproblems mehr: Der Point of no Return wurde in Europa spätestens mit der EFSF-Entscheidung im Mai 2010 überschritten. Man könnte durchaus sogar argumentieren, dass der Niedergang des Systems schon 1971 mit der Aufgabe der letzten Golddeckung irreversibel eingeleitet wurde. Das Bundesverfassungsgericht schützt mit zum Teil rechtbeugender und legalistischer Argumentation die inzwischen sogar für Laien klar erkennbaren Verfassungsbrüche im Finanzbereich und auf vielen anderen Feldern. Die Massenmedien sind diesbezüglich weitgehend blind oder zu nah an der Regierung, um kritisch zu berichten. Und die fünfte Gewalt der noch unabhängigen Internetschreiber hat noch nicht die kritische Schwelle der

Meinungshoheit erreicht; auch weil die Massenmedien einfach ungleich besser budgetiert sind und über die etablierten Verteilungskanäle breitere Zielgruppen erreichen können.

p) Demokratie-Gläubige

Lebenslügen: Wir haben in unserem Parlament volksnahe Repräsentanten. Direkte Demokratie brauchen wir nicht; sie ist in »komplexen« Gesellschaften nicht praktizierbar und überhaupt »ist der Stammtisch gefährlich populistisch«.

Dass wir wahrhaft basisdemokratisch getroffene Entscheidungen brauchen, und dass die Ergebnisse unmöglich noch schlimmer ausfallen können als die, die uns unsere parlamentarischen »Vertreter« heutzutage zumuten, sollte dieses Kapitel bereits gezeigt haben. Umso schlimmer ist es, dass sich die politischen und medialen System-Eliten weiterhin mit aller Macht gegen Volksabstimmungen aussprechen.

Sogar Heribert Prantl von der Süddeutschen Zeitung, der sich jahrelang als ein Verfechter der bürgernahen Demokratie geriert hatte, polterte 2009 nach einem aus seiner Sicht »falsch« ausgegangenen Plebiszit über Minarettgenehmigungen in der Schweiz in völlig abwegiger Weise[67] gegen den klaren Mehrheitswillen der Schweizer und gegen das Instrument der Basisdemokratie. In dem Moment, in dem Volksabstimmungen gegen die eigene Überzeugung ausgehen, lassen selbst langjährige, selbst erklärte »Stimmgeber des Volkes« die basisdemokratische Maske fallen und werden totalitär. Prantl schoss im Leitkommentar der SZ[68] wahrlich den Vogel ab, indem er in geradezu volksverachtender Manier mindestens drei Jahrzehnte seiner eigenen plebiszitfreundlichen Schreibe ad absurdum führte:

[67] Der Minarettbau ist keine religiös begründbare Forderung. Er wird im Koran nicht ein einziges Mal erwähnt und kann schon von daher nicht einmal ansatzweise unter das Recht auf freie Religionsausübung fallen. Vgl. dazu z. B. die Neue Züricher Zeitung vom 20.10.2009 http://www.nzz.ch/nachrichten/blogs/nzz_votum/minarettinitiative/ein_modernes_land_hat_keine_minarette_1.3898699.html

[68] Heribert Prantl, »Minarette und Zigaretten«, SZ vom 7.12.2009, S. 4.

> »Es geht ein Gespenst um in Europa. Das Gespenst heißt direkte Demokratie. […] Das Plebiszit kann, wohldosiert, so etwas sein wie die Erfüllung der Demokratie. Das Plebiszit kann aber auch zerstören, wenn es die individuellen Bürger- und Menschenrechte missachtet. […] Demokratische Entscheidungen sind nicht automatisch rechtsstaatliche Entscheidungen.«

Beim letzten Satz dieses Auszugs zuckt der wahrhaft republikanische und demokratische Geist unwillkürlich zusammen. Man könnte fast meinen, dieses Zitat stamme von Stalin, der einst meinte:

> »Gedanken sind mächtiger als Waffen. Wir erlauben es unseren Bürgern nicht, Waffen zu führen. Warum sollten wir es ihnen erlauben, selbstständig zu denken [oder gar abzustimmen]…«?

Oder stammt es von Franz Josef Strauß, dessen zynischer Kommentar zum Ausgang von Abstimmungen »*Vox populi – vox Rindvieh!*« in obrigkeitsstaatlichen CSU-Kreisen noch heute als Allzweckwaffe gegen »populistisch-vereinfachende«, gefährliche Volksabstimmungen verwendet wird? Nein: Es stammt ausgerechnet von Prantl, der hier den schon-lange-nicht-mehr-repräsentativen Volksvertretern in den Parlamenten sekundiert und diesen so hilft, von den eigenen Vereinfachungen und Verrücktheiten ablenken zu können – man denke an: »Der Euro ist alternativlos«, »Scheitert der Euro, scheitert Europa« oder »Man kann eine Schuldenkrise mit noch mehr Schulden lösen«.

Die Sophistik und Realitätsferne der heutigen Eliten ist zunehmend unerträglich: Was sind denn die »demokratischen Entscheidungen, die nicht automatisch rechtsstaatliche Entscheidungen« sind? Welche schlimmen Rechts- und Verfassungsbrüche hat die Vox populi denn auf plebiszitärem Weg verbrochen? Kein einziges Menschenrecht in Deutschland ist je durch direkte Demokratie abgeschafft oder auch nur infrage gestellt worden! Weder vor noch nach 1945. Prantl nannte im Artikel Beispiele:

> »Die Gesetze auf dem Gebiet der inneren Sicherheit wurden in den vergangenen Jahren mit verfassungsändernder Mehrheit beschlossen.«

Prantl verwechselt hier ganz offenbar die repräsentative Demokratie (die sich über die »Volksvertreter« im Parlament manifestiert) mit der wahren Basisdemokratie, die sich über Volksabstimmungen äußert. Das plebejische Volk durfte sich zu all diesen beispielhaften Verfassungsbrüchen auf dem Gebiet der inneren Sicherheit ebenso wenig äußern wie zur Abschaffung des Goldstandards, zur Einführung des Euro, zu den sogenannten »Bankenrettungen« oder zum Lissabon-Vertrag.[69]

q) Konsumeristen

Lebenslügen: Ich bin, was ich habe und was ich nach außen zeige. Mein Haus, mein Auto, meine Yacht. Ich muss aus Prestigegründen daran festhalten, auch wenn ich es mir nicht mehr leisten kann.

Auch Immobilien und Autos sind Konsumgüter. Dies gilt in jedem Fall, wenn sie hypotheken- oder kreditfinanziert sind. Provokativer Netzkommentar:

> »Häuser bauen die Doofen, drin wohnen tun die Schlauen. Wozu muss ich etwas besitzen, das ich nur nutzen will? Ich würde niemals einen der heutigen Kreditverträge mit diesen Konditionen unterschreiben, weil man danach Schuldsklave der Bank ist, der das Haus weiterhin gehört. Die meisten Hypothekenzahler fühlen sich scheinbar nicht als Schuldsklave. Die begreifen das nicht.«

Die *ganz* alten Menschen begreifen es noch. Sie haben nämlich den letzten ganz großen Zusammenbruch einer Konsumschuldenpyramide noch erlebt – wenigstens im hier von Jeremy Rifkin beschriebenen Amerika der 1920er Jahre:

> »Etwas auf Raten kaufen zu können, war sehr verführerisch, und viele Menschen wurden regelrecht süchtig danach. Aus einer Nation hart arbeitender, genügsamer Menschen wurde in weniger als einem Jahrzehnt ein hedonisti-

[69] Dazu auch Peter Boehringer, »Wie hältst Du es mit der Direkten Demokratie?«, Goldseitenblog 7.12.2009.

sches Land, das ständig auf der Suche nach der allerneuesten Befriedigung war. Zur Zeit des großen Börsenkrachs waren in den USA 60 Prozent aller Radios, Autos und Möbel auf Pump gekauft.«[70]

Die Konsum-Sucht ist Ergebnis einer generell verfehlten Geisteshaltung, wie der Sozialpsychologe Harald Welzer treffend feststellt:

> »Die Forderung nach ewigem Wachstum macht das Leben zur permanenten Bringschuld. [...] Wir existieren in einer Kultur des permanenten Vorspiels für ein fiktives nächstes Stadium. Den Sinn dazu liefert der Konsum. Shoppen wird zur Freizeitbeschäftigung, und nicht zufällig werden viele Produkte, die in [noch] reichen Gesellschaften gekauft werden, gar nicht mehr konsumiert. Der Kaufakt selbst ist damit zur sinnstiftenden Handlung geworden.«[71]

All das wird sich ändern müssen. Stellen Sie sich und Ihre Kinder schon heute darauf ein. Geistige Erfüllung wird demnächst wieder günstiger zu haben sein als die materielle – natürlich nur für diejenigen, die gelernt haben, sich kulturell und geistig hochwertig zu »nähren«. Das 20. Jahrhundert ist vorbei. Dekadenzen wie »Dschungelcamp« oder der »Heart Attac Grill« in Arizona mit seinen »rituell-witzig« servierten 8.000-Kalorien-Burgern[72] für eine Zielgruppe, die mehr als 160 Kilo wiegt, werden in wenigen Jahren beendet sein.

r) Globalisierungsgläubige

Lebenslüge: Die Globalisierung ist generell und für alle gut und wohlstandsfördernd. Die globale Arbeitsteilung erfordert zwingend global mitwachsendes Geld.

Die Globalisierung ist zwar einerseits Teil des menschengemachten Plans einer angestrebten Weltregierung – andererseits aber auch systemisch verursacht, denn eine internationale Arbeitsteilung mit hoch spezialisierter

---

70 Jeremy Rifkin, *Das Ende der Arbeit*, Fischer Verlag 1995/2003: S. 33.

71 Harald Welzer, Sozialpsychologe im SZ-Magazin 2-2012.

72 http://11k2.wordpress.com/2009/02/25/heart-attack-grill-burgerschuppen-des-todes/

und je Produkt zentralisierter Produktion erbringt nach dem betriebswirtschaftlichen Gesetz der großen Zahl enorm günstige Endproduktpreise und damit prinzipiell höheren Wohlstand in die Welt. Leider aber führt die damit erzwungene Zentralisierung und Spezialisierung dazu, dass immer mehr Menschen aus dem globalen Arbeitsprozess herausfallen und damit unterm Strich von der Globalisierung nicht mehr profitieren.

Die hier vertretenen Grundsätze der Österreichischen Schule und der marktwirtschaftlichen, libertären Lehren sind zwar durchaus universell und international gültig; *Welt*-Regierungsformen funktionieren jedoch in keinem Fall – nicht einmal freiheitlich. Darum (und nur darum – nicht aus überhöhenden nationalistischen Gründen) ist eine Fokussierung des politischen Wirkens auch in Zeiten vorgeblich »nur global lösbarer Probleme« auf die *natürlichste* bestehende Einheit weiterhin sinnvoll und rational. Und das sind seit 200 Jahren eben meist die sprachlich und ethnisch halbwegs homogenen Nationalstaaten mit durchaus internationalem Handel. Es gibt keinen besseren Kompromiss zwischen wohlstandsfördernder globaler Arbeitsteilung einerseits und der hohen Effizienz kleiner Einheiten bis hinunter zur Familie.

Leider hat sich dies zu Wolfgang Schäuble noch nicht herumgesprochen:

> »Das alte Regelungsmonopol des Nationalstaats habe sich ›ad absurdum geführt‹«, und: »Die meisten Mitgliedstaaten sind noch nicht vollständig bereit, die [zur Schaffung des EU-Staats] notwendigen Einschränkungen nationaler Souveränität hinzunehmen. Aber glauben Sie mir, das Problem ist lösbar.« [73]

Die vorgeblich »nur global lösbaren« Probleme entpuppen sich dabei bei genauer Analyse entweder als zweifelhaft (»Anthropogenes CO2 erhitzt unsere Erde«) oder als durchaus national bekämpfbar (»Der Hunger in der Welt«, »die globale Finanzkrise«).

[73] FAZ 21.9.2011 http://www.faz.net/aktuell/wirtschaft/europas-schuldenkrise/wolfgang-schaeuble-weder-der-weg-zu-eurobonds-noch-zur-transferunion-11337583.html

Allerdings wird das Ende des günstig verfügbaren Erdöls den Globalisierungsprozess ohnehin in wenigen Jahren automatisch zum Stillstand bringen. Wir werden uns schon heute darauf einstellen müssen, dass die Globalisierung sehr bald an energetische Grenzen stoßen wird:

Mit Peak Oil[74] wird auch die Globalisierung ihr Peak erreichen. Energie ist die Quelle allen Wachstums. Die Globalisierung beruht auf sehr hohem Energieüberschuss und einem ölbedingt extrem niedrigen Verhältnis von Transportkosten zu Arbeitskosten. In den kommenden 5 bis 15 Jahren wird sich dieses Verhältnis ändern und die Globalisierung damit zum Stillstand kommen oder sich umkehren. Re-Regionalisierung wird die Verstädterungstendenz umkehren und Ackerland wieder wertvoller machen. Der in geologischen Zeiträumen entstandene Bestand an fossilen und mineralischen Ressourcen, den die Welt seit 100 Jahren massiv in Anspruch nimmt, wird allmählich versiegen. Mit dem Gipfel der extrem hohen heute erreichten globalen Arbeitsteilung wird allerdings leider auch der dadurch generierte Wohlstand abnehmen. [75]

Leider machen sich unsere Funktionseliten um all dies keinerlei Gedanken. Sie ignorieren sowohl die systemischen Schwierigkeiten jedes weiteren globalen Wachstums als auch die Systemfehler des weltweit ungedeckten Geldes. So antwortet zum Beispiel auch der berühmte Harvard-Historiker Niall Ferguson in einem *SPIEGEL*-Interview fehlgeleitet:

> »*SPIEGEL:* Welche Rolle spielt Geld in der Geschichte? *Niall Ferguson:* Geld kommt beim Aufstieg der Menschheit eine wesentliche Bedeutung zu. Der Barterhandel, der direkte Austausch von Ware gegen Ware, war nicht besonders effizient. Die Defizite zeigten sich seit die Arbeitsteilung begann, als die einen als Bauern tätig waren, andere als Handwerker, wieder andere als Händler: Geld erleichterte es ihnen, Geschäfte miteinander zu machen. Ich glaube, Geld ist die Quelle – oder besser der Geburtshelfer – beinahe allen Fortschritts in der Geschichte.«[76]

---

[74] Siehe dazu Kapitel 3, Zusatzproblem »Peak Oil«

[75] »Exponentielles Wachstum = Exponentielle Ignoranz«, Peter Boehringer, Smart Investor Magazin 1-2009, S. 6ff. auch http://www.goldseiten.de/artikel/9440--Exponentielles-Wachstum--Exponentielle-Ignoranz.html

[76] Niall Ferguson im Spiegel 28.7.2009 http://www.spiegel.de/spiegelgeschichte/0,1518,639307,00.html

Dass die Erfindung »Geld« die Arbeitsteilung erst ermöglichte, ist soweit korrekt. »Papiergeld« oder »fractional reserve banking« sind aber keine Voraussetzungen für die Arbeitsteilung! Und so kann auch das geplante ungedeckte Globalgeld niemals sinnvoll die demnächst stagnierende Globalisierung wiederbeleben.

s) Wachstumsgläubige/damit fast alle Politiker

Lebenslügen: Wir können uns durch Wachstum von den Schuldenproblemen befreien. Wir können ewig wachsen. Die Welt hat genug Energie – das bremst unser Wachstum nicht.

Die Präambel der amerikanischen Unabhängigkeitserklärung maß der Freiheit und dem Glück und *nicht* dem Wachstum einen überragenden Wert bei. Thomas Jefferson stellte 1776 die Glückssuche auf eine Stufe mit den Lebens- und Freiheitsrechten:

> »We hold these truths to be self-evident, that all men are created equal, that they are endowed by their Creator with certain unalienable Rights, that among these are Life, Liberty and the pursuit of Happiness.«

Wir erkennen also: Wirtschaftlich-materielles Wachstum war nicht schon immer das erste und zugleich letzte Ziel der Gesellschaften. Das Wachstumscredo der westlichen Welt ist in seiner heutigen Extremform noch nicht einmal 100 Jahre alt. Es wurde seit 1913 über das fraktionale Papiergeldsystem ermöglicht und auch erzwungen, indem auf virtuell ohne Arbeit kreiertes Geld reale Zinsen erhoben werden – der größte und anhaltende Betrug der neuzeitlichen Menschheitsgeschichte. Da dummerweise die Geldmengen vor allem wegen dieser betrügerischen Zinserhebung auf illegitimes Kapital zwingend exponentiell wachsen müssen, kann das Geldsystem nur durch ständige und sich stetig noch beschleunigende Geldschöpfung weiterexistieren. In eine endliche Welt passt aber per Definition keine exponentielle Wachstumskurve. Schon bei vier Prozent Jahreswachstum müsste sich die gesamte Produktion der Welt in nur 18 Jahren verdoppeln, in 36 Jahren vervierfachen.

»Jeder, der glaubt, exponentielles Wachstum könne in einer endlichen Welt unendlich lange andauern ist entweder ein Verrückter oder Wirtschaftswissenschaftler.«[77]

Die Realwirtschaft konnte im 20. Jahrhundert ausschließlich durch die erstmalige und exzessive aber leider *endliche* Ausbeutung des einmaligen Wachstumsbeschleunigers »Öl« mit der zwingend wachsenden Geldmenge einigermaßen mithalten und so trotz zuvor nie gesehenen Wachstumstempos immerhin mehr als 100 Jahre lang weiter zulegen.

Die einmaligen energetischen Eigenschaften von Öl hatten seit etwa 100 Jahren ganz enorme Auswirkungen auf die Gesellschaft. Sowohl unsere Realwirtschaft und damit unser Wohlstand als auch die Bevölkerungszahlen hätten ohne die supergünstig verfügbare Überschuss-Energie aus den Abermilliarden Barrels an Öl niemals derart exponentiell anwachsen können. Auch das mit der Fed-Gründung 1913 eingeführte fraktionale Papiergeldsystem heutiger Prägung mit exponentiellem Geldmengenwachstum konnte ausschließlich parallel zum Ölzeitalter entstehen und bis heute überleben. Die Abhängigkeiten der Bereiche sind offensichtlich – alle Kurven weisen seit dem 20. Jahrhundert exponentielles Wachstum aus.

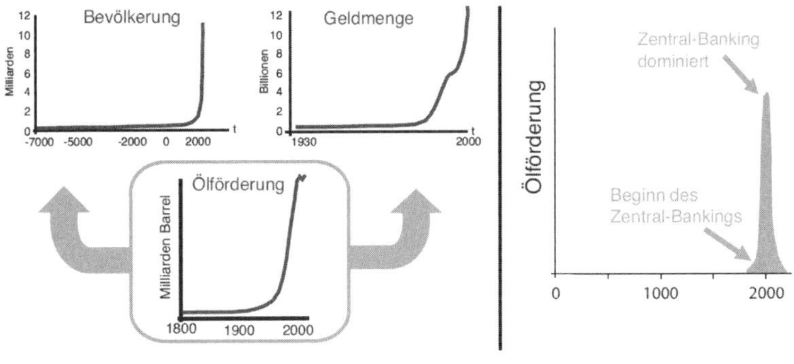

Abb. 1.3 Abhängigkeiten wichtiger Exponentialkurven[78]

[77] Kenneth Boulding, US-Ökonom.

[78] Quelle: Chris Martenson 2008; eigene Darstellung.

Kausal und treibend war dabei die Ölförderung. Nur die seit etwa 100 Jahren rasant anwachsende Bedeutung der Ölenergie hat das per Definition zwingend auf immer schnelleres Wachstum angewiesene fraktionale Zinsgeldsystem (temporär) möglich gemacht. Temporär deshalb, weil eine Geldmengenkurve ohne Goldanker zwar theoretisch unendlich weiterwachsen könnte; die absolut Öl-abhängige Realwirtschaft kann dies jedoch nach Peak Oil nicht mehr. Ohne realwirtschaftliches Wachstum und damit verbundenen steigenden Einkommen sind die weiterhin exponentiell steigenden Zinslasten real bald nicht mehr bedienbar. Günter Hannich sieht das Ende des »Spiels« erreicht, wenn die verschuldeten Mitglieder der Gemeinschaft nicht mehr imstande sind, die Zinskosten durch Arbeit zu tragen.[79]

Vermutlich geht die Aufschuldung aber aus Vertrauensgründen schon früher zu Ende: Wenn (wie massiv schon seit 2008) versucht wird, wenigstens noch nominal die Zinsen mit neu kreiertem Kreditgeld zu bezahlen, werden letztlich nur neue, noch höhere Kapitalkosten generiert, solange, bis das Luftbuchungsspiel von einer kritischen Masse an Menschen durchschaut wird und diese sich ihm dann verweigert. Das System ist somit begrenzt – wenn nicht mathematisch, so doch psychologisch: Kollabieren wird es letztlich durch den Verlust des Vertrauens der Menschen in die Rückzahlungsfähigkeit der Schuldenberge und in das »Weiter so«. Politiker und Zentralbanker kooperieren derzeit in einem für sie Macht erhaltenden und hochprofitablen – aber fatalen Spiel. Wir sollten nicht zu den Letzten gehören, die aussteigen.

> »Die politische Siegesformel lautet: Allen alles versprechen. Das erste Gebot der Ökonomie aber ist die Knappheit. Papiergeld ist die Brücke zwischen Politik und ökonomischer Realität.«[80]

Diese Brücke wurde nun 100 Jahre lang begangen. Sie wird einstürzen, denn man kann nicht dauerhaft Realität und Illusion überbrücken. Eine nachhaltige Realwirtschaft braucht ein nachhaltiges Geldsystem.

---

[79] Günter Hannich, *Wer in der Schuld ist, ist nicht frei*, Kopp 2002, S. 106.
[80] Porter Stansberry, amerik. Wirtschaftspublizist.

3. Zusatzproblem »Peak Oil«

Lebenslügen: Billiges Öl ist ausreichend vorhanden und dem Menschen weiterhin zugänglich. Es gibt viele Substitute für Öl. Es ist abiotisch und damit unendlich verfügbar.

Obwohl die Welt seit Herbst 2008 tief in der Finanz- und Kreditkrise steckt, welche auch die Realwirtschaft und damit die Ölnachfrage bremst, wird Öl schon seit Anfang 2009 stetig teurer. Der Grund ist die seit circa 2005 vorherrschende, geologisch bedingte Peak-Oil-Situation. Damit bezeichnet man den Zeitpunkt der größtmöglichen Ölförderung. Ausschließlich die in der Welt-Depression aktuell stagnierende und zum Teil sogar sinkende Ölnachfrage hält die Preise noch relativ stabil. Man kann mit gewissem Recht davon sprechen, dass der realwirtschaftliche Abschwung seit 2008 gerade zur rechten Zeit kam. In jeder Depression sinkt die Mobilität und der jeweils relevante Aktionsradius der Menschen. In den schlimmsten Zeiten wird nur noch dem allerengsten sozialen Umfeld vertraut, und nur noch hier wird auch wirtschaftlich interagiert. Es gibt klare Anzeichen dafür, dass dieser energiesparende Prozess im Westen eingesetzt hat.

Hier nur beispielhaft der präzedenzlose Einbruch der privaten Benzinnachfrage der Amerikaner um 30 Prozent von 2008 bis 2011 – und ganz aktuell um noch einmal 25 Prozent Anfang 2012!

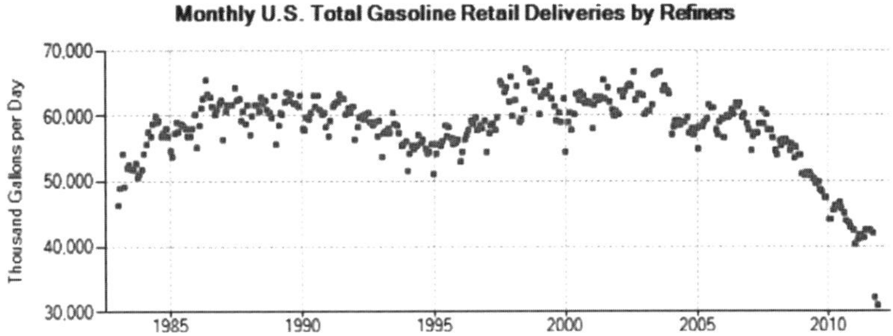

Abb. 1.4: Private Benzinnachfrage in den USA in Tausend Gallonen pro Tag[81]

[81] Quelle: U.S. Energy Information Administration EIA http://www.oftwominds.com/photos2012/gasoline-deliveries2-12.jpg

Der Bruch des jahrzehntealten linearen Aufwärtstrends beim Benzinverbrauch Anfang 2008 wird auch in der folgenden Grafik der gefahrenen Auto-Kilometer der Amerikaner beziehungsweise der damit korrespondierenden Verkaufszahlen von Benzin und Dieselöl bestätigt:

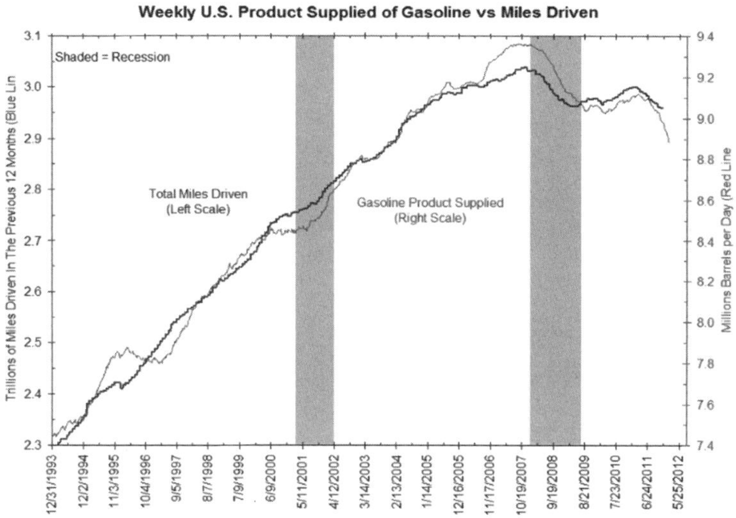

Abb. 1.5: Gefahrene US-Auto-Kilometer p.a. (dunkle Linie)/Benzinverbrauch pro Woche (helle Linie).[82]

Diese realwirtschaftlichen und kaum fälschbaren Statistiken zeigen das Ausmaß der bereits seit vier Jahren in den USA nur noch durch Gelddruckmaßnahmen verschleierten realen Depression viel besser an als die Hochglanzbroschüren der amerikanischen oder auch europäischen Regierungen. Ohne den depressionsbedingten Nachfragecrash bei Öl hätte die peak-oil-bedingte Ölangebots-Stagnation seit etwa 2005 nicht nur die 2007/08 bereits ansatzweise erlebten Preissprünge hervorgerufen, sondern Knappheit und Mangelwirtschaft bei wichtigen Folgegütern hervorgerufen. Bei 130 US-Dollar pro Barrel hatten 2008 viele Länder wegen der explodierenden Düngemittel- und Produktionskosten den Export von Nahrungsmitteln gestoppt – beides direkte Folgen von Peak Oil. So stopp-

[82] Quelle: http://www.ritholtz.com/blog/2012/02/what-does-declining-gasoline-consumption-mean/print/

te zum Beispiel Vietnam den Reisexport; ähnlich Ägypten und andere. Das einzig denkbare Szenario ohne Protektionismus und Rohstoffkriege wäre, dass die Förderung bei Öl zusammen mit dem Ölverbrauch das Maximum erreicht und beide dann zusammen und allmählich absinken. Eine schwere Weltwirtschaftskrise trägt dazu bei, den Ölverbrauch der zurückgehenden Förderung anzupassen. Eine schnell und weiter wachsende Weltwirtschaft können die bestehenden Ölfelder nicht mehr bedienen – und auch die alternativen Energieformen könnten einen steigenden Bedarf kurzfristig nicht kompensieren. Nachfolgend die Begründung dieser pessimistischen These, die dem Wachstumscredo der heutigen Wirtschaftswelt zuwiderläuft:

Öl ist der mit Abstand wichtigste Rohstoff der Welt. Der Grund liegt in der einmalig hohen Energiedichte von Öl beziehungsweise Benzin und dem bei normalen Temperaturen leicht möglichen Transport. Der materielle Wohlstand der industrialisierten Länder ist eine direkte Funktion des Ölverbrauchs pro Kopf:

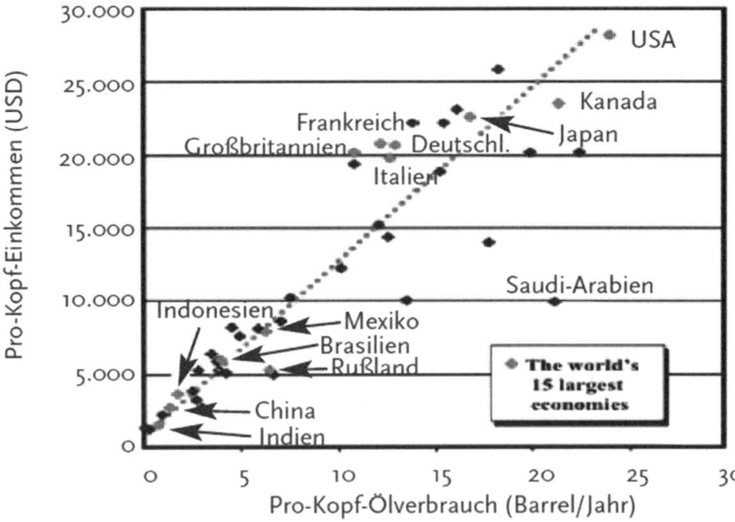

Abb. 1.6: Korrelation von Ölverbrauch und Pro-Kopf-Einkommen bzw. Wohlstandsniveau.[83]

[83] Quelle: Casey Research.

Würden zum Beispiel die 1,1 Milliarden Inder ihren Pro-Kopf-Verbrauch von einem Barrel per annum auch nur auf das Niveau Mexikos anheben, um ein ähnliches Wohlstands- und Mobilitätsniveau zu erreichen, müsste die Welt fast sieben Milliarden Barrel Öl pro Jahr zusätzlich fördern. Das entspräche dem Gesamtverbrauch der USA und wäre schlichtweg unmöglich.

Die Energiedichte von einem Liter Benzin beträgt 31 Megajoule. Das ist das Energieäquivalent von etwa 50 Stunden harter körperlicher Arbeit. Ein menschlicher Hilfsarbeiter würde für diese Plackerei einen Lohn von 150 Euro erhalten. Bei derzeit gut 1,50 Euro pro Liter ist Benzin energetisch gesehen um den Faktor 100 unterbewertet (!) – oder eben die menschliche Arbeitskraft entsprechend überbewertet. Wir sind alle seit wenigstens 60 Jahren von fast kostenlosen »Ölsklaven« umsorgt. Der Energiebedarf zur Herstellung der von einem US-Bürger pro Jahr konsumierten Nahrungsmittel entspricht dem Energiegehalt von circa 1.500 Liter Benzin für derzeit gut 2.000 Euro. 1.500 Liter Benzin entsprechen aber energetisch etwa 75.000 Stunden harter Arbeit – oder etwa 25 Benzinsklaven mit einem Stundenlohn von knapp drei Euro-Cent. Somit »arbeiten« in den USA heute etwa 25 solcher Sklaven nur für die Nahrungsproduktion *eines* einzelnen Amerikaners. Für jeden Deutschen sind es über 12; für jeden Chinesen 3 und für jeden Inder einer. Für die geistig im 20. Jahrhundert konditionierten Menschen ist es zwar schwer zu glauben – aber doch wahr: Der Öl-Energiefaktor ist für unseren Wohlstand viel bedeutender als alle anderen Erfindungen und Effizienzsteigerungen der vergangenen 100 Jahre!

Neben den Prozessen zur Nahrungsmittelherstellung sind aber noch sehr viele andere Erscheinungsformen der »modernen« Welt ölbasiert: Personen- und Gütermobilität, Kunststoffe, industrielle Prozesse, Freizeitaktivitäten – alles völlig ölabhängig. Insgesamt kann man im Westen von durchschnittlich 10 bis 15 Ölsklaven pro Person ausgehen. Bezieht man auch noch den Strombedarf mit ein, dann kommt man auf mehr als 25 Energiesklaven pro Person.

Abb. 1.7: »Energiesklaven«, Eigene Darstellung: Peter Boehringer.

Wir leben heute alle auf einem Niveau, wie es sich vor 100 Jahren nur die reichsten Könige leisten konnten. Der Grund dafür ist die leichte und supergünstige Verfügbarkeit riesiger Energiemengen aus fossilen Energieträgern – und hier insbesondere Öl.

Es kann gezeigt werden, dass schon eine geringfügige Zusatzenergie über die Menge hinaus, die zum Überleben und zur Subsistenz des Menschen erforderlich ist, ausreicht, um komplexe Gesellschaften hervorzubringen. Jahrtausendelang war dies nicht der Fall. Erst durch die massenhafte Verfügbarkeit von Kohle und Öl seit dem 19. Jahrhundert änderte sich die »Energiebilanz« der Menschen derart fundamental, dass Erscheinungen wie Freizeit, öffentliches Leben, großstädtische Infrastruktur und Kultur et cetera denkbar wurden. Jahrtausendelang war die verfügbare Energiemenge gerade ausreichend, um die menschlichen Grundbedürfnisse zu decken. Die für kulturelles Schaffen, großräumige Mobilität und Herrschaftsorganisation oder gar Luxus verfügbare »Zusatzenergie« war extrem gering, was der Grund für die Existenz meist lokal-regional und hierarchisch-einfach organisierten Stammesgesellschaften war. Ohne leicht und günstig auszubeutende Energiequellen gab es kein überregionales Wirtschaften!

Grundlegend änderten sich die energetischen Voraussetzungen erst im 19. Jahrhundert mit dem Aufkommen der Kohlenutzung (Dampfmaschine) und vor allem im 20. Jahrhundert mit dem Ölzeitalter. Erst die plötzlich massenhaft und günstig verfügbare Zusatzenergie ermöglichte fast alle Erscheinungsformen unseres heutigen modernen Lebens – insbesondere die Nahrungsmittelverfügbarkeit und -vielfalt, die extrem hohe Mobilität von Menschen und Gütern, Hygienemaßnahmen und damit Massengesundheit und nicht zuletzt die gesamte Erscheinung der Globalisierung. Erst die riesigen Ölfunde seit 1859 und die zugehörigen Erfindungen zur Nutzbarmachung (Benzinmotoren) haben die westliche Lebensform in den vergangenen 150 Jahren maßgeblich ermöglicht.

Umso besorgter muss es machen, wenn man sich die Energiebilanz bei Öl im langfristigen Zeitablauf ansieht: Der grüne Bereich in Abbildung 1.8 zeigt die wegen Peak Oil und wegen der immer aufwendigeren und energieintensiven Ölförderung seit etwa 20 Jahren dramatisch fallende sogenannte »Net Energy«. Das ist der Prozentsatz der im Öl enthaltenen Energiemenge, der nach Abzug der für Exploration, Förderung, Raffinierung und Transport dem Endverbraucher netto noch zur Verfügung steht. Wir stehen – je nach Quelle – heute im Durchschnitt noch bei 60 Prozent. Leider ist bei Öl (noch nicht bei Gas!) noch vor 2040 der Punkt absehbar, an dem bei den meisten bekannten Öl-Quellen die Förderung nicht mehr lohnt, weil der Energieertrag unter die aufgewandte Förder-Energie fallen wird (sog. »ERoEI«-Faktor kleiner 1). In diesem Sinne wird der Welt wohl zwar tatsächlich niemals das Öl ausgehen – wohl aber wird mittelfristig absehbar das energetisch (also nicht ökonomisch!) noch sinnvoll förderbare Öl knapp werden.

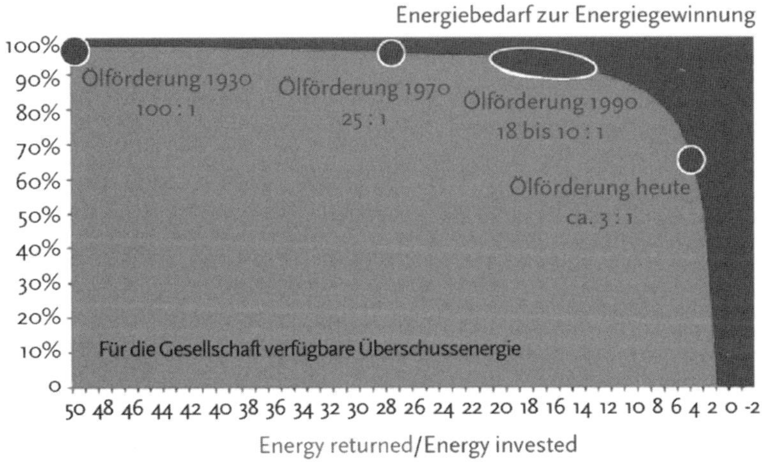

Abb 1.8: Sinkende Energieeffizienz der Ölförderung/Energy Returned over Energy Invested[84]

Wichtig zu erkennen: Immer mehr Menschen werden noch im Laufe des 21. Jahrhunderts froh sein, wenn ihre materiell-physiologischen Grundbedürfnisse wenigstens *minimal* befriedigt sind. Speziell im Westen kann und sollte der Mensch lernen, sich nicht mehr nur über ölintensiven Konsum und Reiselust zu verwirklichen, sondern zunehmend *geistig*. Wir sollten das sogar recht schnell lernen: Der Durchschnitts-Amerikaner verbraucht 22 Barrel Öl pro Kopf und Jahr, der Durchschnitts-Deutsche 14 und ein (vielleicht unfreiwillig) spiritueller Inder gerade mal eines (!). In Zeiten von Peak Oil hat ein relativ imaterieller Lebensstil mit geringem Energieumsatz also durchaus Zukunft – jedenfalls, sofern die Energie aus endlichen Quellen stammt. Wir jammern noch immer auf extrem hohem und dekadent-künstlichem Konsumniveau. Das wird sich für die meisten Menschen in den kommenden Jahrzehnten ändern.

[84] Quelle: Martenson.

4. Was tun für die mentale Fitness?

4.1 Trainieren, das Undenkbare zu denken

Leider kann niemand sicher sagen, ob »in Perfektion« der uns umgebenden Lügenwelt demnächst die Märkte und die Wahrheit komplett reguliert und damit ausgeschaltet werden (wir also in einer Art planwirtschaftlicher Scheinwelt gefangen sein werden) oder ob es eine Implosion dieser Matrix geben wird, nach der unter Umständen wieder eine zwar bescheidene, aber immerhin natürlich-freie Welt existieren wird. Man muss beide Optionen ins Kalkül mit einziehen – und unbedingt auch die unsichere Übergangszeit mental, finanziell und physisch unbeschadet überstehen.

Sicher ist nur, dass noch in diesem Jahrzehnt sehr große Veränderungen stattfinden werden, und dass wir in wenigen Jahren vielfach ganz andere Sorgen haben und andere Debatten führen werden, als es die »Brot-und-Spiele-Newsshows« der heutigen Massenmedien suggerieren. Scheinbare Gewissheiten aus den opulenten und teilweise geistig verwirrten Zeiten des 20. Jahrhunderts werden sich im Nichts auflösen. Optimisten und Freiheitsfreunde hoffen auf frische Luft nach dem hoffentlich beherrschbaren Schuldenkollaps und auf einen freien, marktwirtschaftlichen Wiederaufbau. Pessimisten erwarten entweder ein langes Siechtum im Weltsozialismus mit lügenden und überwachenden Mächten; oder zumindest eine perspektivlose Übergangszeit in eine ärmere Zeit.

Materiell bescheidener wird diese neue Welt in jedem Fall sein – schon wegen Peak Oil. Ob sie auch *geistig* ärmer sein wird, liegt noch an uns. Leider arbeiten die noch immer exponentiell steigenden Aufschuldungskurven und damit die Zeit gegen uns, denn die kulturelle Gleichschaltung und die geistige Verarmung schreiten fortlaufend unerbittlich voran.

Es ist Teil der geistigen Vorbereitung, die staatliche Sonnenschein-Propaganda auszublenden und buchstäblich mit allem zu rechnen. Auf zehnjährige Sicht sogar mit Anarchie, Polizeirecht oder Militärdiktatur. Je länger der Zusammenbruch des Schuldengebäudes noch hinausgezögert wird, desto gefährlicher wird die Lage werden.

Schon 1919 – also kurz nach der Demonetisierung von Gold– erkannte ausgerechnet Keynes und ausgerechnet unter Bezug auf Lenin die Folgen dieses Schrittes:

> »Lenin soll erklärt haben, dass der beste Weg zur Vernichtung des kapitalistischen Systems die Vernichtung der Währung sei. Es gibt kein feineres und kein sichereres Mittel, die bestehenden Grundlagen der Gesellschaft umzustürzen, als die Vernichtung der Währung. Dieser Vorgang stellt alle geheimen Kräfte der Wirtschaftsgesetze in den Dienst der Zerstörung, und zwar in einer Weise, die nicht einer unter Millionen richtig zu erkennen imstande ist.«[85]

Nach mehr als 90 Jahren Falschgeldsystem gibt es inzwischen sicherlich nicht mehr nur »einen unter Millionen« Wissenden – aber sicherlich auch nicht mehr als »einen unter Zehn«. Sie sollten zu diesen zehn Prozent gehören und handeln!

Ein bekannter Forenschreiber des Goldseitenforums mahnt:

> »Wartet man mit dem Abbruch der Zettelwirtschaft, dem Reset, der Wirtschafts- und Währungsreform zu lange, werden die Grundlagen unserer arbeitsteiligen Gesellschaft irreversibel zerstört, da die komplette Infrastruktur der Betriebe zerfällt und eine Produktion nicht mehr möglich ist, was weitere Ausfälle, Massenarbeitslosigkeit und zum Schluss die Unfähigkeit zur Nahrungsmittelproduktion und damit die Vernichtung von Leben durch Verhungern bewirkt. Parallel dazu kommt es zu Extremismus, totalitären Regimen, der Zerrüttung von Rechtsverhältnissen und dem Zusammenbruch.«

Und auch der schon erwähnte Doug Casey fordert eindringlich zum privaten Handeln auf:

> »What the ascendancy of sociopaths means isn't an academic question. Throughout history, the question has been a matter of life and death. The

---

[85] John M. Keynes, *The Economic Consequences of the Peace* 1919; dt. 1920 Duncker&Humblot *Die wirtschaftlichen Konsequenzen des Friedensvertrages*, S. 192.

losers were those who delayed thinking about the question until the last minute. You ask: ›What does this mean for me?‹ It depends on your character. Are you the type of passenger who goes down with the ship or the type who puts on his vest and looks for a life boat?«

Trotz dieser düsteren Prognosen gilt: Nicht verzweifeln! Schon die Erkenntnis der Wahrheit bringt uns weiter und bewahrt vor dem Verrücktwerden. Private Rettung ist trotz allem möglich; Vorsorge und der Abschied aus dem Papiergeldsystem tun in jedem Fall Not! Einer, der seine Vorsorge abgeschlossen hat, schrieb kürzlich:

»Glaubt mir, ich fühle mich seither frei. Ich bin niemandem etwas schuldig, niemand kann was von mir wollen. Wir wohnen nun bei den Eltern auf einem Bauernhof und bauen vieles selbst an.«

Die nachfolgenden Kapitel dieses Buches bringen dazu viele Anregungen!

4.2 Die anderen sind die Verwirrten – nicht Sie

a) Erkennen Sie Lügen und Manipulationen

Man kann niemanden manipulieren, der sich der Gefahr bewusst ist. Man muss sich aber stets vergegenwärtigen, dass die Manipulation an unseren innersten Wünschen und Motiven ansetzt. Sei es der Wunsch, ständig über die eigenen Verhältnisse leben zu können, sexuell anziehend zu sein oder enorm mächtig. Zum Erkennen von Meinungsmanipulation genügt es häufig schon, auf das massenmediale »empörte Gezeter zu achten, mit dem Unliebsames als ›paranoid‹ stigmatisiert oder mit Verweis auf ähnlich klingende Argumente aus ›verdächtigen Lagern‹ unter den Teppich gekehrt«[86] oder als »Verschwörungstheorie« bezeichnet wird. Viele der angeblichen Verschwörungstheorien von heute sind die Realität von morgen. Allerdings nicht alle: Von den System-Obrigkeiten werden bewusst verseuchte Umfelder geschaffen und viel Blödsinn gestreut, um die

[86] Viktor Farkas, *Lügen in Krieg und Frieden*, Orac-Verlag 2004.

vor allem im Internet nicht immer verhinderbare Veröffentlichung tabuisierter Wahrheiten zu diskreditieren! Man braucht bei Recherchen zu politischen Themen darum unbedingt einen kritischen Verstand, um zu erkennen, was wahre Fakten sind und wo sich unabhängige Meinungen finden lassen – und wo Propaganda oder bezahltes Produkt- oder Politikmarketing vorherrscht. Politisch ist heute leider fast alles geworden, weil es in beinahe allen Bereichen um Macht oder Geld geht. Es gibt kaum noch Nischen, in denen sich die bezahlten Trolle der Macht und des Geldes noch nicht hin verirrt hätten.

b) Stehen Sie zu Ihrer »Paranoia«

Solange in den Mainstream-Medien nicht drastisch und ehrlich die wahre Lage publiziert wird, ist es normal, dass Ihr Umfeld (Freunde, Arbeitskollegen) bis auf ganz wenige Ausnahmen nichts davon wissen will. Die ungeschminkte Realität stört die Komfortzone. »Positives Denken« ist angesagt, weil die Masse negative Botschaften nicht hören will und sogar aggressiv werden kann, wenn man Sie auffordert, umzudenken oder gar anders zu handeln. Versuchen Sie trotzdem, unabhängig zu denken und zu handeln! Lassen Sie die gelegentlichen Vorhaltungen, Verschwörungstheorien anzuhängen, an sich abprallen. Wenigstens bei den hier im Buch behandelten Themen. Die Verdrängung ist eine Abwehrreaktion unwissender Menschen, die fehlendem Hintergrund-Wissen oder kognitiver Dissonanz (Nicht-glauben-Wollen) geschuldet ist! Und natürlich der Monstrosität und Dauer des inzwischen viele Jahrzehnte anhaltenden Geldbetrugs. Riskieren Sie auch mal die temporäre gesellschaftliche Ausgrenzung, wenn Sie das mental aushalten. Ihre Einsamkeit wird bald nachlassen – wir leben nicht mehr im Jahr 2005, als man praktisch ausschließlich von Realitätsverweigerern umgeben war. Unsere Systemeliten versuchen seit 2008 immer und immer wieder die gleichen unwirksamen Problemlösungen – und erwarten jedes Mal ein anderes Resultat. Dieser Schwachsinn wird inzwischen mehr und mehr als solcher erkannt: Es gibt inzwischen vor allem im Internet genügend Kristallisationspunkte der Wahrheit.

c) Rationalisieren Sie für sich Ihre »Kommunikationsprobleme«

Halten Sie Widerspruch und verbale Abwehr in Ihrer Umgebung aus. Nicht *Sie* sind reif für die Klapsmühle, wenn Sie nach rationaler Prüfung zum Ergebnis kommen, dass wir ein Finanz- und Gesellschaftsproblem haben – es ist Ihre Umwelt! Die Krise war ursächlich lange vorhersehbar. Nun wird es wirklich Zeit, dass Ihre Mitmenschen endlich verstehen, dass sie mit mathematisch-logischer Sicherheit eskalieren *wird*: Investigativ- und Bestsellerautor G. Edward Griffin erkannte dieses Verständnisproblem schon 1994:

> »Ein weiteres Hindernis bei der Kommunikation besteht darin, dass [die Fed-Geschichte] unglaublich ist, und das heißt unglaubwürdig. Die Größenordnung, mit der die Realität von dem allgemein akzeptierten Mythos abweicht, ist derart, dass sie eigentlich jenseits der Glaubwürdigkeit liegt. Wer diese Botschaft verbreitet, wird sofort der Paranoia verdächtigt. Wer möchte schon einem Verrückten lauschen?«[87]

d) Legen Sie bewusst den Grad Ihrer persönlichen »Missionierungsbereitschaft« fest

Klären Sie ihre nähere Umgebung über die Wahrheit auf – auch wenn sie unangenehm ist. Missionieren Sie aber nur dann, wenn Sie eine Persönlichkeit dafür und einen Drang danach haben – und holen Sie die Menschen dort ab, wo diese mit ihrem Wissen und ihrem Problembewusstsein schon stehen. Man kann die Dimensionen des Wahnsinns, der Verwerfungen und des nahenden Systemendes nicht an einem Tag und nicht allen erklären. Falls Sie sich daher entschließen sollten, Ihre Umwelt aktiv zu bearbeiten, dann vergessen Sie Ihren Goethe nicht:

> »Man muss das Wahre immer wiederholen, weil auch der Irrtum um uns her immer wieder gepredigt wird, und zwar nicht von einzelnen, sondern von der Masse, in Zeitungen und Enzyklopädien, auf Schulen und Universitä-

[87] G. Edward Griffin 1994, *Die Kreatur von Jekyll Island – Die Federal Reserve*, Kopp-Verlag 2006.

> ten. Überall ist der Irrtum obenauf, und es ist ihm wohl und behaglich im Gefühl der Majorität, die auf seiner Seite ist.«[88]

Ob Sie auch noch das Risiko der Aufklärungsarbeit *in breiter Öffentlichkeit* auf sich nehmen, ist eine andere Frage. Hier bestehen in der Zukunft durchaus Verfolgungsrisiken. Die Hexenjagden gegen die Überbringer systemkritischer Botschaften haben eine unselige Tradition seit der Antike. Öffentlicher verbaler Kampf gegen das System ist nur für wenige Menschen ratsam, die ohne diese Aktivität sonst vor Scham nicht mehr in den Spiegel oder ihren Kindern nicht mehr in die Augen sehen könnten oder die ohne ein solches Ventil krank werden würden. *Passiver* Widerstand in Form des Sich-Verweigerns der Konsumsucht und speziell allen Formen der Anlage in Papiergeldwerten ist dagegen eine für fast alle sinnvolle Maßnahme, die auch keine Nerven oder Gesundheit kostet und auch noch materiell sinnvoll beziehungsweise unabdingbar ist.

e) Lassen Sie bei all dem Ihr eigenes Denken nicht pessimistisch werden

Es ist sehr wichtig, dass Sie nach all dieser zum Teil bedrückenden Information und angesichts unweigerlich kommender massiver Veränderungen geistig nicht von vornherein verzagen. Ein Verdrängen dieser Situation wäre hochgradig unklug – es sei denn, Sie sind über 80 Jahre alt und haben ihr Haus bestellt. Alle anderen werden die Umbrüche voraussichtlich noch erleben und vor allem die schwierige Übergangsphase in eines der denkbaren Szenarien (Perfektionierung der Weltplanwirtschaft und des sozialistischen Überwachungsstaats; oder Eskalation der Krise im anhaltenden Verteilungskrieg; oder Neustart mit Wiederbelebung der Rationalität, der Werte der Wahrheit, Klarheit, Aufklärung und des freien Marktes mit freiem Marktgeld).

Es braucht aber auch Mut und Motivation zur konkreten Vorbereitung. Bewusstsein und Überzeugung helfen enorm bei der Mutgewinnung. Alleine das ungefähr richtige Bewusstsein des Kommenden verschafft Ihnen

[88] Johann Peter Eckermann, *Gespräche mit Goethe*, Deutscher Klassikerverlag, 1828.

einen großen mentalen Vorsprung vor 90 Prozent der westlichen Bevölkerung (Tendenz fallend, denn es ist inzwischen viel leichter als zum Beispiel noch 2005 oder 1998, das nahende Ende des Aufschuldungs-Zyklus zu erkennen).

Das Zyklusende ist nicht das Ende der Welt. In einem Artikel *Die sechs Reiter der wirtschaftlichen Apokalpyse* schrieb ich 2009 Folgendes :

> »Entgegen landläufiger Meinung bedeutet ›Apokalypse‹ etymologisch nicht ›Weltuntergang‹, sondern ›Offenbarung‹. So wie eben auch Goldbugs keine Weltuntergangspropheten sind, wie der Mainstream regelmäßig meint, suggerieren zu müssen[89]. Goldbugs sind einfach nur Menschen, die die Absurdität eines ungedeckten, fraktionalen und privatisierten Geldsystems durchdrungen haben und die Kausalkette von der Aufhebung des Goldstandards hin zu Verwerfungen in allen Bereichen der Gesellschaft wahrnehmen, darlegen und kritisieren. Diese Haltung ist zielführend und keineswegs pessimistisch, denn es wird zutiefst konstruktiv ein gangbarer Weg zu naturverträglichem Wirtschaften durch die Wahl natürlichen Geldes aufgezeigt. Individuell wie kollektiv. Das griechische Wort ›Apokalypse‹ bedeutet also ›Offenbarung‹, obwohl es regelmäßig mit ›Weltuntergang‹ assoziiert wird. Über den Weltuntergang kann man streiten. Aber eine augenöffnende ›Offenbarung‹ wird es für Mainstream-Gläubige mit dem Systemkollaps garantiert geben. Ein Trost könnte sein, dass zwar der materielle Lebensstandard des Westens nach dem wirtschaftlichen Systemende erheblich niedriger sein wird. Nicht unbedingt sinken wird aber die Lebensqualität für diejenigen, die vom Kommenden nicht mehr überrascht werden können, die während der Krise nicht wahnsinnig werden und die wenigstens geistig-ideell vorbereitet sind. Materielle Vorbereitung kann allerdings ebenfalls nicht schaden.«[90]

---

89 Z. B.: »Wenn die Finanzwelt zusammenbricht/Die Finanzwelt ist in größter Gefahr, sagen die Crash-Gurus« Handelsblatt 22.12.2009 http://www.handelsblatt.com/finanzen/anlagestrategie/duestere-untergangsfantasien-wenn-die-finanzwelt-zusammenbricht;2503067

90 Peter Boehringer, »*Die sechs Reiter der wirtschaftlichen Apokalypse*«, Messemagazin der »Internationalen Edelmetall- und Rohstoffmesse 2009«; S. 164, http://www.goldseiten.de/content/diverses/artikel.php?storyid=12432&seite=0

5. Fazit: Fangen Sie an, sich selbst zu helfen!

Wir sind in der Beschleunigungsphase der Exponentialfunktion. Der Publizist Michael Winkler schrieb schon 2010 treffend:

> »Der letzte Wert, an den wir uns noch klammern, ist derjenige des bedruckten Papiers. Was von der westlichen Wertegemeinschaft noch sichtbar ist, ist der Wechselkurs zwischen Euro und Dollar. Was damit angezeigt wird, ist jedoch ein Preis, kein Wert. Ein Baum, der von innen her verfault, wird schließlich umfallen. Es ist keine Frage des Ob, sondern nur noch des Wann. Nur ganz selten fallen Imperien auf dem Höhepunkt ihrer Macht durch einen Krieg, eine Intervention von außen. Die äußere Krise ist nur der Gnadenstoß, der erfolgt, wenn die Agonie das Imperium bereits ausgehöhlt hat.«[91]

Wenn in einem Teilreservesystem nur 20 Prozent der Anleger reagieren und aus Papieranlagen flüchten, reicht es schon, um das System zum Kollaps zu bringen. *Noch* aber werden alle Fronten verteidigt. Nichts »Systemrelevantes« darf aufgegeben werden. Wenn nur *eine* Front bricht (Staatsanleihen, Staatensolvenz, Bankensolvenz, Währungssystem, Goldpreismanipulation, Statistikfälschungen usw.), droht dem System ein Domino-Effekt, und es ist schnell am Ende. Die ersten Brüche werden derzeit absehbar.

Über Steuererhöhungen, finanzielle Repression und über inflationäre monetäre Maßnahmen wie Staatschuldenaufkäufe und Nullzinskredite durch die Zentralbanken kann sich das System noch etwas Zeit erkaufen. Obwohl die unseriöse Geldpolitik in den USA seit 2008 und in Europa seit 2010 schon massiv angelaufen sind, konnte durch verschiedene verschleiernde »Garantie«-Konstruktionen und Zentralbankbilanz-»Sterilisierungen« der aus dem Nichts geschöpften Kreditgeld-Mengen eine massiv inflationäre Entwicklung bislang vermieden werden. Diese kommt jedoch unweigerlich in der Endphase des Aufschuldungszyklus auf uns zu– auch wenn täuschende Deflationsphasen zwischendurch geradezu normal sind. Wenn eine Währung ernsthaft das in sie gesetzte Vertrauen verspielt und die In-

[91] M. Winkler: *Dekadenz*, Pranger 18.8.2010.

flationsdynamik sich in Gänze entfaltet, können ganze Lebensersparnisse in wenigen Jahren und am Ende gar in Tagen (Hyperinflation und/oder deflationäre Währungsreform) ausgebucht werden.

Die Zeitpräferenz des Konsums erhöht sich in Zeiten hoher Inflationsraten in irrealer und gesellschaftlich unverträglicher Weise. Sparen wird zur Untugend und Dummheit. Konsum um jeden Preis ist nicht nur salonfähig, sondern in dieser Phase sogar »rational«. Alle sind Millionäre und doch arm. Das Leben in einem solchen Umfeld ändert sich von Grund auf, wie zum Beispiel der Historiker Adam Fergusson in seinem wichtigen Werk zur deutschen Hyperinflation 1923 schildert:

> »Über fast vier Jahre lauerte der ultimative finanzielle Kataklysmus ständig um die Ecke. Immer trat er ein, und mit jedem Mal drohte anschließend eine noch schlimmere Inflation. Die Situation schleppte sich weiter dahin und verschlimmerte sich zusehends. 1921 war es unvorstellbar, dass das Jahr 1922 noch grausamere Entwicklungen bereithalten könnte. Diese traten jedoch ein und wurden im Folgejahr von noch größeren Katastrophen übertroffen. Der Kampf ließ die Menschen 1923 verwirrt und inflationsgeschockt zurück. Sie verstanden nicht, was mit ihnen geschah und wer der Feind war, der sie besiegt hatte. … In einer Hyperinflation war eine Schweinehälfte mehr wert als ein Flügel. Eine Prostituierte in der Familie war besser als ein totes Kind; Diebstahl besser als der Hungertod; Wärme besser als Ehre; Kleidung wichtiger als Demokratie und Nahrung nötiger als Freiheit.«[92]

Ähnlich analysieren die libertären Ökonomen Professor Thorsten Polleit, Michael von Prollius und Roland Baader die gesellschaftlichen Folgen der Inflation:

> »Die Hyperinflation zerstört das gesellschaftliche Leben. Das Kalkulieren mit Marktpreisen gerät zur Farce; die Volkswirtschaft wird ihres wichtigsten Koordinationsmechanismus – des Preissystems – beraubt. Die Arbeitslosigkeit steigt, und die breite Masse der Bevölkerung wird ihrer Ersparnisse beraubt und bedürftig.«[93]

---

92 Adam Fergusson, *Das Ende des Geldes*, FinanzBuch Verlag 2011, S. 23, S. 33.

93 Thorsten Polleit/Michael v. Prollius, *Geldreform*, Lichtschlag-Verlag 2010, S. 159.

> »Von den finanziellen Folgen der Inflation ist die schlimmste der letztendlich unvermeidliche Totalruin der Währung, der in Staatsbankrott und Währungsreform mündet – und damit in den Totalverlust aller Geldvermögen der Bürger. Als noch weit verhängnisvoller aber erweisen sich der zunehmende Verfall der moralischen und gesellschaftlichen Ordnung, der oft in Chaos und Revolution mündet – und schließlich im politischen Totalitarismus. Inflation ist immer ein sicheres Zeichen für den Niedergang einer Zivilisation. Dass Ost-Rom (Byzanz) seinen sterbenden Vorgänger West-Rom um tausend Jahre überlebte, hatte seinen Grund darin, dass Ost-Rom die einzige Gesellschaft war, die tausend Jahre eine Goldwährung hatte. [...] Preisinflation bedeutet nicht nur Kaufkraftverlust der Währung, sondern sie erodiert auch den Charakter der Menschen. Sie unterminiert nicht nur die traditionellen bürgerlichen Tugenden, sondern macht sie lächerlich und verkehrt sie sogar in ihr Gegenteil. Alles, was einmal Weisheit war, wird zu Dummheit. Und die Umstände zwingen fast jeden, bei dem Veitstanz mitzumachen.«[94]

Es ist ein Teil der geistigen Vorbereitung, diesen Folge-Mechanismus der Inflation zu verstehen und leider auch zu akzeptieren. Man muss sich eben selbst soweit sinnvoll nüchtern halten und individuell die Verirrungen um einen herum aushalten. Leider wird es nicht leicht werden, dem Chaos, der explodierenden Kriminalität und dem politischen Totalitarismus zu entgehen, der sich im Endstadium zwingend einstellen wird. Welchen Weg man persönlich hier wählt, ist eine Frage der Persönlichkeit, des Alters, des Familienstandes und des Vermögens.

Generell kann jedoch angeraten werden, bescheiden ohne überflüssigen Protz und überflüssige Komplexität zu leben, niemals Schulden zu machen und beruflich wie privat weitgehende Unabhängigkeit anzustreben.

Der Niedergang der Werte, die einst das Abendland groß gemacht haben, wird im falschen Geldsystem in der Gesellschaft als *Ganzem* nicht mehr aufzuhalten sein. Umso wichtiger wird es werden, sich diese Werte wenigstens im engen Umfeld zu erhalten: Fleiß, Eigenverantwortung, Spar-

[94] Roland Baader, *Geldsozialismus*, Resch-Verlag 2010, S. 53 ff.

samkeit, Eigenvorsorge und familiärer Zusammenhalt. Mehr Bewegung und Eigeninitiative erzwingt die Krise ohnehin; vielleicht sogar gesündere Ernährung und einen langsameren Lebensrhythmus mit mehr Zeit zum Innehalten und Nachdenken. Ertüchtigen Sie sich: körperlich, geistig und seelisch. Fahrradfahren bringt dabei übrigens heute schon doppelten Nutzen: benzinfreie Mobilität und körperliche Vorbereitung. Das antike »mens sana in corpore sano« gilt in beide Richtungen und war selten so aktuell und nötig wie heute. Ob auch der Gesellschaftskörper überleben und sich regenerieren kann, entscheiden wohl die kommenden Jahre. Ein unbekannter Autor[95] beschrieb in einem berühmten Zitat die acht Phasen des Lebenszyklus von Gesellschaften; hier frei übersetzt:

1. Aus Knechtschaft, Armut und Verzweiflung folgt spiritueller Glaube
2. Aus spirituellem Glauben folgt Mut zum Widerstand und zur Selbsthilfe
3. Aus Mut folgt gesellschaftliche Befreiung mit freiem Markt, freier Geldwahl, freien Menschen
4. Aus Freiheit folgen Wohlstand und Überfluss
5. Aus Überfluss folgen Selbstzufriedenheit, Trägheit, erster Werteverfall
6. Daraus erwachsen Selbsttäuschung, Gleichgültigkeit, Dekadenz, Lügen, Scheinideologien, Überschuldung
7. Daraus folgen komplette Staatsabhängigkeit, totale Überwachung, Brot-und-Spiele-Ablenkungen, Verarmung der Mittelklasse, Aggression, Goldverbote, gesellschaftlicher Zerfall
8. Daraus folgen die totale Propaganda, Unterdrückung von Wahrheit, Systemkritik und Andersdenkenden, Massenverelendung, Knechtschaft.

Wir sind in Phase 6. Dekadenz ist fortgeschrittener Werteverfall. Die Folge ist der Verlust der Angemessenheit des Verhaltens für ein gedeihliches Fortbestehen. Der Publizist Gerd Maas führt zu Recht aus, dass es damit für jede Gesellschaft existenziell gefährlich wird, denn auch die Werte des Schaffens und Erhaltens verfallen in dieser Phase.[96] Um diesen Trend zu

[95] Die Identität des Autors wird hier diskutiert: http://www.lewrockwell.com/north/north484.html

[96] Gerd Maas »Dekadenz«, Smart Investor Magazin 8-2011, S. 30.

stoppen, müssen aber individuelle Denk- und Handlungs-Freiheit sowie der freie, faire Markt im System endlich wieder zugelassen werden, denn ohne Freiheit keine Leistungsbereitschaft – das ist die Lehre des gesamten 20. Jahrhunderts! Gerne möchte ich mich daher der Hoffnung von Professor Hans Bocker[97] dazu anschließen:

> »Es ist nicht gesagt, dass die Phasen 7 und 8 unbedingt zu durchlaufen wären. Eine gebildete, verantwortungsvolle und einsichtige Menschheit unter Führern mit auch nur etwas Weisheit könnte diesen Zyklus in seinem Ablauf durchbrechen und von Phase 6 direkt nach Phase 2 springen. Jeder von uns kann hierzu durch kluges und sozial-konstruktives Verhalten und Handeln beitragen.«

Unsere Gesellschaft bräuchte dringend eine »Nachkriegszeit ohne Krieg«[98]! Doch selbst wenn wir die großen Weltentwicklungen als Individuum letztlich nicht verhindern können: Gelebte Eigenverantwortung möglichst vieler Bürger in Form von Krisenvorsorge schützt letztlich auch die Gesellschaft als Ganzes, die dann nicht *kollektiv* in den Abgrund stürzen und *dauerhaft* in Unfreiheit bleiben muss.

Stellen wir individuell sicher, dass Phase 2 möglichst schnell wieder erreicht wird. Jeder an seinem Platz. Jeder muss dazu geistig und materiell vorsorgen. Dann können wir das Kommende relativ gelassen und geduldig abwarten. Mit einer Geduld jedoch, die vom Schweizer Historiker Carl Jacob Burckhardt vor dem Zweiten Weltkrieg mit diesen Worten umschrieben wurde:

> »Es gehört zum Schwierigsten, was einem denkenden Menschen auferlegt werden kann, wissend unter Unwissenden den Ablauf eines historischen Prozesses miterleben zu müssen, dessen unausweichlicher Ausgang er längst mit Deutlichkeit kennt. Die Zeit des Irrtums der anderen, der falschen Hoffnungen, der blind begangenen Fehler wird dann sehr lang.«[99]

---

97 Hans Bocker, Freiheit durch Gold, Verlag Johannes Müller, 2008/10, S. 102.

98 Kristof Berking: »Kapitalismus versus Marktwirtschaft«, Smart Investor Magazin 12-2011, S. 30.

99 Carl Jacob Burckhardt (schweizer Diplomat).

Das alte Aufschuldungssystem wird noch vor 2020 zu Ende gehen und mit ihm die aktuell gültigen betrügerischen Spielregeln. Wenn der Welt ein halbwegs friedlicher Übergang gelingt, wird es im neuen System für freie Unternehmer auch wieder Möglichkeiten geben. Langfristig ist Pessimismus daher nicht angebracht. Bis dahin werden Sie jedoch eine Menge Selbstbewusstsein und private Vorsorge benötigen: Trauen Sie sich, den Spott der noch in der Lügenmatrix verbliebenen Mitmenschen auszuhalten. Nutzen Sie die Zeit, die Carl Burckhardt nur subjektiv als noch »sehr lang« ansah.

Gesamtgesellschaftlich gesehen haben die Staaten der Welt demnächst die Wahl zwischen zwei verschiedenen Systemen in der Zukunft. Die Weltregierungs-Eliten wollen uns leider nur *eine* »Wahl« lassen: Eine zentralisierte, voll globalisierte Welt mit verarmten Massen, ohne Mittelschicht, ohne relevante Nationalstaaten, ohne lokale Eigenverantwortung, mit zentralplanerisch gesteuerten »Märkten«, mit einer superreichen Welt-Nomenklatura und vielen reichen Mitläufern und Claqueuren eben dieser; und so letztlich eine Welt ohne Eigentumsrechte der Massen, mit enorm viel Propaganda und Zensur, keinerlei demokratischer Mitbestimmung jenseits einiger scheinbar demokratischer Elemente. Dies würde letztlich schlichtweg eines bedeuten: Weltsozialismus. Und der Sozialismus hat noch nie auf der Welt dauerhaft Wohlstand für alle geschaffen – immer nur Mangel für die Massen.

Die zweite Variante wäre eine Rückkehr zu regionaler und lokaler Politik und Wirtschaft – die post Peak-Oil-Phase ohnehin eines Tages unvermeidlich sein wird. Innerhalb dieser politisch und wirtschaftlich transparenten Einheiten könnte sich auch wieder eine dem jeweiligen Volk verantwortliche Regierung herausbilden. Mit gesundem Geld könnte sich – ökonomisch gesprochen – eine »Österreichische« Welt etablieren. Idealisieren und verklären darf man hier allerdings nichts. Auch diese Welt würde – ebenso wie die globale Diktatur der Eliten – wegen der erheblich geringeren globalen Arbeitsteilung einen geringeren materiellen Lebensstandard als heute aufweisen. Aber sie wäre immerhin eine wirtschaftlich und politisch-gesellschaftlich rationale Welt, in der das Individuum nicht sediert und versklavt wäre, sondern frei arbeiten und sich im Rahmen der energetischen Möglichkeiten individuell entfalten könnte und keiner global-sozialistischen Gedanken-Diktatur folgen müsste!

Kleinere Brötchen backen wir schon aus Gründen knapper werdender Rohstoffe in *allen* denkbaren Welten der Zukunft. Aber in der zweiten Variante haben wir uns wenigstens ehrlicher- und realistischerweise vom Wachstumsdogma verabschiedet und jagen nicht alle wie Hamster im Rad einer Wachstums-Chimäre hinterher, die uns alle dauerhaft abgehetzt und unglücklich zurücklassen wird. Und wir könnten in dieser Welt auch weiterhin frei atmen und frei denken. Vermutlich freier als heute.

II. Die Vermögensstrategie

Philipp Vorndran

1. So geht Entschuldung

Kein Staat muss pleitegehen, wenn er nicht will. Dies gilt aber nur dann, wenn er über eine eigene Währung verfügt, die er zur Not beliebig drucken kann. Die Staaten der Eurozone verfügen aber nicht mehr über eine eigene Währung. Die nationalen Notenbanken sind zu machtlosen Statistikämtern degradiert worden. Geldpolitik betreibt die EZB. Die Euroländer sind also auf das Wohl von Investoren angewiesen, die ihre Anleihen kaufen. Halten sich diese zurück, kann ein Euro-Land nur noch auf den Beistand der EZB oder eines Rettungsschirms hoffen. Der Aufkauf von solchen Problemanleihen liegt aber nicht in der Entscheidungsgewalt des Landes beziehungsweise seiner Notenbank, sondern der EZB. Es ist ein ganz wesentlicher Unterschied zu allen anderen Währungen, bei denen es nur eine nationale Notenbank gibt. Diese Notenbank kann im Notfall die Notenpresse auf »Wunsch« des Staates anwerfen – Unabhängigkeit hin oder her.

Warum haben wir unser »Euro-Problem«? Die Teilnehmerländer sind wirtschaftlich und kulturell einfach zu weit auseinander. Daran wird sich mittelfristig nichts ändern können. Deshalb ist die Währungsunion in ihrer aktuellen Zusammensetzung unhaltbar. Stellen wir uns auf drastische Änderungen ein. Das Euro-Problem ist aber nur ein Nebenkriegsschauplatz. Im Mittelpunkt steht unser eigentliches Thema: das globale Schuldenproblem. Auch außerhalb der Eurozone haben viele »westliche« Volkswirtschaften den Punkt fiskalischer Nachhaltigkeit längst überschritten.

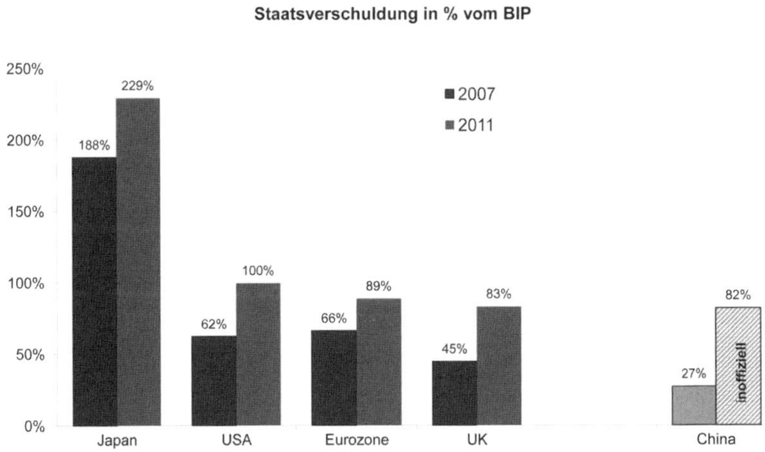

Abb. 2.1: Staatsverschuldung großer Volkswirtschaften, Quelle: Eurostat, IWF.

Japan markiert mit einer Staatsschuldenquote von fast 240 Prozent die unrühmliche Spitzenposition in der Schuldenliga. Das Haushaltsdefizit beträgt fast neun Prozent des Bruttoinlandsprodukts (BIP) und bedeutet, dass Japan 2012 erneut rund die Hälfte seines Haushalts über neue Schulden finanzieren muss. Dies ist nur noch dank der extrem niedrigen Zinsen von durchschnittlich einem Prozent möglich. Doch es naht der Tag X, an dem die Japaner dieses Loch nicht mehr mit ihren Ersparnissen stopfen können.

Japan und allen anderen hochverschuldeten Staaten können nur auf vier Wegen ihre Schuldenquoten auf ein nachhaltig tragbares Niveau senken.

1. **Hohes Wirtschaftswachstum:** Produktion von mehr Gütern und Dienstleistungen.
2. **Keine Schulden oder gar Überschüsse machen:** Haushaltssanierung durch Sparmaßnahmen und Steuererhöhungen.
3. **Schuldenschnitt:** Die Schulden werden per Dekret (teilweise) gestrichen.
4. **Geldentwertung:** Höhere Preise für Güter und Dienstleistungen.

Die Schuldenquote ist der Quotient aus Schulden (Zähler) und nominalem Bruttoinlandsprodukt (Nenner). Ein Land hat jeweils zwei Möglichkeiten den Zähler zu verkleinern und/oder den Nenner zu vergrößern, damit die Quote fällt. Alle vier genannten Varianten kann man sofort in der Gleichung wiederfinden.

$$Schuldenquote = \frac{Schuldenstand \ \downarrow_{2,3}}{\uparrow_{1} \ BIP_{real} \ x \ Preisniveau \ \uparrow_{4}}$$

Abb. 2.2: Schuldenquote, Quelle: Flossbach von Storch.

Die Schuldenquote fällt übrigens auch dann, wenn der Schuldenstand (Zähler) langsamer wächst als das nominale Bruttoinlandsprodukt (Nenner).

> Soweit die Theorie, aber welche dieser Lösungsmöglichkeiten haben wirklich realistische Chancen auf Umsetzung?

1.1 Möglichkeit 1: Wachstum – ein Traum

Der komfortabelste Weg zum Schuldenabbau ist sicher kräftiges Wirtschaftswachstum mit realen Raten von vier oder gar fünf Prozent. In einem solchen Fall steigen die Steuereinnahmen, und die Sozialausgaben fallen. Die wichtigsten Kennziffern verbessern sich damit kontinuierlich, insbesondere der Schuldenstand oder das Haushaltsdefizit jeweils im Verhältnis zur Wirtschaftsleistung.

Leider ist diese Variante heute für die entwickelte Welt unrealistisch. Betrachtet man die realen Wachstumsraten in den Industrieländern über die vergangenen Jahrzehnte, so gibt es einen klaren Trend. Der zeigt abwärts. Dahinter stecken strukturelle Entwicklungen. Die westlichen Gesellschaften altern, und alternde Gesellschaften sind weniger produktiv. Außerdem sind mehr und mehr Produktionsanlagen in die aufstrebenden Märkte verlagert worden. China ist das klassische Beispiel. Für manche

Industrien, nicht aber die heimische Volkswirtschaft, stellt dieser Ausweg in die Fremde eine temporäre Chance dar, aber auch die Schwellenländer werden langfristig nicht willens und in der Lage sein »die ganze Welt rauszuhauen«.

Momentan profitieren Teile unserer Industrie von steigenden Exporten in die Emerging Markets, aber wegen des Trends zur Verlagerung der Produktion und auch von Dienstleistungen in diese wirtschaftlich aufstrebenden Länder, etwa in Asien und Südamerika, hilft uns das bei der Haushaltskonsolidierung in der Heimat nur begrenzt. Außerdem muss man sich die Frage stellen, wie lange es noch dauert, bis Länder wie China bei vielen Produkten aufgeholt haben und nicht mehr als Abnehmer, sondern als harte Konkurrenten auftreten werden?

1.2 Möglichkeit 2: Einnahmen rauf, Ausgaben runter: zu spät

Wenn wir also nicht genügend Wirtschaftswachstum generieren können, wie wäre es denn mit dem berühmten »den Gürtel enger schnallen«? Ein von Schulden bedrängter Staat muss in einer brenzligen Situation darüber nachdenken, die Steuern anzuheben und damit die Einnahmen zu erhöhen und zusätzlich durch Kürzungen im Staatshaushalt die Ausgaben zu senken.

Wie wir aber spätestens seit dem Experiment Griechenland wissen, führt dies schnell zu einem drastischen Einbruch der wirtschaftlichen Aktivitäten im Land. Und wenn eine solche Haushaltskonsolidierung nicht ohne Ausnahme alle gesellschaftlichen Gruppen einbezieht, geht die Bevölkerung früher oder später auf die Barrikaden. Die Menschen werden nur mitziehen, wenn sie eine Perspektive für mittelfristige Verbesserungen sehen. Solch ein Schritt kann deswegen nicht von Technokraten verordnet werden, die die Interessen der Gläubiger repräsentieren.

Befindet sich das Land in einer isolierten Problemsituation, wie beispielsweise Schweden oder Neuseeland in den 1980er Jahren, dann kann eine solche Konsolidierungspolitik bezüglich der Auswirkungen auf die heimische Bevölkerung mit begleitenden Maßnahmen, wie beispielsweise einer Abwertung der heimischen Währung oder einer »Begger my neighbour«-Politik abgemildert werden. Ist aber, wie heute, die halbe Welt in einer Überschuldungssituation, dann werden wir durch breit angelegte Sparpakete in vielen Ländern schnell in eine Situation hineindriften, die die Depression der 1930er Jahre in den Schatten stellen dürfte. Die Akzeptanz einer solchen scharfen Anpassungsrezession, eines ökonomischen Armageddons also, ist für die politischen Entscheidungsträger völlig ausgeschlossen.

Denn für einen solchen Fall befürchtet man – wohl nicht ganz zu Unrecht – nachhaltige Risiken auf der politischen Ebene. Wenn es eng wird, und Menschen auf breiter Front Wohlstandverluste hinnehmen müssen, sucht man immer nach Sündenböcken und vermeintlich einfachen Lösungen. Populisten oder gar Demagogen wären hier Tür und Tor geöffnet. Sparen muss man deshalb vor allem in guten Zeiten. Für die westliche Welt ist das keine realistische Option mehr.

1.3 Möglichkeit 3: Einfach nicht bezahlen

Wenn ein Land die Schuldenlast weder mit Wirtschaftswachstum noch mit Haushaltssanierung durch Sparmaßnahmen und Steuererhöhung und auch nicht mit der Notenpresse in den Griff bekommen kann, dann bleibt noch der Schuldenschnitt.

Griechenland hatte realistischerweise keine andere Option. Es konnte keine Notenpresse anwerfen, weil es keine eigene hat. Es konnte keine eigene Währung abwerten, weil es keine eigene hat. Es wollte und konnte auch die Ausgabensenkungen nicht weiter verschärfen, weil das zu noch größeren Unruhen in der Bevölkerung geführt hätte. Das heißt aber im Umkehrschluss, dass man mit dem zukünftig erhofften minimalen Primärüberschuss im Staatshaushalt die anstehende Zinslast von knapp unter 20 Milliarden Euro nie und nimmer wird stemmen können. Die Zinslast ist – auch nach dem jetzt vollzogenen ersten Schuldenschnitt – einfach viel zu hoch.

Denn in solch einer Lage hätte es nur eine nachhaltige Lösung gegeben: einen drastischen Schuldenschnitt von mindestens 75 Prozent. Aber was im kleinen Griechenland oder auch in Portugal möglich wäre, ist keine realistische Option für Staaten wie Italien oder Spanien, und schon gar nicht für die USA oder Japan. Die Verbindlichkeiten dieser Länder sind viel zu groß. Hier braucht es andere Instrumente, die auf geschickte Art und Weise zu einer Umverteilung von Gläubigern zu Schuldnern führen werden.

1.4 Möglichkeit 4: Inflation – schön unauffällig

Die Zauberformel dafür lautet finanzielle Repression, also eine Mischung aus Zinskontrolle und Inflation, angereichert durch weitere finanzielle »Folterinstrumente« wie Kapitalverkehrskontrollen, Zwangsanleihen, Steuererhöhungen, dem Verbot bestimmter Anlageklassen und so weiter.

Geld ist ja genug da, es liegt nur bei den »Falschen«. Inflation ist aus Staatssicht ein hervorragendes Mittel zur Vermögensübertragung, weil sich Geldentwertung zumindest anfangs im Verborgenen abspielt. Wenn hier von Vermögenstransfer die Rede ist, ist das natürlich eine sehr wohlwollende Umschreibung eines Vorgangs, den man auch drastischer als Enteignung bezeichnen könnte.

Ein einfaches Beispiel verdeutlicht, wie leicht dies gehen könnte. Nehmen wir ein Land mit einer Staatsverschuldung von 100 Prozent der Wirtschaftsleistung im Jahr 2011, einem Realwachstum von zwei Prozent und einem jährlichen Haushaltsdefizit von sechs Prozent. Bei einer Inflationsrate von zwei Prozent jährlich steigt die Schuldenquote bis 2020 auf 121 Prozent.[100] Die Schuldenquote sinkt dagegen, wenn wir bei gleichem Realwachstum eine höhere Inflationsrate unterstellen. Bei einer Inflationsrate von acht Prozent beispielsweise würde die Schuldenquote im gleichen Zeitraum auf 69 Prozent fallen. Der Grund: Die Wirtschaft wächst mit nominal zehn Prozent. Der Summe aus zwei Prozent Realwachstum und acht Prozent Inflation. Der Schuldenberg wächst jährlich nur um sechs Prozent und damit langsamer.

---

100 (100% (Staatsverschuldung) * (6% (Haushaltsdefizit)-2% (Realwachstum) -2% (Inflation))^10 (Jahre) = 121%

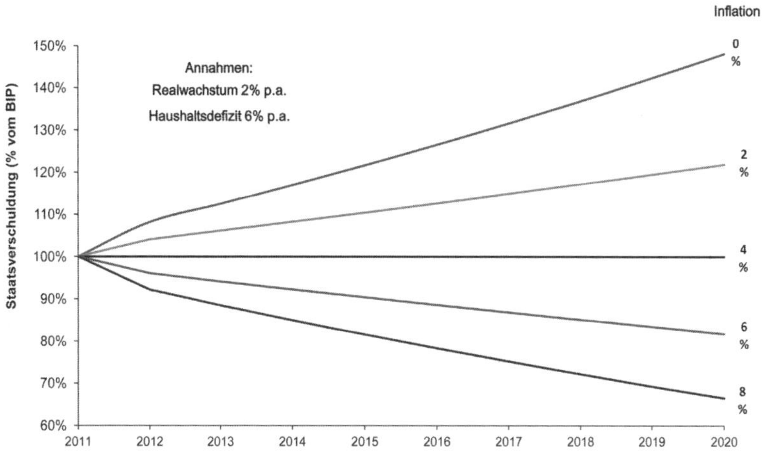

Abb. 2.3: Entwicklung der Schuldenquote, Quelle: Flossbach von Storch, Stand: Dezember 2011.

Die Sache hat aber einen Haken. Wenn sich bei den Investoren die Inflationserwartung verfestigt, werden sie dafür einen Risikoaufschlag für Staatsanleihen verlangen. Sie wollten dann einen Zinssatz oberhalb der Inflationsrate – im Beispiel von eben also mehr als acht Prozent. Der Staat müsste dann deutlich höhere Zinsen für seine Anleihen zahlen, und das würde die Zinszahlungen und damit den Schuldenberg natürlich weiter wachsen lassen. Deshalb muss der Staat die Zinszahlungen auf seine Anleihen trotz hoher Inflation irgendwie niedrig halten.

Aber wie kann man die Anleger dazu bringen, Anleihen trotz negativer Realzinsen zu kaufen? Die Investoren verlieren damit ja real an Vermögen. Die Mittel dafür sind eine Mischung aus Überzeugung oder Gewalt. Beides hat es in der Geschichte gegeben. Das einfachste Mittel ist eine klassische Zinskontrolle. So etwas gab es beispielsweise in den USA von 1942 bis 1951 oder heute noch in China. Dabei wird der Zinssatz gesetzlich festgelegt oder es wird eine obere Grenze fixiert. Durch gleichzeitige Kapitalverkehrskontrollen kann der Staat Vermögensabflüsse ins Ausland verhindern. Ein bisschen »freiwilliger« Zwang kann auch helfen, und sei es nur durch vermeintlich attraktive Steuerstrukturen oder Regulation zum »Schutze des Anlegers gegen Marktrisiken«.

Der Staat kann die Bürger auch anders in die Anleihen drängen, indem er Alternativen verbietet. So haben die Vereinigten Staaten 1933 den Besitz von mehr als 100 Dollar in Gold verboten, was damals etwas weniger als fünf Unzen bedeutete. Wer nach dem Verbot mehr als erlaubt besaß, musste mit bis zu zehn Jahren Haft oder einer Geldstrafe von 10.000 Dollar rechnen.

Außerdem muss der Staat den Sparern erfolgreich vorgaukeln, dass es gar keine Inflation gibt, vor der er sich schützen müsste. Investoren kümmern sich ja weniger um die aktuellen Inflationsraten, sondern versuchen ihre Entscheidungen an der erwarteten Geldentwertung auszurichten. Daher kann die Notenbank oder können auch Regierungen Steigerungen der Inflationsraten als vorübergehend kommentieren. Nach dem Motto: »Das sind nur die hohen Energie- oder Nahrungsmittelpreise, die werden sich bald wieder beruhigen.« Und last, but not least werden Steuererhöhungen und als »Reformen« titulierte Einsparungen im Sozialsystem die Folterinstrumente der Entschuldung abrunden.

Der Weg aus der Staatschuldenkrise scheint vorgezeichnet. Mit der »Abschaffung« des Zinses für Staatsanleihen senken die Notenbanken die Finanzierungskosten der Staaten und schaffen die zum Abbau der hohen Staatsschuldenquoten erforderliche »unverzinste Inflation«. Diese im Fachjargon als »Financial Repression« bezeichnete Strategie bewirkt einen negativen Realzins und damit eine schleichende Teilenteignung der Sparer zu Gunsten der Schuldner, insbesondere der hochverschuldeten Staaten.

2. Inflation – wo soll die denn herkommen?

Wenn man den offiziellen Zahlen Glauben schenkt, dann stellt die aktuelle Inflation noch keine große Gefahr dar. Preisinflationsraten wie in den 1970er Jahren mit ihren Ölkrisen kann sich momentan kaum ein Bürger vorstellen. Die aktuellen Raten von unter drei Prozent etwa in Deutschland scheinen keinen Anlass zur Sorge zu geben. Aber wir reden hier über die offiziell veröffentlichten Zahlen. Die ökonomische Wirklichkeit für den einzelnen Bürger kann ganz anders aussehen.

Es sind oft subtile und von einer breiten Öffentlichkeit schwer durchschaubare Praktiken, die die Realität verzerren. Denn der Staat hat ein besonderes Interesse, die offizielle Geldentwertungsrate so niedrig wie möglich auszuweisen. Die Entwicklungen von Löhnen, Pensionen und Mieten sind nämlich häufig an Verbraucherpreis-Indizes gekoppelt.

In Argentinien beispielsweise liegt die Geldentwertung offiziell bei zehn Prozent, obwohl sie realistischerweise eher 25 Prozent beträgt[101]. Regierungen sind dann bereit zu sehr unkonventionellen Mitteln zu greifen, wie jüngst die argentinische Staatspräsidentin Cristina de Kirchner. Weil der vielbeachtete Big-Mac-Index, mit dem weltweit die Kaufkraftparität von Währungen verglichen wird, einen Preisanstieg von 19 Prozent anzeigte und damit das Doppelte der offiziellen argentinischen Inflationsrate, »überzeugte« Frau Kirchner McDonald's von einer Preissenkung.

Big Mac Repression

Abb. 2.4: Cristina de Kirchner, argentinische Staatspräsidentin, Quelle: Presidency of the Nation of Argentina, Victor Bugge.

[101] Alle argentinischen Consulting-Unternehmen, die eine Inflationsrate für das Jahr 2011 vorhersagen, die höher als die von der Regierung ausgegebene Prognose von 10,9 Prozent liegt, haben einen Brief der Regierung erhalten, der sie auffordert, ihre Prognose innerhalb von 48 Stunden zu erklären. Anderenfalls werden Sie dazu verdonnert, eine Strafe von 125.000 Dollar zu zahlen. Unabhängige Consulting-Unternehmen haben eine Inflationsrate von 25 Prozent für 2010 berechnet und sehen 30 Prozent Inflation in Argentinien in diesem Jahr.»Das ist ein Versuch, den Übermittler der Nachrichten zu erschießen«, beschwert sich Nicolás Bridger von der Consulting-Firma Prefinex. »Sie versuchen, die privaten Consulting-Firmen zu diskreditieren, die gerade ihre Jahresbudgets aushandeln.«, Quelle: Jude Webber, Financial Times, »Argentina threatens inflation analysts with fine«, 03.02.2011.

Argentinien ist jetzt das einzige Land der Welt, wo ein Big Mac dreißig Prozent billiger ist als der konkurrierende aber weniger stark beachtete Whopper von Burger King. Diese Anekdote aus dem Reich der Financial Repression verdeutlicht den Erfindungsreichtum der Politik, wenn es darum geht, die Inflation geringer erscheinen zu lassen, als sie ist.

In Russland ist die Situation ähnlich. Aber auch amerikanische Experten wie John Williams von Shadow Government Statistics (SGS)[102] gehen davon aus, dass die tatsächliche Geldentwertung in den USA nicht, wie offiziell ausgewiesen, deutlich unter fünf Prozent liegt, sondern zweistellig ist.

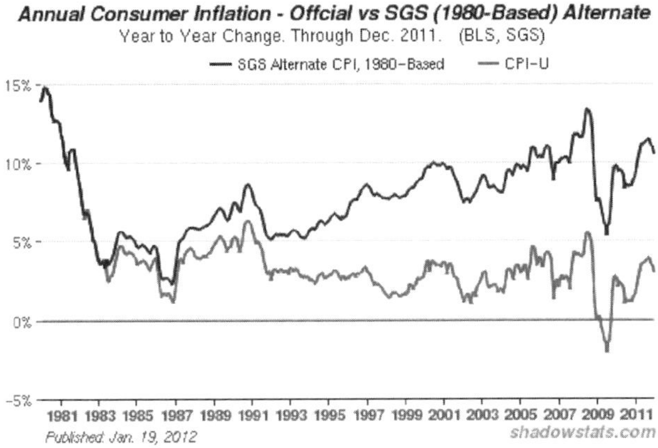

Abb. 2.5: Offizielle und tatsächliche Inflationsraten, Quelle: Shadowstats.com

In den USA passt das Regierungsbüro zur Berechnung der Indizes den Warenkorb an neue Konsumgewohnheiten an, was natürlich Spielraum für Manipulationen schafft. Außerdem gelten Qualitätssteigerungen bei Produkten als preissenkend. Die tatsächlichen Preise können dabei die gleichen bleiben oder steigen. Ein typisches Beispiel dafür sind Computer.

Risiken lauern aber auch in der Wertschöpfungskette unserer arbeitsteiligen, globalisierten Welt. In den Schwellenländern, den Hauptlieferanten unserer Konsumgüter, verdrängt das Problem der Inflation heute alle

[102] John Williams und sein Team berechnen einen Konsumentenpreis-Index (SGS Alternative CPI, 1980-Based), der auf den Methoden beruht, die vom US-Statistikamt 1980 benutzt wurden.

anderen Probleme von den Titelseiten der Zeitungen. Die massiv steigenden Löhne dort werden sich bald auch in unseren Warenkörben wiederfinden.

Auch bei uns dürften die offiziellen Werte die Wirklichkeit unterschätzen. In der Gastronomie bezahlen wir heute für Speisen und Getränke in Euro etwa die Summen, die wir vor der Einführung des Euro in D-Mark gezahlt haben. Daraus kann man eine Steigerung von etwa sechs Prozent pro Jahr ableiten. Natürlich gibt es auch Gegenkräfte. Beispielsweise den bis vor wenigen Jahren wirkenden deflationären Druck durch billige Einfuhren aus Asien oder die nur leicht steigenden Mieten. Beides gehört allerdings unserer Meinung nach der Vergangenheit an. Die steigenden Energie- und Rohstoffkosten werden ebenfalls dauerhafte Spuren hinterlassen.

Außerdem sollten wir uns die Mühe machen, den Begriff der Inflation genau zu definieren, um Missverständnisse und Verwirrungen zu vermeiden. Inflation kommt aus dem Lateinischen, das Wort »inflare« bedeutet »aufblähen«. Eine wachsende Zentralbank-Geldmenge ist nichts anderes als Inflation. Wenn wir diese analysieren, dann haben wir weltweit seit 2007 hohe Inflation, denn die Geldbasis ist förmlich explodiert.

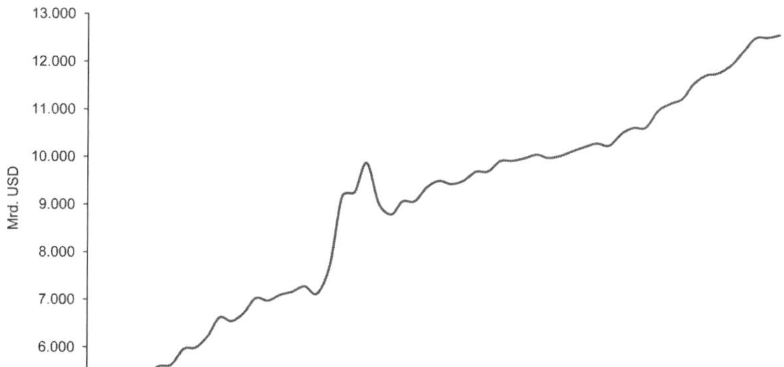

Abb. 2.6: Aggregierte Bilanzsumme von EZB, Fed, Bank of England, Bank of Japan, People's Bank of China – in Mrd. USD, Quelle: Nationale Notenbanken, Bloomberg, Daten per 31.Oktober 2011.

Im täglichen Sprachgebrauch verstehen wir unter Inflation die Preissteigerungsrate. Erst wenn die Banken die höhere Geldmenge in Form von Krediten an Konsumenten, Immobilienkäufer und Unternehmen weiterreichen – so die weitverbreitete Meinung – kann aus der Geld- auch eine Preisinflation werden. Das heißt im Ablauf: Die Konjunktur gewinnt an Fahrt, Kapazitäten sind voll ausgelastet, Rohstoffpreise steigen, die Arbeitskräfte werden knapp, die Konsumentenstimmung zieht an, und zuletzt erhöhen sich die Löhne, was zu höherer Kaufkraft führt und die Konjunktur weiter anheizt.

Aber es kann auch ganz anders kommen. Preise können steigen, weil die Bevölkerung das Vertrauen in die eigene Währung verliert. Die Menschen beginnen, aus Angst vor der Entwertung ihr Geld auszugeben. Schließlich befürchten sie, dass sie für die gleiche Menge Papiergeld in Zukunft weniger an Konsumgütern bekommen könnten. Erste Anzeichen einer solchen Entwicklung erkennen wir schon heute. Es steigen die Preise für hochwertige Konsumgüter und Anlagegüter. Beispiele sind Wohnimmobilien, Spitzenweine, historische Automobile, wertvolle Uhren und Kunst.

Schauen wir nur nach Argentinien. Dort spielt sich genau das ab. Offiziell haben die Argentinier eine Inflation von zehn Prozent. In Wahrheit sind es aber eher 24 Prozent. Was passiert? Die Menschen flüchten in Sachwerte. In Buenos Aires explodieren die Immobilienpreise, und der Absatz von Autos rast von Rekord zu Rekord. Löhne und Staatsausgaben steigen ebenfalls stark an. Da die Staatsausgaben zuletzt mit 35 Prozent noch stärker als die Inflation gestiegen sind, ist eine Entschuldung Argentiniens mit dieser Politik nicht möglich. Dennoch wird die Entwertung in Kauf genommen, da sie im Vergleich zu harten Sparmaßnahmen politisch leichter umsetzbar ist.

Aber seit Beginn der Finanzkrise sind die Preise für hochwertige Wohnobjekte in besten Lagen auch bei uns deutlich gestiegen. Kaufgrund sind nicht nur die niedrigen Zinsen, sondern es ist die Angst vor einem Zusammenbrechen des Finanzsystems und einer Entwertung des Papiergeldes.

Spannend wird es für die Preisinflation bei uns, sobald das Banksystem beginnt, aus dem Prozess der Rücknahme von Risiken, dem sogenannten Deleveraging, wieder in den Kreditvergabe-Modus zurückzukehren und damit Geld zu schöpfen. Das hat in Deutschland jenseits der angeschlagenen Universalbanken, speziell forciert durch die Sparkassen und Genossenschaftsbanken, bereits im privaten Immobilienbereich begonnen. Die verzweifelte Suche solcher Banken nach guten Kreditrisiken, für die sie ihre Kundeneinlagen verwenden können, und der Vertrauensverlust ins Papiergeld arbeiten momentan Hand in Hand. Das Ergebnis sind zum Teil deutlich steigende Preise bei Privatimmobilien.

Die Notenbanken wiegeln beim Thema Inflation natürlich ab. Ihre Vertreter sagen: »Wenn wir wollen, können wir die Liquidität jederzeit wieder einsammeln.« Aber zumindest die Erfahrung in der Vergangenheit muss uns daran zweifeln lassen. In der Vergangenheit haben die Notenbanker nur geredet, aber nicht gehandelt.

Selbst wenn sie das hehre Ziel umsetzen wollten, was wären dann die Folgen? Die Notenbanken der USA, Großbritanniens, Japans oder auch die Europäische Zentralbank EZB müssten die aufgekauften (Problem-)Anleihen wieder verkaufen. Dies in großem Stil durchzuführen, wäre aber unmöglich, ohne dass die Kurse einbrechen und die Renditen steigen würden. Damit wäre der Staatsbankrott über explodierende Zinsausgaben besiegelt. Die amerikanische Federal Reserve müsste zusätzlich auch noch eine gewaltige Menge an erworbenen toxischen Wertpapieren aus dem Hypothekenbereich verkaufen. Wer sollte ihr diese bitte abkaufen, und zu welchem Preis?

Überschüssige Liquidität einzusammeln und Wertpapiere ohne Liquiditätswirkung wieder zu verkaufen, ist also gar nicht so einfach. Die Banken müssen schon freiwillig Geld zum niedrigen Leitzins von einem Prozent bei der Zentralbank anlegen. Ein Prozent war der gültige Satz im Januar 2012. Finden die Banken aber genügend lukrativere Anlagen wie etwa Immobilienkredite, dann bleibt die geschöpfte Liquidität im System. Wenn der Geist erst einmal aus der Flasche ist, kann man ihn nur schwer wieder hineinbringen.

Und wohin soll der Bürger denn auch mit seinem Geld? Zinsen für Einlagen wie Tages- oder Festgeld bekommt er kaum noch auf einer stabilen Bank. Gleichzeitig bereiten den Bürgern die Schuldenexzesse der Staaten mit ihren langfristig unausweichlichen Folgen Unbehagen. Sie fragen sich: Was wird diese Währung, mit der wir im Moment zahlen, in einigen Jahren noch wert sein? Kann ich meine Konsumpläne damit in der Zukunft noch realisieren, oder sollte ich meine Kaufentscheidung nicht vorziehen? Die Bürger sehen ja, wie leicht Qualitätsversprechen der Staaten und der Notenbanken reihenweise gebrochen werden. Wer gesehen hat, wie die Maastricht-Kriterien, das Basiswerk für die Einführung des Euro, ausgehebelt wurden, glaubt nicht mehr daran, dass Politiker Schuldenbremsen wirklich einhalten. Sie flüchten in Sachwerte, zu denen auch langlebige Wirtschaftsgüter gehören, ähnlich dem Beispiel Argentinien von eben. Dann steigen auch die Preise. Offiziell allerdings nur langsam, da wesentliche Teile des Warenkorbs, wie die Mieten, nur begrenzt steigen können, und das zusätzlich zeitlich verschoben.

Da die Zinsen aber vom Staat und den Notenbanken künstlich tief gehalten werden, bekommt der Sparer keinen Risikoausgleich für die Inflation, seine Realverzinsung wird negativ.

	Inflationsrate	Rendite 3-monatiger T-Bills	Rendite 10-jähriger Staatsanleihen	Realzins *
UK	4,80%	0,53%	2,01%	-3,53%
USA	3,40%	0,02%	1,91%	-2,44%
Eurozone **	3,00%	-0,09%	1,83%	-2,13%
Deutschland	2,10%	-0,09%	1,83%	-1,23%
China	4,10%	2,74%	3,43%	-1,02%
Australien	3,50%	4,12%	3,75%	0,43%
Japan	-0,50%	0,10%	0,96%	1,03%
Schweiz	-0,70%	0,00%	0,78%	1,09%
Norwegen	0,20%	1,45%	1,95%	1,50%

*** Annahme: hälftige Anlage in 3-monatigen und 10-jährigen Staatspapieren**

**** Renditeangaben entsprechen den Werten für Deutschland**

Abb. 2.7: Realzinsen ausgewählter Volkswirtschaften, Quelle: Flossbach von Storch, Bloomberg, Daten per 12. Januar 2012.

So wird Sparen für Investoren ein schlechtes Geschäft. Was dadurch aber interessanter wird, ist die Aufnahme von Krediten. Der Kreditnehmer zahlt ja später in entwerteter Währung zurück, das heißt real weniger. Das kann sich für ihn auszahlen. Bei Immobilien beispielsweise tauscht er nominale zukünftige Rückzahlungsverpflichtungen in einen Sachwert[103]. Auf diese Weise steigt das Kreditvolumen. Es steigt die Geldmenge und schürt den Preisanstieg. Das Vertrauen in die Währung sinkt weiter.

Eine Hyperinflation wie in den 1920er Jahren erscheint uns aber sehr unwahrscheinlich. Zu so einer dramatischen und grotesken Entwicklung wird es kaum kommen. Vorher erleben wir eine Währungsreform wie beispielsweise in der Türkei. Man lässt ein paar Nullen von den Scheinen verschwinden oder führt eine Währung mit neuem Namen ein. Um nicht vollständig die Kontrolle zu verlieren muss der Staat seine Schuldenquote auf ein tragfähiges Niveau senken. Der Anteil muss deutlich unter der 60% Marke liegen – unter dem Maastricht-Kriterium eben. Die Staaten müssen die Vertrauenskrise rechtzeitig wieder entschärfen. Das ist beispielsweise den USA in der Mitte des letzten Jahrhunderts gelungen. Dann wäre die Geldentwertung für den Sparer zwar schmerzhaft aber nicht katastrophal. Dass die Schuldenlawine langfristig in Inflation mündet, ist allerdings so gut wie sicher. Es fragt sich nur, wie extrem diese Entwicklung sein wird und wann sie beginnt.

3. Wohin mit dem Geld?

Wir müssen uns auf ein völlig anderes Anlageumfeld einstellen als das, welches unsere Nachkriegsgenerationen bisher gewohnt waren. Die Gefahr ist groß, dass uns die Inflation erwischen wird. Dann bedeutet Risiko etwas völlig anderes als heute. Wir reden nicht mehr über nominales Risiko, also die Preis- und Kursschwankungen einer Anlage. Jetzt geht es um reales Risiko. Das ist der nachhaltige Wertverlust nach Berücksichtigung der Inflation. Geldanlage ist schon immer eine anspruchsvolle Disziplin gewesen. Jetzt ist das Prognosegeschäft noch schwieriger geworden, weil die Finanz-

[103] Aber aufgepasst! Der Staat sieht dies natürlich auch und wir versuchen, solche »Krisengewinnler« später wieder zur Kasse zu bitten.

märkte äußerst instabil sind und ganz neue Spieler auf den Märkten mitmischen. Die neuen Spieler sind Politiker und Notenbanker. Ihre Aktionen sind kaum noch kalkulierbar. Sie brechen Verträge wie den von Maastricht, hebeln mit dem eigentlich verbotenen Ankauf von Staatsanleihen Marktmechanismen aus, sodass viele Zinshöhen wirklichkeitsfremd sind. Die entscheidende Frage lautet deshalb: Was bedeutet das für die Anleger?

Die rasant wachsende Staatsverschuldung steht im Brennpunkt. Natürlich gibt es viele Risikoquellen außerhalb des Finanzbereichs, die die Geldanlage zusätzlich berühren. Das beginnt bei Katastrophen wie dem Reaktorunglück in Fukushima, geht weiter über den Kampf um Rohstoffe, betrifft auch die globalen Terrorrisiken oder gesellschaftliche Umwälzungen wie die in Nordafrika und last, but not least die Risiken rund um den Euro. Aber all das sind verglichen mit der Schuldenproblematik aktuell nur Nebenkriegsschauplätze.

Für uns ist aber eines klar, und diese Ansichten hebt uns auch von den Aussagen sogenannter Crash-Propheten ab: Die Welt wird nicht untergehen! Aber, die Anleger müssen schnell lernen dramatisch umzudenken. Wer nicht vorbereitet ist, wird erhebliche Teile seines Vermögens durch dessen schwindende Kaufkraft einbüßen. Der Risikobegriff muss neu definiert werden. Nicht mehr die Schwankung einer Anlage ist als Risiko zu verstehen, sondern die Gefahr eines realen Wertverlustes (d.h. nach Abzug der Inflation). Dies führt zu der skurril anmutenden Erkenntnis, dass nominal besonders sichere Anlagen, die wie das Sparbuch, keine Kursschwankungen aufweisen, besonders riskant sind. Die Illusion, man hätte sein Vermögen erhalten, nur weil auf dem Papier immer noch die gleiche Größe steht wird viele Anleger davon abhalten das Richtige zu tun. Wer vorbereitet ist, für den bieten sich jedoch auch Chancen in der Krise.

Es ist wichtig, sich auf allgemeine Anlageprinzipien zu besinnen. Nur so kann man das Depot wetterfest machen. Diversifikation und damit Streuung des Vermögens nach Anlageformen und Regionen ist unerlässlich. Dazu gehört nicht nur die Aufteilung nach verschiedenen Anlageformen. Man braucht auch verschiedene Währungen. Und man braucht unterschiedliche Lagerorte. Das wird oft übersehen oder unterschätzt. Man weiß schließlich nie, welche besonderen Zwangsmaßnahmen ein Land einführt, die dann möglicherweise den Zugriff auf das dort gelagerte Vermögen erschweren. Diversifikation gilt auch für die Anzahl der Bankbeziehungen.

In einer globalen Finanzwelt lassen sich einige der erwähnten Instrumente der finanziellen Repression nicht mehr so leicht umsetzen. Zinskontrollen sind bei globalem Kapitalverkehr leichter zu umgehen. Kapitalverkehrskontrollen wären dann eine notwendige, aber verzweifelte Maßnahme, um dies durchzusetzen.[104] Auch ein Goldverbot ist beispielsweise durch Lagerung in anderen Ländern umgehbar. So eine Flucht könnte der Staat allerdings mit einem Notstandsgesetz aushebeln.

Dennoch müssen wir uns das »Paradebeispiel« von Financial Repression genau anschauen, um zu erkennen, was damals die US-Amerikaner am eigenen Leib erfahren haben. Es war die Zeit der Zinskontrolle von 1942 bis 1951. Damals gab es einen lukrativen Fluchtweg. Risikoscheue Investoren wird es wundern, dass dies ausgerechnet der Aktienmarkt war.

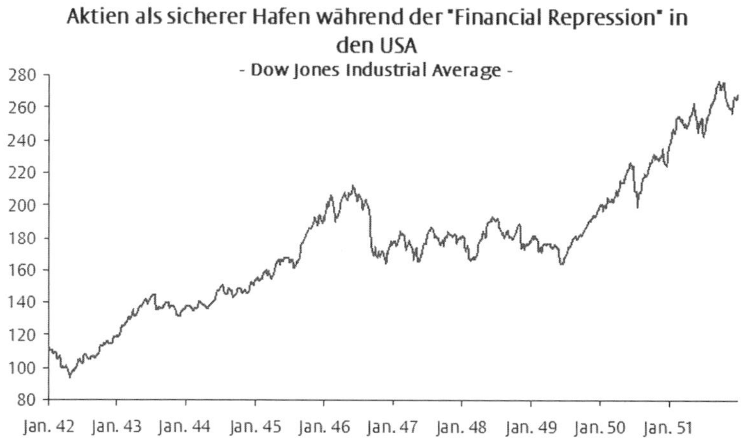

Abb. 2.8: Entwicklung des US-Aktienmarktes in der Phase finanzieller Repression 1942 bis 1951, Quelle: Bloomberg, Flossbach von Storch.

[104] Die Schweizer Bundesrätin Eveline Widmer-Schlumpf hat das Stichwort Kapitalverkehrskontrollen im Zusammenhang mit der Anbindung des Frankens an den Euro immer wieder als mögliche Option angesprochen. »Schweiz erwägt wegen Schuldenkrise Kapitalkontrollen«, NZZ Online, 7.12.2011.

Diese Periode dauerte vom März 1942 bis zur Aufhebung der Zinskontrolle im März 1951. In dieser Zeit stieg der Dow Jones Index von 100 auf 250 Punkte. Das ist ein durchschnittlicher Kursanstieg von 10,6 Prozent jährlich. Die Dividenden kamen noch obendrauf. Damit haben Aktionäre nicht nur die Inflation von etwa fünf Prozent jährlich komfortabel geschlagen. Sie haben auch weit mehr verdient als Inhaber von Anleihen. Kurzlaufende Bonds warfen aufgrund der Zinskontrolle gerade einmal 0,38 Prozent ab, langlaufende Staatspapiere nur 2,5 Prozent.

Voraussetzung für die Entschuldung des Staates über »Financial Repression« sind künstlich niedrige Zinsen, die noch unter der Inflationsrate liegen. Das Fundament hierfür ist gelegt. Die Realzinsen in wichtigen Ländern wie den USA oder auch Deutschland sind bereits negativ.

In einem solchen Umfeld sind folgende fünf Anlagegrundsätze besonders zu beachten:

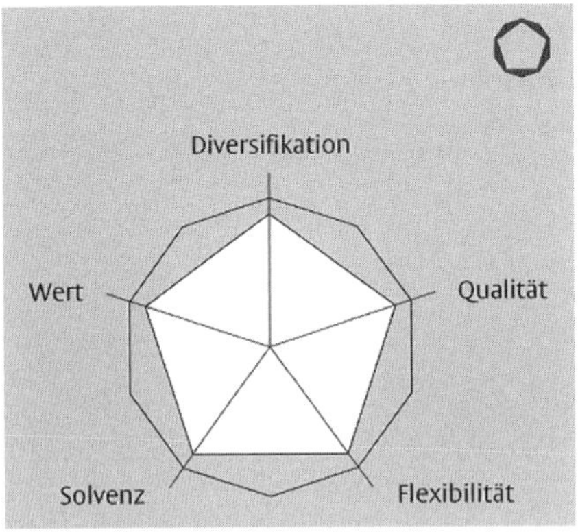

Abb. 2.9: Flossbach von Storch Pentagramm.

Risikostreuung, nicht alle Eier in einen Korb legen, also Vermögensformen mischen. Das versteht sich eigentlich von selbst.

Flexibilität bedeutet Manövrierfähigkeit. Beweglichkeit ist gerade in Zeiten von Strukturbrüchen, wie wir sie jetzt erleben, extrem wichtig. Immobile und illiquide Vermögenswerte kann man bestimmten Risiken nicht entziehen. Wenn der Staat die Steuern nachteilig verändert oder sich der politische Rahmen zuungunsten des Anlegers verändert, sind diese Vermögenswerte vielleicht nur schwer veräußerbar, was dann ein Nachteil ist.

Solvenz, eigene Bonitätsprüfungen von Staaten und Unternehmen, sind für einen Investor unvermeidbar.

Qualität, das heißt die Sicherheit der zukünftigen Erträge. Dieser Faktor ist jetzt noch wichtiger als während eines langen Aufschwunges, der ähnlich einer Flut alle Boote hebt.

Wert, denn wir alle möchten für eine Anlage keinen zu hohen Preis bezahlen.

4. Konzepte für den Vermögenserhalt

Kontoguthaben, Sparbücher, klassische Kapitallebensversicherungen oder Bundesanleihen gelten bei den meisten Bürgern noch immer als Ausbund der Sicherheit. Das sind alles sogenannte Nominalversprechen. Sie verbriefen keine Inhaberrechte, sondern nur Forderungen in nominaler Höhe. Die Inflation nagt unerbittlich an der Kaufkraft dieser Forderung. Je höher die Inflation, umso größer ist der Realwert-Verlust. Die Versprechen werden zwar mit hoher Sicherheit eingelöst und die Forderungen vollumfänglich zurückgezahlt, dies ist die vermeintlich gute Nachricht. Die rückgezahlten Beträge decken dann aber nicht mehr die ursprünglichen Konsumpläne ab, weil ein Euro in Zukunft wesentlich weniger Wert sein wird als heute. Es ist deshalb dringend nötig, dass Bürger und Investoren ihr gesamtes Denken umstellen, damit sie vorbereitet sind, wenn dieses Inflations-Szenario eintritt. Das schaffen bisher nur wenige Anleger.

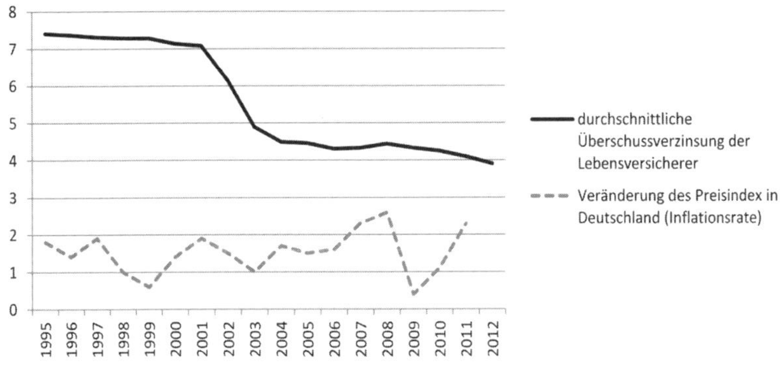

Abb. 2.10: Entwicklung der Durchschnittsrenditen laufender Lebensversicherungspolicen vs. Inflationsraten (Angaben in %), Quelle: SZ, Map-Report, Destatis.

Bislang liegen die Durchschnittsrenditen laufender Lebensversicheruns-policen noch über den Inflationsraten. Doch der Abstand ist gewaltig gesunken.

Uns allen geht es als Anleger in einem normalen Umfeld um die langfristige Mehrung des Vermögens nach Steuern und Inflation. In den nächsten Jahren wird aber schon der reale Vermögenserhalt eine große Herausforderung sein.

Jeder von uns muss beim Investieren stets versuchen, zwei Dinge in Einklang zu bringen: die individuelle Situation verbunden mit den persönlichen Renditezielen auf der einen Seite mit den realistischen Erwartungen an die Kapitalmärkte auf der anderen. Wenn man generationenübergreifend denkt, dann rückt der reale Kapitalerhalt in den Vordergrund, das heißt der Kapitalerhalt, nach Abzug von Inflation und Steuern. Die Nominalwertorientierte Vermögensstruktur zeigt, dass die unterschwellige Inflationsangst der Deutschen noch nicht in eine entsprechende Vermögensstruktur gemündet ist. Noch immer dominieren die Nominalwerte, wenn man vom eigenen Haus einmal absieht. Im aktuellen Umfeld sollte man sich ganz klar auf liquide Sachwerte und Nominalwerte ökonomisch zweifelsfreier Schuldner fokussieren. Zur ersten Gruppe zählen vor allem Gold, Aktien erstklassiger Unternehmen (natürlich auch die eventuellen Anteile an Ihren eigenen Unternehmen) sowie selbstgenutzte Immobilien, die Wertzuwachspotenzial haben und damit Schutz vor Inflation bieten. Dieser Block sollte mindestens die Hälfte des Vermögens ausmachen.

Nominalwerte wie erstklassige Unternehmensanleihen und Staatspapiere zweifelsfreier Schuldnerstaaten – ja die gibt es noch – stabilisieren als zweiter Baustein das Depot. Sie können jederzeit verkauft werden und erhöhen so die finanzielle Beweglichkeit. Die Laufzeiten sind kurz- bis mittelfristig. Der Schuldner sollte besser sein als sein Rating. Notwendig ist außerdem eine Barreserve, die man einsetzen kann, wenn sich Chancen an den Märkten bieten. Eine Beimischung guter Wandelanleihen lohnt, denn die Papiere kombinieren in idealer Art und Weise Sachwert und Nominalwert. Das ist die Grobstruktur eines vernünftig positionierten Portfolios.

Natürlich müssen in einer solchen Aufteilung auch Kapitallebensversicherungen sowie private und gesetzliche Altersvorsorge-Instrumente berücksichtigt werden. Hierbei kommen Sie nicht umhin, sich anhand des Deckungsstockes oder anderer verfügbarer Informationen ein Bild über die darin beinhalteten Vermögenswerte zu machen. Mit hoher Wahrscheinlichkeit handelt es sich bei den Vermögenswerten ohnehin um Rentenpapiere oder Nominalversprechen, leider jedoch zu einem hohen Maße mit Schuldnern, deren Rückzahlungsfähigkeit nicht hinreichend sichergestellt ist, oder deren Qualität eben nicht besser ist als ihr Rating. Der Anteil von Nominalwerten an vielen Privatvermögen steigt nach Einbeziehung von Kapitallebensversicherungen und Rentenansprüche oft in den Bereich zwischen 70 und 90 Prozent.

Auch bei den Währungen müssen Anleger über den berühmten Tellerrand hinausschauen, denn es gilt: Der Dollar ist krank, der Euro ein Experiment mit ungewissem Ausgang, der Schweizer Franken von der Notenbank künstlich an den Euro gekoppelt, usw. Wegen der weltweiten Schuldenexzesse und den damit absehbaren Inflationsrisiken haben wir ein Problem mit vielen Papierwährungen, die alle nicht mehr durch Gold oder andere Rohstoffe gedeckt sind. Sie können aber nicht das ganze Geld in Gold investieren, ohne den Streuungsgrundsatz zu verletzen. Sie müssen versuchen, solide Staaten zu finden, die nicht auf Inflation zur Lösung ihrer Schuldenprobleme angewiesen sind. Das gilt etwa für Norwegen und Australien. Als Sahnehäubchen obendrauf bieten viele dieser Länder aktuell auch noch höhere Renditen als Bundesanleihen.

4.1 Anleihen

Staatsanleihen

In der Schuldenkrise hat der Markt radikal belohnt und abgestraft. Papiere der gefährdeten Staaten sind dramatisch abgestürzt, die der als solvent gehandelten Länder sind drastisch gestiegen. Man muss nur die Verlierer wie Griechenland oder Portugal mit den Gewinnern Deutschland oder Schweiz vergleichen. Doch das ist lediglich der Status quo. In der Zukunft müssen Sie noch stärker auf die drei Renditequellen bei Anleihen achten: Zinsänderungen, Währungsbewegungen und natürlich Veränderungen in der Zahlungsfähigkeit, also der Bonität.

Angesichts der aktuellen Aussichten in der Eurozone haben wir keine andere Wahl als für längerfristige Anleihepositionen auch in andere Währungsräume hinein zu diversifizieren. Diese ohnehin sinnvolle Reduktion des Heimwährungsbias stellt für die Renditeaussichten definitiv kein Nachteil dar. Solide Staaten haben eher eine Währungschance denn ein Währungsrisiko, zumindest wenn diese Länder wirklich besser dastehen als Deutschland im Euro-Korsett. Wie bei der Beurteilung von Unternehmensanleihen auch hat Flossbach von Storch – für Staatspapiere – ein eigenes Länder-Rating entwickelt. Dies war notwendig, da die Methoden der großen Rating-Agenturen wie Standard & Poor's oder Moody's nur in Teilbereichen den geforderten Ansprüchen genügten. Wichtigste Kriterien der Eigenanalyse nach Schuldenquote, Handelsdefizit, Leistungsbilanz und Verschuldung des privaten Sektors sind die wirtschaftliche Leistungsfähigkeit, die demografische Entwicklung und die politische Stabilität oder Verlässlichkeit des Rechtssystems.

Dann verbinden wir das fundamentale Ranking mit der politischen Stabilität eines Landes und kommen zu einem Gesamtbild. Das spiegelt die Sicherheit der Anleihe und damit indirekt auch des Währungsraumes wider.

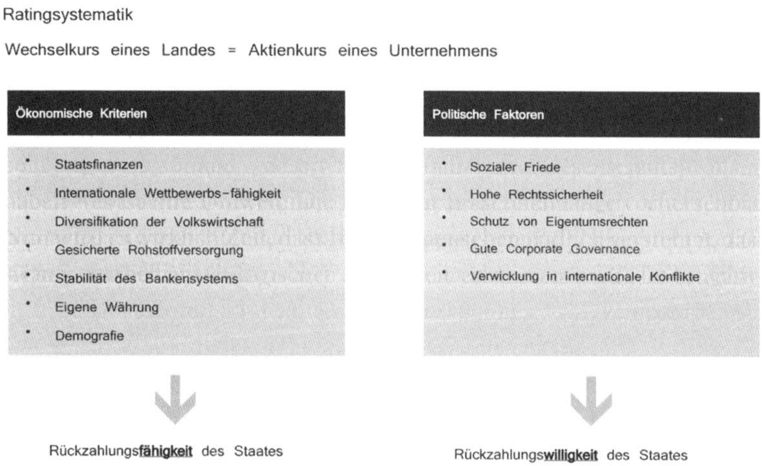

Abb. 2.11: Flossbach von Storch Staatsanleihen Ratingsystematik, Quelle: Flossbach von Storch.

Wichtig ist eine gute Mischung von Emittenten und Währungen. In unserer Länderanalyse haben wir beispielsweise Australien als besonders solide Volkswirtschaft erkannt. Die großen Verlierer sind – nicht ganz überraschend – die Krisenländer aus der Eurozone mit Griechenland, Portugal, Spanien, Irland und Italien. Aber auch Großbritannien und Ungarn kommen als Schuldner schlecht weg.

Ratingergebnis: D-Mark > US-Dollar > Euro

Ökonomische Fundamentaldaten
Punktzahl gemäß Flossbach von Storch Länderanalyse

Politische Stabilität: Korruptionsindex* und Default-Historie

	> 60	[50; 60]	[40; 50]	< 40
> 8	Australien, Hong Kong, Norwegen, Schweden, Schweiz, Singapur	Dänemark, Deutschland, Finnland, Niederld., Neuseeland, Kanada	USA	Irland, Vereinigtes Königreich
[6; 8]	Chile		Belgien Frankreich Japan	Spanien
4-6	Südkorea	Tschechien	Polen	Italien Portugal
< 4	China, Indonesien, Russland	Brasilien	Indien	Griechenland Ungarn

* Transparency International: Skala von 0 (sehr schlecht) bis 10 (sehr gut)

Abb. 2.12: Ergebnis der Länderanalyse, Quelle: Flossbach von Storch.

Unternehmensanleihen

Im Gegensatz zur ersten Phase der Finanzkrise 2007 stehen heute viele Qualitätsunternehmen ordentlich da. Die Gewinnlage ist gut, die Bilanzen sehen stabil aus, die Cashpolster sind im historischen Vergleich enorm hoch. Hier stechen sicher viele Argumente, die auch Qualitätsaktien interessant machen. In beiden Fällen kommt es auf die Einzelauswahl an. Das Qualitätsunternehmen verfügt über mittelfristiges Wachstumspotenzial, ein stabiles Geschäftsmodell, eine gute Unternehmensführung, einen jahrzehntelangen Erfolgsausweis und eine stabile, gut zu prognostizierende Gewinnentwicklung. So sollte es auch bei einer unvermeidbaren Beschleunigung der Schuldenkrise seinen Gewinn und Free Cashflow gut halten können.

Wenn wir ein solches Unternehmen gefunden haben, entscheidet das Chance-Risiko-Verhältnis, ob wir in die Aktie, die Anleihe oder beides investieren. Manchmal ist die Anleihenrendite einfach so unwiderstehlich, dass selbst für einen aktienaffinen Anleger die Aktie das Nachsehen hat. Dies ist dann der Fall, wenn wir die Bonität des Unternehmens deutlich besser einschätzen als der Markt oder die großen Rating-Agenturen.

Wandelanleihen

Auch Wandelanleihen sind eine spannende Anlageklasse, denn als Zwitter zwischen Aktie und Anleihe kombinieren sie gute Elemente aus beiden Welten. Sie haben Kurschancen wie bei Aktien plus Kapitalschutz wie bei Anleihen – natürlich muss der Emittent überleben. Der Anleihebesitzer hat das Wahlrecht am Ende der Laufzeit: Er kann die Anleihe in eine vorgegebene Zahl von Aktien tauschen oder sich den Nominalbetrag auszahlen lassen. Natürlich gibt es dieses Zwitterrecht nicht gratis, Wandelanleihen rentieren im Normalfall deutlich tiefer, als eine normale laufzeitgleiche Anleihe derselben Unternehmen.

Diese Anlageform ist angesichts ihres asymmetrischen Auszahlungsprofils prinzipiell extrem spannend. Sie erfüllt das Ur-Ziel jedes Investors, bei Kursrückschlägen nur begrenzte Verluste einzufahren und auf dem Weg nach oben dabei zu sein. Aber auch bei Wandelanleihen müssen wir unser Pentagramm mit seinen allgemeinen Anlage-Grundsätzen im Auge behalten und hier vor allem den Faktor Wert. Wegen der gesteigerten Nachfrage nach Wandelanleihen durch private und institutionelle Anleger und dem vergleichsweise engen Markt, kam es in den vergangenen zwölf Monaten zwischenzeitig zu einer Höherbewertung vieler Titel. Deshalb muss man also auch hier gut abwägen, ob der Zusatznutzen des asymmetrischen Risikos nicht überbezahlt ist, und man nicht lieber direkt zu einer guten Aktie greift.

Ein Rat auch hier: Achten Sie unbedingt auf eine gute Diversifikation der Schuldner und der einzelnen Strukturen. Mit einem der am Markt angebotenen Fonds sind Anleger sicher besser bedient, als mit dem Versuch auf eigene Faust die Perlen in diesem Marktsegment herauszupicken. Und vergessen Sie nicht, Wandelanleihen sehen wir vor allem als Beimischung in einem gut strukturierten Gesamtvermögen.

4.2 Sachwerte nicht nur zum Überwintern

Immobilien

Wie bereits ausgeführt, sind seit Beginn der Finanzkrise die Preise für hochwertige Wohnobjekte speziell in besten Lagen deutlich gestiegen. Aber diese Entwicklung weitet sich langsam auch auf B-Lagen aus. Die Menschen haben nachvollziehbarerweise Angst vor einem Zusammenbrechen des Finanzsystems und einer Entwertung ihrer Ersparnisse.

Aus dem Alltag wissen wir, dass sich eine Erkenntnis zu einem wichtigen Problem oft erst allmählich durchsetzt. Aus dem Wissen einer Minderheit, die oft anfangs dafür ausgelacht oder beschimpft wird, entwickelt sich über Monate, oft Jahre das Wissen der Mehrheit. Genau so verhält es sich auch mit dem Problem des Vertrauensverlustes in die Währung.

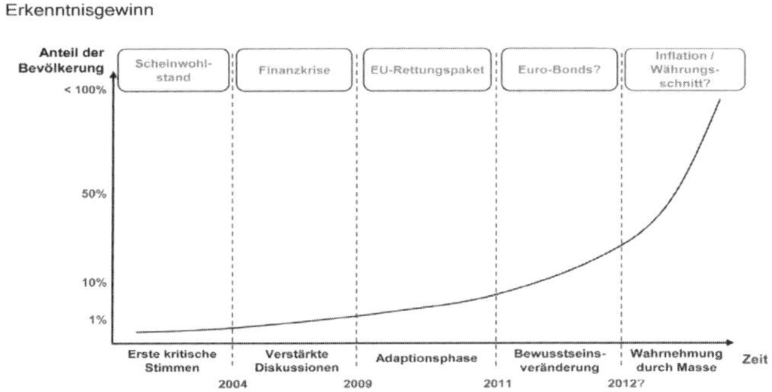

Abb. 2.13: Erkenntnisstand der Bevölkerung, Quelle: Flossbach von Storch, Stand: Dezember 2011.

Im Moment sind wir schon in der Phase der Bewusstseinsveränderung breiter Teile der Bevölkerung, nachdem zuvor mindestens seit der Pleite des US-Investmenthauses Lehman Brothers im September 2008 ausführlich über die Stabilität des Finanzsystems diskutiert worden war – aber zumeist, ohne persönliche Konsequenzen daraus zu ziehen.

Dieses Schema des allmählichen Erkenntnisprozesses gilt für den Bürger wie für den Investor. Letzterer hinterfragt zunehmend die Solvenz der Staaten, die mit ihren ausufernden Schulden die Vertrauenskrise ja mit ausgelöst haben. Und auch hier ist die Phase der Bewusstseinsveränderung bereits erreicht. Wer Vermögen hat, der sucht deshalb heute nach Sicherheit und nach realem Werterhalt. Und das bieten die traditionellen »Papieranlagen« wie Staatsanleihen eben nicht mehr. Sobald ein deutscher Anleger diesen Paradigmenwechsel beim Risikobegriff erkannt hat, denkt er reflexartig an die Immobilie.

Ob solche Käufe sinnvoll sind, ist eine schwierige und nur im Einzelfall zu beantwortende Frage. Die privat genutzte Immobilie, erworben zu einem fairen Preis, macht absolut Sinn – als Wertspeicher und als Bestandteil der Altersvorsorge. Bei fremdgenutzten Objekten hingegen, muss man mit ganz spitzem Bleistift und vielen Nebenbedingungen kalkulieren. Erstens gilt es zu klären, ob die Immobilie nach Anschaffungskosten und Verwaltungsaufwand wirklich in der Lage ist, den erforderlichen Ertrag abzuwerfen. Eine exakte, emotionslose Kalkulation führt hier unter Einbeziehung des persönlichen Arbeitseinsatzes oft zu ernüchternden Ergebnissen. Zweitens sollte man die Punkte Diversifikation, Liquidität und Wert für sein Immobilieninvestment positiv beantworten können. Und drittens gilt es, mögliche politische Risiken im Auge zu behalten. Denn die Vergangenheit hat bewiesen, dass sich ein Immobilieninvestment schnell zum Bumerang entwickeln kann.

Abb. 2.14: F+B Wohn-Index Deutschland, Quelle: F+B Wohn-Index Deutschland 2011.

Dies gilt vor allem, wenn nur die Angst Auslöser des Investments ist. Im härtesten Fall bietet nämlich eine Immobilie gar nicht den erhofften Schutz. Warum? Weil der Staat mit Zwangsmaßnahmen (z.B. Mietkontrolle, Zwangshypothek oder Sondersteuern) eingreift. In Deutschland passierte dies beispielsweise in den Jahren 1923 und 1948. Nach der Hyperinflation und dem Zweiten Weltkrieg hatten viele Besitzer von Nominalwerten ihr Vermögen verloren. Das wollte der Staat ausgleichen und verabschiedete Sondersteuern oder Umverteilungsgesetze wie den bei vielen bekannten Lastenausgleich.

In den dafür vorgesehenen Ausgleichsfonds zahlten vor allem die Immobilienbesitzer ein, weil insbesonders sie noch über reales Vermögen verfügten. Sie mussten die Hälfte ihres Vermögens in den Fonds einzahlen, über 30 Jahre verteilt. Wer als Eigenheimbesitzer vor der Währungsreform eine Hypothek von 100.000 Reichsmark aufgenommen hatte, schuldete seiner Bank dann 10.000 DM und dem Finanzamt weitere 90.000 DM, die als öffentliche Last in das Grundbuch eingetragen wurde und auf dem Grundstück ruhte.[105]

Immobilien sind wichtig als Teil eines gut gestreuten Realwertdepots. Aber man darf nicht den Fehler machen, sich aus Inflationsangst größtenteils auf Immobilien zu stürzen, noch dazu möglicherweise hohe Hypotheken aufzunehmen, um die Immobilie überhaupt finanzieren zu können. Der Schuss kann gewaltig nach hinten losgehen. Manche Politiker nehmen das Schlagwort »Lastenausgleich« schon wieder in den Mund.[106] Zur Aufteilung finanzieller Lasten aus der Schuldenkrise haben die Grünen im November 2011 ein Konzept für eine Vermögensabgabe vorgelegt.[107]

Ein sinnvolles Zwitterinvestment, das Wohnimmobilien zumindest für kleinere Vermögen liquide macht und angesichts oft nicht unerheblicher Abschläge zum Inventarwert auch das Selektionskriterium »Wert« befriedigt, sind gut geführte Wohnimmobilien-Aktiengesellschaften. Wenn Qualität von Management und Immobilienportfolio stimmen, ist damit die Möglichkeit gegeben, um die Vorteile von Wohnimmobilien und Aktien auf ideale Weise zu kombinieren.

Weil Immobilien die oben beschriebenen Risiken aufweisen, versuchen Bürger mit Spezialkenntnissen auch durch Anlagen in den Randgebieten der Sachinvestments etwa bei Kunst, bei Oldtimern oder teuren Uhren ihre Kaufkraft zu sichern. Hier hat der Staat sicher weniger Zugriffsmöglichkeiten. Aber solche Engagements sollten ausschließlich von ausgewie-

105 Stefan Homburg, Erinnerungen an die deutschen Währungsreformen, ifo Schnelldienst, 19/2011.

106 Siehe die Rede des Bundestagsabgeordneten Kirsten Lühmann vom 27.1.2011, http://www.kirstenluehmann.de/imperia/md/content/bezirkhannover/kirstenluehmann/anderetexte/reden/rede8.pdf, aufgerufen am 10.11.2011.

107 http://www.gruene-bundestag.de/cms/beschluesse/dokbin/396/396256.gruene_vermoegensabgabe.pdf

senen Kennern der jeweiligen Szene eingegangen werden. Sonst besteht ein sehr hohes Risiko, zu viel zu zahlen und trotz richtiger Risikoanalyse auf die Nase zu fallen, von der mangelnden Illiquidität solcher Märkte einmal ganz zu schweigen.

Aktien

Leider sind Aktien beim durchschnittlichen deutschen Sparer nicht sehr beliebt. Viele Privatanleger haben erst in der zweiten Hälfte der 1990er Jahre begonnen, auf Aktien zu setzen – also sehr spät. Für viele war die Ausgabe der Telekom-Titel im November 1996 der Startschuss. Aber wie wir heute wissen, kam diese kurze Begeisterung für Aktien zu einem sehr ungünstigen Zeitpunkt. Es war fast am Ende einer langen Börsenhausse. Dann kamen zwei Börsencrashs innerhalb von nur acht Jahren (2000 und 2008), und vielen Deutschen war der Aktien-Zahn gezogen.

In Inflationszeiten waren Qualitätsaktien aber mittelfristig sehr lukrativ, dabei half der Staat mit seinen Zwangsmaßnahmen der beschriebenen Financial Repression oft mit. Lukrativ heißt hier: Aktien haben besser Werte erhalten als die wichtigste Konkurrenzanlage, die Anleihen. Wir haben das Beispiel der USA ab 1942 schon erwähnt. Aktien lieferten von 1942 bis Ende 1951 rund 11% Kursgewinn p.a. ab, dazu kamen noch die Dividendeneinnahmen. Die Aufwärtsbewegung verlief aber auch in solchen Perioden alles andere als linear und es bestand für Investoren ohne klares Weltbild immer die Gefahr, diese zur Vermögenssicherung wichtige Anlageklasse zu früh oder zum falschen Zeitpunkt zu verlassen.

Heftige Schwankungen sind in solchen Phasen alles andere als ungewöhnlich, aber mit Vertrauen auf die Qualität der Titelauswahl und einem roten Faden im Kopf, wohin die finanzielle Repression führt, können sich Anleger mit Aktien die Kaufkraft ihrer Ersparnisse sichern. Genau wegen des unbedingten Qualitätsanspruches bedeuten Aktieninvestments in einem solchen Umfeld immer eine konkrete, prozessgetriebene Titelauswahl. Index-Käufe, etwa in Form von ETF-Papieren, sind mit dem Plädoyer pro Aktie explizit nicht gemeint, da hier genau ein solcher Prozess zu Selektion von Qualitätsaktien nicht stattfindet, sondern einfach der Marktdurchschnitt mit allen guten und weniger guten Unternehmen erworben wird.

Welche Kriterien muss man in einer Zeit mit zunehmender Inflation bei der Aktienselektion einsetzen? Um die Widerstandskraft einzelner Aktien im Umfeld der finanziellen Repression zu prüfen, haben wir bei Flossbach von Storch eine eigene Unternehmens-Checkliste entwickelt. Ganz oben steht die Preissetzungsmacht. Ein Unternehmen steht umso besser da, je einfacher es seine höheren Einstandskosten über den Produktpreisen an die Endkunden weitergeben kann. Gleichzeitig gewinnt das Unternehmen auch umso mehr, je stärker es seine Lieferanten für Zulieferprodukte bei deren Preissteigerungswünschen im Zaum halten kann. Im Idealfall steigt der Gewinn sogar schneller als der Umsatz. Ebenfalls hilfreich ist eine flexible Preisgestaltung beim Absatz, das heißt keine regulierten Preise, keine langen Vertragslaufzeiten zu Festpreisen und keine Anzahlungsgeschäfte ohne Indexierungsklausel.

Die Dinge des täglichen Bedarfs werden auch in wirtschaftlich schwierigen Zeiten gebraucht. Ihre Preise sind, solange der Staat nicht interveniert (siehe Argentinien oder China), relativ leicht zu erhöhen. Denken Sie an Nahrungsmittel und Konsumgüter, wenn man sich nicht im Segment Billigwaren Dumping-Schlachten liefert. Typische Unternehmen sind hier die Markenadressen Nestle, Unilever, L'Oreal, Procter & Gamble oder Coca-Cola. Hier geht es nicht um möglichst hohes Gewinnwachstum, sondern um stetige und damit gut vorhersehbare Gewinnsteigerungen und sichere, ebenso stetig steigende Dividenden. Favoriten sind auch die Produzenten von Gütern mit Wertaufbewahrungsfunktion, Luxusartikel wie wertvolle Uhren oder Bodenschätze. Hier kann Lagerhaltung beziehungsweise kann eine Verschiebung der Förderung in die Zukunft sogar Werte erhöhen. Bei steigenden Ölpreisen etwa wird die erst in der Zukunft – und nicht heute – verkaufte Fördermenge einen höheren Preis erzielen.

Eine breite Streuung der Absatzmärkte und Produktionsorte ist ein weiterer Vorteil, weil man damit Preiskontrollen in einzelnen Märkten ausweichen kann. Manche Regierungen werden Preise unter dem Druck der

Straße einfrieren. Weitere Kriterien bei der Firmenauswahl sind geringe Verschuldung und eine gute Bilanz. Die Schulden sollten einen bestimmten Anteil am freien Cashflow nicht überschreiten und eine möglichst langfristige Zinsbindung haben. In der Bilanz sind hohe zinslose Verbindlichkeiten gegenüber Lieferanten ebenso vorteilhaft wie geringe Forderungen gegenüber Kunden.

Alle diese Kriterien erfüllt beispielsweise der Schweizer Nahrungsmittelhersteller Nestlé.

Wer heute eine zehnjährige Schweizer Staatsanleihe erwirbt, erhält bis Laufzeitende eine Rendite von jährlich knapp einem Prozent. Damit wird er sein Vermögen so gut wie sicher real schrumpfen. Im Gegensatz dazu erhält der Nestlé-Aktionär eine Dividendenrendite von knapp vier Prozent. Die nächste Ausschüttung ist im April 2012. Blicken wir nach vorn und machen ein Rechenbeispiel: Nestlé steigert seine Ausschüttung um jährlich fünf Prozent, was weit unter der historischen Wachstumsrate läge. Dann klettert die Dividendenrendite in zehn Jahren, bezogen auf den heutigen Kurs, von knapp vier auf gut sechs Prozent. Auch der Aktienkurs dürfte steigen. Das wäre ein willkommenes Zubrot.

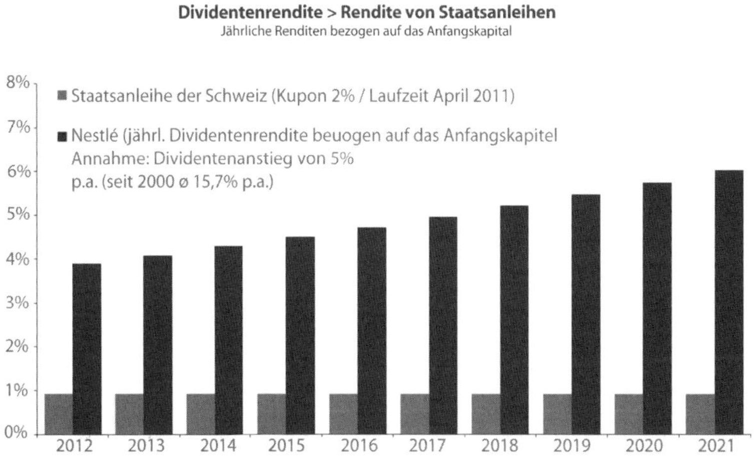

Abb. 2.15: Dividendenrendite vs. Nestlé vs. Rendite von Staatsanleihen, Quelle: Flossbach von Storch, Bloomberg, Stand per 30. September 2011.

Ausschließen kann man natürlich einen Kursrückgang seriöserweise nicht. Aber der von uns als Minimum erwartete kumulierte Dividendenertrag von fast 50 Prozent in den nächsten zehn Jahren ist schon satt. Da hat die Eidgenossen-Anleihe mit mageren neun Prozent keine Chance. Die Aktie hat einen Vorsprung von gut 40 Prozent. Das ist eine komfortable Sicherheitsmarge. Soviel tiefer dürfte die Nestlé-Aktie in zehn Jahren wohl kaum stehen, selbst dann nicht, wenn die Konjunktur ein langes Tal der Tränen durchlaufen würde. Diese Rechnung haben wir beispielhaft mit verschiedenen Aktien aus unterschiedlichen Währungsräumen angestellt. Einen kleinen Ausschnitt zeigt die folgende Grafik.

Dividendenrendite > Rendite von Staatsanleihen

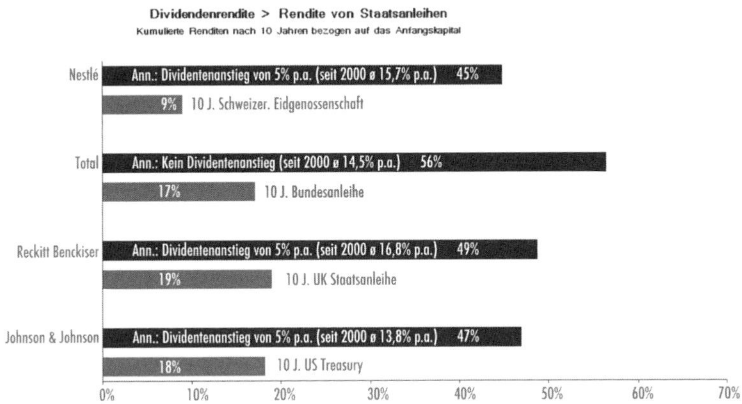

Abb. 2.16: Dividendenrenditen vs. Rendite von Staatsanleihen, Quelle: Flossbach von Storch, Bloomberg, Daten per 30. September 2011.

Aber aufgepasst, Aktie ist nicht gleich Aktie. Inflation wird ganz unterschiedlich auf die einzelnen Unternehmen und deren Aktienkurse durchschlagen. Kommen wir zu den Negativbeispielen. Ein Klassiker sind seit Langem die Finanzwerte. Bankaktien leiden unter den Verwerfungen an den Kapitalmärkten und einem viel zu starken Fremdkapitaleinsatz besonders. Sie haben viel zu niedrige Eigenkapitalquoten, die sie nur langsam verbessern können, ohne die Aktionäre zu verwässern. Schlecht stehen auch Unternehmen mit hoher Verschuldung im Vergleich zum Cash Flow da, gerade wenn sie diese Schulden kurzfristig refinanzieren müssen. Anfällig sind außerdem Firmen extrem zyklischer Branchen wie Stahl oder Luftfahrt.

Heute halten die wenigsten Investoren Aktien zum Inflationsschutz. Das dürfte sich ändern, wenn wir noch mehr Signale für steigende Geldentwertung bekommen. Aktien sind im Schnitt heute nicht überteuert. An der Wall Street kommen wir für die Gewinn- beziehungsweise Unternehmerrendite auf 7,5 Prozent, das ist das umgekehrte Kurs-Gewinn-Verhältnis. Zum Vergleich: Die Anleihenrendite liegt bei knapp zwei Prozent. Der Renditevorsprung der Unternehmen vor Staatsanleihen ist mit fast sechs Prozent noch nie so groß gewesen wie heute, jedenfalls seit Anfang der 1950er Jahre nicht mehr.

Mit dem Kauf einer Aktie erwirbt man natürlich nicht die vergangenen Gewinne, sondern die zukünftigen. Entscheidend ist die Entwicklung der Unternehmensumsätze und Gewinnmargen. Kern-Kennziffer ist die sogenannte Ebit-Marge. Sie setzt den Gewinn vor Zinszahlungen und Steuern ins Verhältnis zum Umsatz. Die Umsätze entwickeln sich ähnlich wie das Sozialprodukt, sollten also von Inflation profitieren. Allerdings schwanken die Margen je nach Branche und Unternehmen sehr stark. Veränderungen der Ebit-Margen schlagen vor allem bei konjunktursensiblen Unternehmen viel stärker auf den Gewinn durch als Umsatzveränderungen. Die Gewinnmargen der Firmen in den USA wie auch in Deutschland haben neue historische Höchstwerte erreicht.

Man darf nie die beste aller Welten einkalkulieren, sondern muss ein Sicherheitspolster einbauen. Wir unterstellen in unserem Rechenmodell für die fairen Werte konjunktursensibler Aktien immer nur die durchschnittlichen Margen der vergangenen Jahre – einfach aus Sicherheitsgründen. Die Finanzkrise hat gezeigt, wie schnell Margen unter Druck kommen können und dann die Kurse massiv belasten.

Kurzfristig müssen Anleger aber auch Kursrückschläge wegstecken können, denn es gibt bei den Aktien fraglos auch Risiken. Die Finanzkrise ist längst nicht ausgestanden. Ohne die riesigen Kredite mit extrem niedrigen

Zinsen, die die Banken von der EZB erhalten, würde das Finanzsystem kollabieren. Die Banken und mittelbar auch die Staaten hängen am Tropf der EZB. Die latenten Risiken bei den Banken bleiben hoch. Deshalb sollten Anleger unserer Ansicht nach Bankaktien meiden. In den Bilanzen der meisten Institute stecken große stille Lasten (z. B. Abschreibungsbedarf auf Staatsanleihen der Eurozone) oder sie sind äußerst undurchsichtig. Die Gewinnperspektiven trüben sich immer weiter ein. Gründe sind die schärferen Eigenkapitalanforderungen, wachsende Regulierung, potenzielle Klagerisiken und risikofreudige Manager. Keine andere Branche hat langfristig ein so schlechtes Chance-Risiko-Profil wie der Banksektor. Die wesentlichen globalen Risiken sind Auswirkungen der ungelösten Staatsschuldenkrise, das geringe Wachstum in den Industrieländern und möglicherweise fallende Gewinnmargen. Beim Blick über die Welt, bleiben viele Fachleute in China hängen. Aber das Risiko eines Konjunktureinbruchs dort mit seinen Belastungen für die Weltwirtschaft ist eher taktischer denn strategischer Natur.

Wo wir gerade bei China sind, ein paar Worte zu den Aktien der Schwellenländer, die ja oft als Alternative zu Investments in Europa empfohlen werden. Leider bleiben in diesen Volkswirtschaften die Unternehmensgewinne und die Cashflows zu oft weit hinter der Dynamik des Sozialprodukts zurück. Das spiegeln die Kurse in den Schwellenländern unserer Meinung nach noch nicht ausreichend wider. Auch werden Unternehmen oft für Ziele der Regierung missbraucht. Der Staat regiert in sie hinein. Wir halten uns deshalb dort momentan weitgehend zurück.

Die oft gehörte Experten-Empfehlung pro Schwellenländeraktien kann man heute so nicht mehr stehen lassen. Vor zehn Jahren war das noch anders. Die Bewertungen waren damals deutlich günstiger als in den Industrieländern; der Anteil der großen Länder Brasilien, Russland, Indien und China (BRIC-Staaten) am Welt-Börsenwert war kleiner als der am Welt-Sozialprodukt. Das hat sich geändert, der BRIC-Anteil am globalen Börsenwert hat keinen Nachholbedarf mehr gegenüber seinem Anteil am Sozialprodukt.

Gold

Heute fällt es fast schon schwer, alle Argumente pro Gold aufzuzählen, so viele sind es. Fangen wir mit der Finanzkrise und einer Betrachtung aus der Vogelperspektive an. Die Opportunitätskosten von Gold, also der Zinsverzicht, den eine Anlage im zinslosen Edelmetall belastet, ist so niedrig wie nie zuvor. Gold hat seit vielen Jahrtausenden alle Finanzkrisen überstanden. Dagegen können wir die Währungen, die untergegangen sind, gar nicht zählen. Ein heutiger Geldschein hat eigentlich keinen Wert. Er lebt vom Vertrauen all jener, die ihn akzeptieren. Exzessive Schuldenpolitik mit Inflation im Gefolge entwertet aber das Geld und höhlt deswegen dieses Vertrauen aus.

Bis 1914 war das noch anders. Damals war eine Golddeckung für jede wichtige Weltwährung selbstverständlich. Bis 1933 war zumindest noch der Dollar durch Gold gedeckt. Bis 1971 gab es noch eine Teildeckung der US-Währung. Dann hob Präsident Richard Nixon auch diese »temporär« auf. Danach gab es weltweit keine Schranken mehr für das Drucken von Geld.

Selbst wenn wir mit unserer Prognose pro Inflation falsch liegen sollten, hat Gold den großen Vorteil, dass es auch in einem Deflationsszenario Werte erhält. Historisch gesehen gehörten in solchen Phasen Rohstoffe zu den Verlierern. Nur die Edelmetalle haben gewonnen, vor allem Gold. Warum? Solvenzrisiken und extrem niedrige Zinsniveaus prägen solche Zeiten. Beides ist gut für Gold.

Physisches Gold ist im Gegensatz zu Fiat-Geld (also Geld, das nur auf Vertrauen basiert), nicht beliebig vermehrbar und damit auch nicht inflationierbar. Es wird von keiner Notenbank ausgegeben. Es hat auch kein Gegenparteirisiko. So gesehen ist der steigende Goldpreis kein Wunder: Während die Geldmengen explodieren, steigt der Goldbestand nur minimal. Der Goldpreis hat im Vergleich zu den Papierwährungen, die nicht durch Gold gedeckt sind, in den vergangenen zehn Jahren kontinuierlich gewonnen. Umgekehrt haben also Papierwährungen an Vertrauen verloren. Das zeigen Berechnungen eindrucksvoll. Gold war außerdem bisher das beste Investment dieses Jahrtausends.

Abb. 2.17: Wie viel Gramm Gold erhält man für 100 USD bzw. Euro? Quelle: Flossbach von Storch, Bloomberg, Daten per 23. September 2011.

Die Gründe für die Preissteigerungen von Gold der vergangenen Jahre sind schnell gefunden. Angesichts der Vertrauenskrise haben private und teilweise auch institutionelle Anleger Gold als stabile Währung wiederentdeckt, aber auch die Notenbanken, als die wichtigsten Goldbesitzer, haben ihr Verhalten geändert. Sie haben lange Zeit ihre Bestände kontinuierlich gesenkt, mehrere Hundert Tonnen pro Jahr verkauft. Das hat den Preis tief gehalten. Im Jahr 2010 jedoch hat sich das Bild gedreht. Die Notenbanken wurden per saldo zu Netto-Käufern. Wir erinnern uns an die großen Goldkäufe der Notenbanken von China, Indien, Mexiko. Sogar die Notenbanken beginnen, ihr Vertrauen in reine Papierwährungen wie den Dollar oder Euro zu verlieren. Das ist ein klares Signal und ein Paradigmenwechsel am Goldmarkt.

Die Minenproduktion ist träge und kann nicht schnell an die erhöhte Nachfrage angepasst werden. Von der Lagerstättensuche über die nötigen Investitionen nach der Entdeckung einer Fundstelle bis hin zur Mineneröffnung dauert es viele Jahre. Unter diesen Begrenzungen macht die wachsende Nachfrage den Preis. Entscheidend für die weitere Preisentwicklung ist, dass das Gros der Investoren noch immer kaum in Gold investiert ist. Es ist nicht zu glauben, auch nach einem Jahrzehnt einer spektakulären Hausse sind die Investoren in der Breite nicht auf den Zug aufgesprungen.

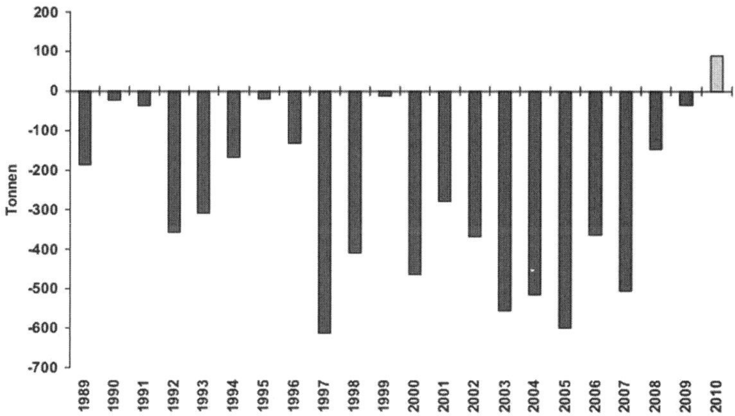

Abb. 2.18: Bestandsveränderungen der ausgewiesenen Goldreserven von Zentralbanken und internationalen Institutionen, Quelle: Wirtschaftswoche, IWF, WGC.

Zwei Jahrzehnte lang bis zur Jahrtausendwende war Gold der Verlierer. Noch in den 1970er Jahren kam praktisch kein Depot ohne Edelmetalle aus. Aber dann startete die Aktien- und Anleihenhausse. In den Köpfen der Anleger dominieren diese Anlageformen die Portfoliozusammensetzung noch immer. Edelmetalle gelten als altmodisch, spekulativ und renditelos. Und deshalb hat sich Gold immer noch nicht durchgesetzt. Erst allmählich setzt ein Umdenken ein. Aber bis wir tatsächlich eine Goldeuphorie bekommen, die dann schon das Ende des Booms ahnen lassen würde, davon sind wir weit entfernt.

Wenn sich vor den Metall-Handelshäusern schon früh am Morgen lange Schlangen von Interessenten bilden, die auf Öffnung der Geschäfte warten, weil sie noch Barren und Münzen kaufen wollen, oder wenn die Medien nicht mehr täglich über die Crashgefahren beim Gold berichten, sondern über die Knappheit von physischem Gold und Silber, steht die Blase vor dem Platzen. So ähnlich war es auch vor zwöf Jahren, am Ende des Neue-Markt-Booms. Das Thema war allgegenwärtig. Ob in der U-Bahn oder im Fitness-Center. Überall wurden die neuesten Aktientipps ausgetauscht.

Lassen Sie mich zum Vergleich noch einmal die 1970er Jahre bemühen. Damals galt eine Goldquote von mindestens zehn Prozent im Depot als absolut üblich. Davon kann heute keine Rede mehr sein. Nach Zahlen der Steinbeis-Hochschule in Berlin halten die deutschen Privathaushalte nur rund drei Prozent ihres Vermögens in Gold. Bei institutionellen Investoren rund um den Globus ist der Anteil noch weit geringer. Nehmen wir als Beispiel die großen US-Pensionsfonds mit einem Vermögen von etwa 30 Billionen Dollar. Nach Rechnung des Leiters einer dieser Pensionsfonds halten die Kapitalsammelstellen marginale 0,15 Prozent ihres Vermögens in Gold. Ähnlich sind die Verhältnisse bei anderen Großinvestoren, bei Versicherungen, Hedge-Fonds und Staatsfonds. Einer der Gründe dafür ist, dass Edelmetalle keine Zinsen abwerfen. Dieses Argument zieht aber immer weniger, denn auch Bankeinlagen und erstklassige Anleihen zahlen inzwischen real und teilweise auch nominal keine Zinsen mehr.

Phasen tiefer Zinsen waren auch historisch betrachtet immer optimale Perioden für die Goldanlage. Gold hat keine Konkurrenz durch vertrauenswürdige Zinsanlagen. Man kann sogar sagen: Negative Realzinsen sind eines der stärksten Argumente pro Gold. Und von einem sind wir felsenfest überzeugt: Die negativen Realzinsen werden uns noch sehr lange erhalten bleiben. Schließlich haben die Notenbanken einfach keine andere Wahl. Wie schon besprochen, sie müssen auch bei wachsender Inflation die Zinsen tief halten, damit die Staatsschuldenquoten nicht noch stärker aus dem Ruder laufen.

Der Nachfragedruck von Investorenseite wird langsam weiter zunehmen, davon sind wir fest überzeugt. Immer mehr Anleger entdecken Gold – trotz des gestiegenen Preisniveaus – als Anlageklasse. Die Korrektur des Goldpreises in US-Dollar während des zweiten Halbjahres 2011 dürfte auch dazu führen, dass die aufgestaute Nachfrage der Schmuckindustrie in Indien und China wieder an den Markt zurückkommt. Die Nachfrage nach physischem Metall führt tageweise schon zu Lieferverzögerungen. Das war in den vergangenen Jahren nach der Lehman-Pleite mehrere Male festzustellen. Auf jeden Fall ist der Bullenmarkt intakt.

Wann und wo das Ende der Goldpreisentwicklung erreicht ist, lässt sich schwer sagen. Das inflationsbereinigte Preishoch aus dem Jahre 1980 von damals rund 850 Dollar liegt heute bei etwa 2.300 Dollar. John Williams von Shadow Government Statistics kommt allerdings zu anderen Ergebnissen, wenn er die Inflation nach früheren Berechnungsmethoden zugrunde legt. Seiner Rechnung nach würde das damalige Hoch einem heutigen Preis von mehr als 7.000 Dollar entsprechen. Man kann hier viele Kalkulationen machen. Seit Freigabe des Goldpreises im Jahr 1971 waren durchschnittlich 4,6 Prozent der US-Schulden durch die Goldvorräte der USA gedeckt. Am Ende der großen Goldhausse 1980 waren es sogar 25 Prozent. Heute sind es lediglich 2,8 Prozent. Die historische Durchschnittsdeckung würde heute einem Preis von 2.400 Dollar entsprechen. Für den Spitzenwert wären es sogar über 13.000 Dollar.

Das relative Verhältnis von Goldpreis und dem US-Aktienindex Dow Jones zeigte im letzten Jahrzehnt einen einprägsamen langfristigen Trend. Tiefpunkte gab es in den Jahren 1932 und 1980. Dort lag der Quotient aus Dow und Gold bei 2 beziehungsweise 1,2; im Oktober 2011 bei 8. Auch aus dieser Sicht hat der Goldpreis also noch viel Luft, denn an einen Kollaps des US-Aktienmarktes auf ein Niveau von 3.000 oder 4.000 glauben wir nicht.

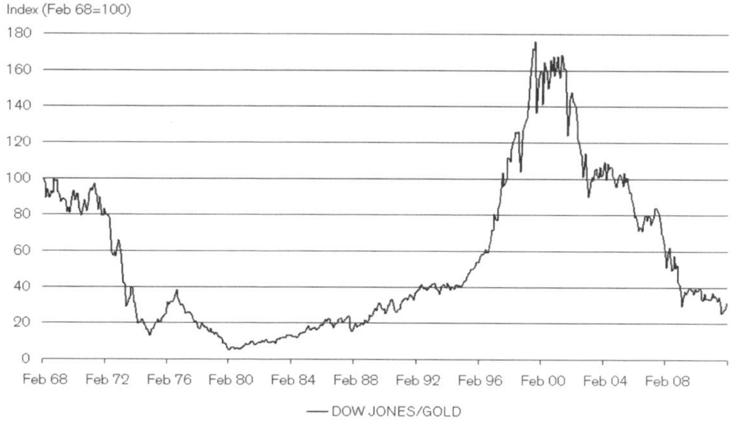

Abb. 2.19: Dow Jones in Gold bewertet, Quelle: Datastreem, Credit Suisse/IDC.

Solange die Ausweitung der globalen Geldbasis durch die großen Notenbanken weitergeht, ist der Goldpreis nach unten sehr gut abgesichert. Aber die Wahrscheinlichkeit, dass sich gerade Gold aufgrund seines fehlenden »fairen« Wertes früher oder später in eine Blase hineinentwickeln wird, ist hoch, wie beim Neuen Markt oder dem US-Äquivalent, der Technologiebörse Nasdaq. In den letzten fünf Monaten vor dem Platzen gewann die Nasdaq sage und schreibe 84 Prozent. Eine spekulative Überhitzung endet in immer schärferen Preisschüben. Eine ähnliche erratische Entwicklung beim Gold ist final nicht auszuschließen. Momentan sind dafür aber noch keinerlei Anzeichen vorhanden.

Wie eine solche Bewegung aussehen könnte, zeigt uns der Preisverlauf des Edelmetalls in den Wochen vor der Trendumkehr im Winter 1979/80: Am 27. Dezember 1979 überwand der Goldpreis mit 508,75 US-Dollar erstmals die Marke von 500 US-Dollar. Am 21. Januar 1980 notierte Gold am London Bullion Market mit einem Rekordstand von 850,00 US-Dollar. Am selben Tag wurde an der New Yorker Terminbörse Comex im Handelsverlauf ein Höchststand von 873 US-Dollar erzielt. Das nominale Allzeithoch markiert das Ende eines zehnjährigen Aufwärtstrends und hatte für 28 Jahre Bestand.

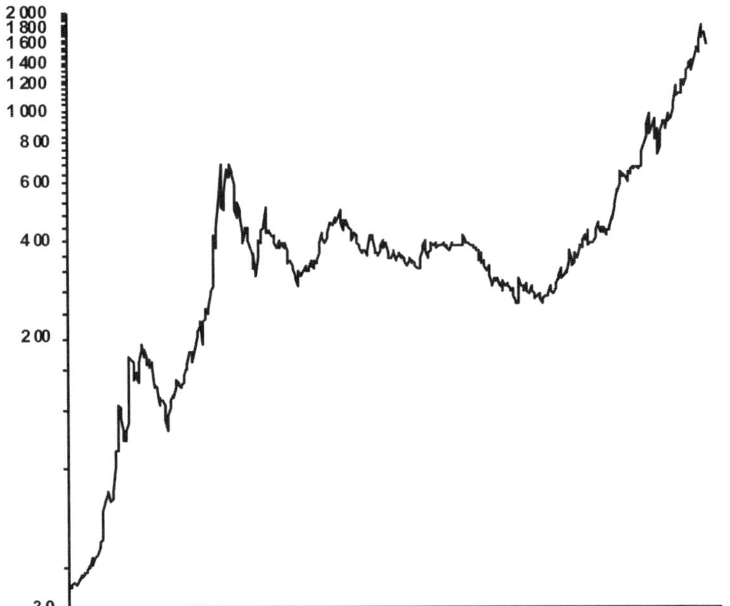

Abb. 2.20: Langfristige Goldpreisentwicklung, logarithmische Darstellung, Quelle: Thomson Datastream.

Natürlich wird auch Silber im Trend ebenso wie Gold vom Vertrauensverlust in die Papierwährungen profitieren. Es ist wohl auch kein Zufall, dass der Preis in den letzten Jahren, wenn auch unter extremen Schwankungen, deutlich angestiegen ist, speziell nachdem die geldpolitischen Lockerungen in den USA angekündigt wurden. Aber Silber ist weit mehr als Gold ein Industriemetall, damit auch stärker von der Konjunkturlage abhängig. Das hat man gerade in der zweiten Jahreshälfte 2011 sehr eindrucksvoll verfolgen können, als Silber, wie andere Industrierohstoffe auch, angesichts neuer Konjunktursorgen deutlich unter Druck kam.

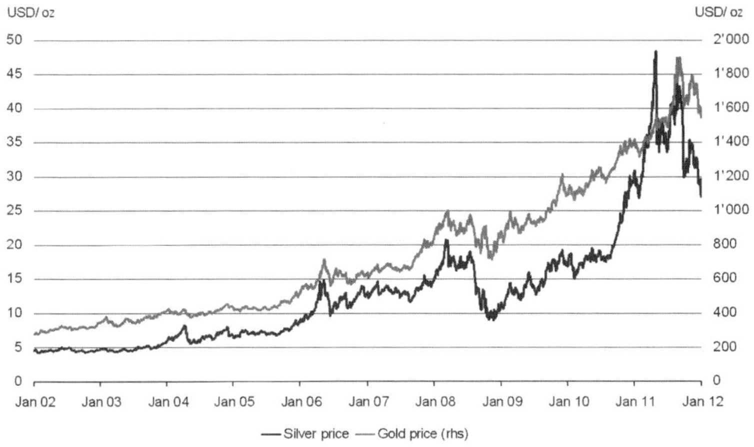

Abb.: 2.21: Silber vs. Gold Preis, Quelle: Bloomberg, Credit Suisse/IDC.

In gewisser Weise ist Silber also auch eine Wette auf einen Wirtschaftsboom in den Schwellenländern. Von der reinen Angebotsseite her ist das Metall vielleicht sogar noch interessanter als Gold. Das von der Industrie verwendete Silber geht verloren. Im Gegensatz zu Gold lohnt wegen des geringen Preises ein Recycling noch immer nur in speziellen Fällen. Und Notenbanken halten keine strategischen Silberreserven.

Für Privatanleger ist Silber eine Ergänzung zum Goldbestand. Münzen und Barren sind auch wegen des geringeren Unzen-Preises leichter erschwinglich, will man kleinere Beträge anlegen – sieht man einmal von der Belastung durch die Mehrwertsteuer ab. Aber die Investmentnachfrage ist im Vergleich zum Gold noch gering. Institutionelle Anleger haben hier ein zusätzliches Problem. Sie meiden den Markt, weil er weit kleiner ist als der auch schon kleine Goldmarkt. Deshalb schwanken die Preise auch wesentlich stärker.

Nicht ganz zu Unrecht haben manche Investoren, die das Szenario der finanziellen Repression teilen, Angst vor einem Goldverbot. Wie bereits bemerkt, ist das alles schon einmal dagewesen. Wir sehen das Risiko durchaus, machen uns allerdings aktuell noch keine zu großen Sorgen, denn dafür ist Gold als alternative Währung in der Bevölkerung noch zu wenig verbreitet. Sollte sich das ändern, die Menschen vor den Edelmetall-Schaltern Schlange stehen, dann müsste man aber seine Konsequenzen ziehen und Gold zulasten Silber und Aktien reduzieren. Denn angesichts der erheblichen industriellen Bedeutung ist ein Silberverbot deutlich unwahrscheinlicher als ein Goldverbot.

Bis dahin bleibt das physische Gold als Barren oder Münze mit Quoten um 15 Prozent ein wichtiger Bestandteil jeder Vermögensanlage. Wer will, kann das auch bei einer vertrauenswürdigen Stelle im Ausland lagern, in einem Land, von dem man annehmen kann, dass dort die Eigentumsrechte auch in fernerer Zukunft noch garantiert sind. Zertifikate (ETCs) von Banken hingegen sind ganz klar nur zweite Wahl, sie sind nur an die Metallpreise gekoppelt und liefern die Wertentwicklung in einer Währung. Da hat man im Krisenfall keinen oder nur einen schwierig durchzusetzenden Anspruch auf die Auslieferung des Metalls und außerdem ein nicht unerhebliches Emittenten-Risiko. Die ETCs sind letztendlich auch nur Anleihen, mögen sie gegen das Insolvenzrisiko des Emittenten nun besichert sein oder nicht, mögen sie ein Auslieferungsrecht beinhalten oder nicht. Ein kluger Investor möchte, wenn immer möglich, das Metall physisch besitzen. Es ist ja ganz einfach: Stellen Sie sich vor, Sie sind auf der Titanic nach dem Rammen des Eisbergs. Jemand gibt ihnen die Wahl zwischen einem Rettungsboot und einem Anspruchsschein auf spätere Lieferung eines Rettungsbootes. Wofür entscheiden Sie sich?

5. Fazit

Einen schmerzlosen Weg aus der Staatschuldenkrise gibt es nicht mehr. Massive Haushaltskonsolidierungen bei allen hochverschuldeten Staaten würden in eine weltweite Depression führen. Deshalb müssen die Notenbanken die Zinsen auf Jahre hinaus deutlich unter der Inflationsrate halten.

Das marode Bankensystem muss stabilisiert werden, damit es die Realwirtschaft nicht mit nach unten zieht. Dies kann über temporäre (Teil) Verstaatlichungen erfolgen oder indem die Zentralbanken das Banksystem dauerhaft mit billigem Geld versorgen.

Der Euro wird in seiner jetzigen Form nicht zu halten sein. Die Unterschiede in der Eurozone sind zu groß. Eine dauerhafte Transferunion zerstört den Leistungswillen in den Geberländern und erhöht den Frust in den Nehmerländern über die Einmischung ihrer »Gönner«. Dies wäre der Untergang der gesamten Eurozone. Allerdings ist beim Thema Transferunion inzwischen der »point of no return« überschritten. Die Target-Salden sind der Einstieg in die Permarettung. Die Forderungen der Bundesbank und der Bundesregierung an andere Eurostaaten wachsen immer weiter. Ein Stoppen der Liquiditätshilfen ist kaum noch möglich.

Die Zentralbanken müssen ihre Politik des leichten Geldes wohl oder übel fortsetzen. Ein Abbau der Staatschuldenquoten ist nur mit negativen Realzinsen möglich. Selbst China könnte gezwungen werden, diesen Weg zu gehen, um eine tiefe Rezession zu vermeiden.

Der Erkenntnisgewinn der Politiker läuft der Realität hinterher. Wichtige Anpassungen geschehen nur unter dem Druck der Märkte. Es ist damit zu rechnen, dass die Anpassungsprozesse an den Märkten nicht politisch koordiniert werden können und eruptiv verlaufen. Es gibt einfach kein Patentrezept.

Der Risikobegriff muss neu definiert werden. In der alten Welt war Risiko keine nominale Größe. Alle Vermögenswerte ohne Preisschwankungen waren automatisch risikolos. Der Klassiker: Kontoguthaben. In der neuen Welt ist unter Risiko vor allem die Gefahr eines realen Kapitalverlustes zu verstehen. Das heißt: Eine risikolose Anlagemöglichkeit gibt es nicht mehr!

Staatsanleihen galten früher per se als sicher. Heute sind entweder nicht mehr sicher (z. B. Italiens oder Spaniens) oder bringen kaum noch Zinserträge. Damit hat der Bondinvestor nur zwei Alternativen:

Der Staat ist der gefährlichere Schuldner. Während Unternehmen sich an geltendes Recht halten müssen, kann der Staat die Regeln zu seinen Gunsten ändern, wie das Beispiel Griechenland zeigt. Deshalb haben die Fugger im Mittelalter von den Fürsten höhere Zinsen verlangt als von ihren Geschäftspartnern. So verwundert es kaum, dass die Anleihen von Topunternehmen in einigen Staaten sogar niedriger rentieren als entsprechende Staatsanleihen.

Alternativ kann der Anleger das Emittentenrisiko meiden und investiert nur in Bundesanleihen oder US-Staatstitel. Damit verzichtet er auf Zinserträge und tauscht das Emittentenrisiko gegen das Risiko eines realen Kapitalverlustes, denn die Inflation zehrt jedes Jahr einen Teil der Kaufkraft seiner fast unverzinsten Anleihen auf.

Einen sicheren positiven Realzins gibt es also nicht mehr. Wer sein Kapital erhalten will, muss ins Risiko gehen. Wer das nicht möchte, ist schon drin.

In diesem Umfeld bleiben Flexibilität und Risikostreuung durch Diversifikation die wichtigsten Postulate einer umsichtigen Anlagestrategie. Sie dienen auch dazu, mögliche Fehleinschätzungen zu begrenzen, die man als demütiger Anleger nie ausschließen kann.

III. Die persönliche Vorsorge

Gerhard Spannbauer

Nach wie vor verdrängen die meisten Menschen die Realität und hoffen, dass die Finanzkrise ohne gravierende Nachteile für ihr Leben bewältigt werden kann. Viele können sich nach einigen Jahrzehnten des Wohlstands und des Wirtschaftswachstums eine echte Krise gar nicht vorstellen; eine Krise, die ihr tägliches Leben nachhaltig berührt und verändert. Und von denjenigen, die die Weltwirtschaftskrise nach dem Börsenkrach 1929 noch aus Erzählungen der eigenen Eltern kennen und vielleicht die Zeit nach Kriegsende bis zur Währungsreform 1948 noch selbst miterlebt haben, leben nicht mehr viele. Wenn doch, dann finden ihre Stimmen bei der heutigen Generation kaum noch Gehör. Dabei haben die Deutschen in den vergangenen einhundert Jahren mehrfach ihre Ersparnisse verloren und bitterste Erfahrungen mit der Geldentwertung und deren Folgen gemacht.

Die aktuelle Krise wird aller Voraussicht nach zu derzeit unvorstellbaren Umbrüchen führen. Es gibt eine Reihe von Faktoren, die diese Befürchtung nähren: Niemals zuvor waren die Beteiligten – die einzelnen Bürger, die Staaten, die Kommunen und Unternehmen – so hoch verschuldet wie heute. Nie war die weltweite Vernetzung durch die Globalisierung so engmaschig und die gegenseitige Abhängigkeit so stark. Niemals waren die Menschen so unvorbereitet und die Eigenverantwortung der Einzelnen gleichzeitig so niedrig. Zu keiner Zeit hingen die Menschen so sehr vom Funktionieren einer hochkomplexen Infrastruktur ab. Es reicht schon aus, dass einmal für mehrere Stunden der Strom ausfällt, und im modernen

Haushalt funktioniert nichts mehr. Selbst der vorübergehende Ausfall eines Handy-Netzes löst in der Rushhour in Ballungsgebieten schon große Hektik aus. Stellen Sie sich vor, was los ist, wenn einmal die Logistikkette unserer »Just-in-Time«-verwöhnten Konsumgesellschaft ausfällt, weil etwa ein paar wichtige Lieferanten insolvent sind und keine Waren mehr liefern können.

Nach der Pleite der US-Investment-Bank Lehman Brothers im September 2008 war die Welt nahe dran, eine solche Situation austesten zu müssen. Die Verschiffungskosten für Rohstoffe, gemessen am sogenannten Baltic Dry Index, waren auf ein Rekordtief gestürzt. Für Konjunkturexperten ist dieses Barometer aus verschiedenen Frachtraten ein ganz wesentlicher Frühindikator für die Wirtschaftslage, weil er die Nachfrage im Welthandel in einem sehr frühen Stadium erfasst. Je niedriger der Index, desto weniger Nachfrage gibt es nach Schiffscontainern für Rohwaren wie Kohle, Zement, Kupfer oder Getreide. Den Profis war sofort klar: Die Misere um Lehman und die damit verbundene Vertrauenskrise im Finanzsektor hatte bereits auf die Realwirtschaft durchgeschlagen. Gleichzeitig kamen Meldungen bei der deutschen Regierung an, dass die Menschen beschleunigt Geld von ihren Konten abhoben. Und heute ist es kein Geheimnis mehr: Hätte Bundeskanzlerin Angela Merkel sich nicht am 5. Oktober 2008 vor ein Mikrofon gestellt und öffentlich mitgeteilt, die Regierung persönlich garantiere für die Ersparnisse der Deutschen, wären schon Stunden später die ersten Geldautomaten im Land leer gewesen. Viele Menschen hatten Geld geholt und starteten Hamsterkäufe.

Im Februar 2012 waren die Frachtraten schon wieder fast so tief wie im Sommer 2008, nachdem sie zwischenzeitlich schon wieder eine hoffnungsvolle Erholung der Weltkonjunktur angezeigt hatten. Viele skeptische Marktbeobachter halten die jüngste Konjunkturerholung für größtenteils monetär getrieben. Das viele billige Geld, das die Zentralbanken über Staatsanleihenkäufe und billionenschwere Kredite an die Geschäftsbanken zur Verfügung stellen, dürfte zu einem Gutteil dafür verantwortlich sein, dass es trotz Rezession in Südeuropa und Schuldenschnitt in Griechenland zu keinem weiteren Absturz der gesamten Realwirtschaft gekommen ist.

Es ist daher höchste Zeit, sich mit der persönlichen Vorsorge zu beschäftigen. Vorratshaltung ist erst in den vergangenen zwanzig Jahren (seit dem Ende des Kalten Krieges) aus der Mode gekommen, davor war es durchaus üblich, für Notzeiten Lebensmittel, Wasser oder auch Medikamente einzulagern.

In früheren Jahrhunderten war es auch auf staatlicher Ebene völlig normal, in guten Zeiten Reserven anzulegen, von denen man dann in schlechten Zeiten zehren konnte. Doch die jüngste Periode von Wohlstandsjahren wurde meist nicht auf diese Weise genutzt – vor allem nicht von den Regierungen in der westlichen Welt – sondern sie führte im Gegenteil zu einer nie da gewesenen Verschuldung. Eine eklatante Fehlentwicklung, die sich nun als verhängnisvoll erweist. Die Ausgabenwut der Politik über Jahrzehnte führte in den meisten westlichen Staaten zu Schuldenbergen, die niemals abgetragen werden können. Im Gegenteil: Das Zinseszinssystem lässt die Schulden schneller anwachsen als je zuvor. Es wirkt wie ein wuchernder Krebs, der das Wirtschaftssystem von innen heraus aufzehrt. Die politisch Verantwortlichen greifen diese Missstände nicht richtig auf. Sie bekämpfen ein Schuldenproblem damit, dass sie noch mehr Schulden machen, worauf dann noch mehr Zins und Zinseszins fällig wird. Ein Zusammenbruch ist daher letztlich unvermeidlich. Derzeit werden unzählige Rettungsmilliarden – und wir stehen derzeit an der Schwelle zu Billionensummen – aufgewendet, um die Stunde der Abrechnung weiter in die Zukunft zu schieben.

Angesichts der kommenden Umwälzungen stellt sich natürlich die Frage, wie sich der Einzelne dagegen wirkungsvoll schützen kann. Eine rein auf das Finanzielle bezogene Vorsorge reicht bei Weitem nicht aus. Zwar muss man selbstverständlich auch hierfür entsprechende Vorkehrungen treffen, doch drohen darüber hinaus weitere Gefahren. Wir leben in einem sehr dicht besiedelten Land, das in vielfacher Weise von Importen abhängig ist. Unser heutiges, auf flexible Sofort-Lieferungen (»Just-in-Time«) aufgebautes Nachschubsystem kennt keine nennenswerte Lagerhaltung mehr. So schlägt ein gewöhnlicher Lebensmittelmarkt sein Sortiment binnen 48 Stunden um. Aufgefüllt werden die Regale durch die regelmäßigen Lieferungen. Bleiben diese aus, sind die Geschäfte nach knapp zwei Tagen leer. Die damit verbundene Panik kann man sich leicht vorstellen.

Das ist aber nicht alles. Mittlerweile wurde die Produktion in vielen Bereichen in entfernte Billiglohnländer verlagert. Unser hoch entwickeltes Land ist bei Weitem nicht mehr in der Lage, das Lebensnotwendige selbst zu produzieren. In Deutschland, dem Land der Denker und Erfinder, wird kaum mehr eine Spülmaschine, ein Fernseher oder eine Waschmaschine hergestellt. Selbst in vielen Produkten mit dem Qualitätssiegel »Made in Germany« stecken zu mehr als 45 Prozent Komponenten aus dem Ausland, oder wesentliche Teile werden dort produziert.

Wenn Währungen kollabieren und Staaten pleitegehen, wird der Paradigmenwechsel aller Voraussicht nach nicht allmählich, sondern eher abrupt erfolgen. Dies kann die Wirtschaft für eine gewisse Zeit schwer erschüttern. Schon eine ungünstige Kettenreaktion zahlungsunfähiger Schuldner kann jäh wichtige Logistikketten unterbrechen. Schwerwiegende Störungen der Versorgungsstruktur sind die Folge. Es wird dann vorübergehend keine oder nur eingeschränkte Importe und Exporte geben, und auch der Binnenhandel wird in vielfacher Weise unterbrochen. Selbst auf lokaler Ebene gerät in diesem Fall der Warenaustausch ins Stocken, weil das nötige Tauschmittel fehlt. Solche Ausfälle kann man nicht innerhalb weniger Tage neu organisieren, das dauert leicht Monate oder gar Jahre.

Wie werden die Menschen darauf reagieren? Die meisten sind auf das Funktionieren des jetzigen Systems hochgradiger Arbeitsteilung bei gleichzeitig immerwährender Verfügbarkeit aller Waren angewiesen und haben sich den Annehmlichkeiten und Vorzügen unserer modernen Gesellschaft auf Gedeih und Verderb ausgeliefert. Viele Leute haben nicht mehr als die Zutaten für drei, vier Mahlzeiten im Haus. Den Rest kaufen sie spontan ein, beim Metzger, Bäcker oder im Supermarkt oder auch an der Tankstelle (sonntags) um die Ecke, wenn sie noch etwas benötigen. Sie gehen nach wie vor fest davon aus, dass alles Notwendige jederzeit und überall erhältlich ist. Aus ihrer Sicht ist es daher nicht wichtig, Geld oder Lebensmittel vorrätig zu halten. Wozu auch, wo es doch an jeder Ecke Geldautomaten gibt und man zur Not mit dem Plastikgeld überall bequem bezahlen kann. Lebensmittel gibt es nahezu rund um die Uhr.

Ein längerer und dazu noch flächendeckender Strom-, Gas- oder Wasserausfall? Einfach undenkbar. Dabei erleben wir regelmäßig, wie anfällig unser modernes System ist. Jedes Jahr führt der Wintereinbruch zu chaotischen Straßenverhältnissen mit unzähligen Unfällen, verzögerten Lieferungen und sogar phasenweisen Versorgungsengpässen. Als vor knapp zwei Jahren der Vulkan in Island ausbrach, kamen nach etwa einer Woche die Bänder bei großen Autoherstellern zum Stehen, weil benötigte Komponenten nicht eingeflogen werden konnten.

Ich erläutere auf den nachfolgenden Seiten ein Vorsorgekonzept[108], das Sie für den Fall der Fälle absichern wird. Damit verhindern Sie gefährliche Engpässe und Nöte und können sich im Krisenfall auf das wirklich Wesentliche konzentrieren. Denn jede Krise bietet vorbereiteten Menschen immer auch Chancen und Möglichkeiten für Neues. Allerdings nur, wenn man nicht seine gesamte Zeit für das Besorgen von Lebensmitteln oder Ähnlichem aufwenden muss. Die folgenden Abschnitte helfen auch denjenigen, die bereits gewisse Vorsorgemaßnahmen getroffen haben, mögliche Lücken zu erkennen und zu schließen.

Nach wie vor wird von vielen Ratgebern ein zu einseitiges Gewicht auf die finanzielle Vorsorge gelegt. Unzählige Internetseiten beschäftigen sich mit der Finanzkrise und geben ihren Lesern ausschließlich Anlagetipps. Häufig wird dabei lediglich auf den Kauf von Gold und Silber hingewiesen und damit der Anschein erweckt, dass dies allein schon ausreichend wäre. Edelmetalle dienen als wichtiger Wertspeicher. Jedoch helfen sie einem wenig, wenn der Arbeitsplatz weg ist oder die Wohnung kalt bleibt. Oder würden Sie im Winter Ihren Petroleumofen gegen Gold tauschen und Ihre Familie der Kälte aussetzen? Das würden Sie wohl auch dann nicht tun, wenn die Ihnen angebotene Goldmenge den Ofen vom Nominalwert her bei Weiten übertrifft, oder? Besser wäre es, Sie würden sowohl über ei-

[108] Ausführlich ist das Konzept in meinem Buch *Finanzcrash – die umfassende Krisenvorsorge* im Kopp Verlag, beschrieben.

nen Edelmetallbestand als auch über alle notwendigen Bedarfsartikel verfügen. Deshalb weise ich über das Finanzielle hinausgehend auf weitere konkrete Vorsorgebereiche hin, die Ihre volle Aufmerksamkeit verdienen:

1. Sicherung des Einkommens;
2. Sicherstellen der Zahlungsfähigkeit und finanzielle Grundversorgung;
3. Persönliche Vorräte, die für eine gewisse Zeit ein autarkes Leben ermöglichen;
4. Maßnahmen für die eigene Sicherheit;
5. Verbesserung der persönlichen Fähigkeiten.

Eine Kette reißt bekanntermaßen am schwächsten Glied, und daher darf die Krisenvorsorge keine nennenswerten Schwachpunkte aufweisen. Es sollte geprüft werden, in welchen Bereichen ein Nachholbedarf besteht, und wie man ihn am schnellsten behebt. Es geht nicht darum, ein perfekter Selbstversorger oder ein Survival-Experte zu werden. Jeder sollte in der Lage sein, Notlagen für eine gewisse Zeit zu überbrücken, mit dem Ausfall gewohnter Systeme zurecht- und in einem schwierigen Lebensumfeld wieder auf die Beine zu kommen.

Selbst die Bundesregierung rät den Bürgern, zumindest für 14 Tage Lebensmittelvorräte im Haus zu haben. Als Grund werden natürlich nicht die Risiken aus der Finanzkrise angeführt, sondern Notfälle wie Naturkatastrophen oder Reaktorunglücke. Aber das Prinzip ist dasselbe, wenn auch nicht so umfassend.

Wichtig ist, frühzeitig mit den Maßnahmen zur persönlichen Vorsorge zu beginnen, da es sich um neuartiges Terrain handelt, in welchem man sich ein umfangreiches Wissen aneignen muss und entsprechend viel Zeit benötigt, um sich mit all dem Neuen vertraut zu machen. Ferner gilt es, sich alle benötigten Utensilien frühzeitig zu besorgen, da die Produktionskapazitäten für Ausrüstungsgegenstände zur Krisenvorsorge nicht sonderlich groß sind. Dieses Gebiet stellt bisher keinen nennenswerten Absatzmarkt für den Handel dar. Sollte es aber zu einer größeren Nachfrage kommen, werden viele Vorsorgeprodukte schlichtweg nicht mehr erhältlich sein. In Ansätzen war das nach der Fukushima-Katastrophe in Japan bereits zu beobachten.

Beginnen wir zunächst mit der ersten wichtigen Maßnahme, der Sicherung des Einkommens, die eine wesentliche Grundlage für alles Weitere ist, denn ein Rückgang des Einkommens schränkt alle weiteren Möglichkeiten der Vorsorge ein. Auf eventuell angelegte Reserven und Vorräte müsste dann gleich zu Beginn schon zurückgegriffen werden.

1. Sicherung des Einkommens

Wie viele Einkommensquellen stehen dem eigenen Haushalt zur Verfügung? Und zu wie viel Prozent ist die Familie vom Einkommen eines Verdieners abhängig? Wenn es mehr als zwei Drittel sind, ist es höchste Zeit, dies zu ändern. Bei der Geldanlage spricht man von einer breiten Streuung über viele Anlageklassen. Analog dazu ist es ratsam, auch sein Einkommen möglichst aus mehreren Quellen zu generieren. Der Volksmund sagt nicht von ungefähr: »Aus vielen Beuteln ist gut Geld zählen.«

Selbst wen man seit 15 oder 20 Jahren beim selben Arbeitgeber mit renommiertem Namen und noch guter Ertragslage angestellt ist. Das kann sich ganz schnell ändern, wenn es zum Beispiel zu einem Bruch der Währungsunion kommt und Deutschland infolge dessen wichtige Absatzmärkte wegbrechen. Je länger jemand auf einer Arbeitsstelle tätig ist, desto später sind er oder sie zwar gefährdet bei der nächsten Entlassungswelle. Dafür ist so jemand oft auch schon sehr spezialisiert auf eine Tätigkeit in dem angestammten Unternehmen und hat wenige Kenntnisse, die man auch jenseits der bestehenden Strukturen anwenden kann. Daher ist es wichtig, sich möglichst frühzeitig, solange im Hauptjob noch alles glatt läuft, fort- oder weiterzubilden.

Welche zur eigenen Arbeit verwandten Tätigkeiten können Sie noch oder könnten Sie ohne allzu großen Aufwand ausbauen? Oder auch: Welche Hobbys und speziellen Interessen sind vorhanden, die Sie gewinnbringend einsetzen könnten? Wer zum Beispiel alles übers Wandern in den Karpaten weiß und sich dort gut auskennt, kann sich vielleicht mit einem Wanderführer und/oder einer Online-Seite zum Thema ein neues Geschäftsfeld erschließen. Wer ein einzigartiges Produkt oder eine Produktpalette bei einer exotischen Auslandsreise entdeckt, und herausfindet, ob es dafür einen Absatzmarkt in Deutschland gibt, kann versuchen, sich vor Ort die Vertriebsrechte für den deutschsprachigen Raum zu sichern. Vor einem Vertragsabschluss sollte man sich allerdings Rechtsberatung suchen, da die Regeln und Gepflogenheiten im Ursprungsland des Produktes ganz andere sein können, als wir sie gewohnt sind.

Grundsätzlich empfehle ich, sich möglichst Nebentätigkeiten zu suchen, die mit vorhersehbarem finanziellem und zeitlichem Aufwand zum Erfolg werden können. Das ist in der Regel am ehesten in verwandten Themengebieten zum eigenen Hauptjob möglich (Vorträge halten, Gutachten schreiben, Tätigkeiten als ständiger Berater annehmen etc.). Solche Nebentätigkeiten sind aber meistens vom Arbeitgeber zu genehmigen. Sich vorher beim Chef abzusichern, ist wichtig, alles andere könnte ein Abmahnungs- oder im Extremfall sogar ein Kündigungsgrund sein (je nach Arbeitsvertrag!). Der Ausbau von Hobbys, die gar nichts mit der Arbeit zu tun haben, ist dagegen zunächst einmal Privatsache, es sei denn, es beeinträchtigt die geistige und körperliche Leistungsfähigkeit bei der Haupterwerbsarbeit. Auch dann hat der Arbeitgeber in der Regel ein Einspruchsrecht. Worauf die Wahl letztlich auch fällt, beginnen sollte man mit der Nebentätigkeit in bescheidenem Rahmen, um Anlaufverluste zu minimieren, aber auch, um sich abzusichern, falls die Geschäftsidee sich nach ein, zwei Jahren doch nicht mehr als so großartig darstellt wie zuvor. Firmenwagen, Büro, zweiter Telefonanschluss und Visitenkarten – das alles ist überhaupt nicht nötig, um sich mit etwas Neuem auszuprobieren. Im Gegenteil: Hohe Fixkosten können sogar hinderlich sein, sie verhindern womöglich, dass man trotz vermeintlichem Misserfolg rechtzeitig aufhört (»Ich muss die Fixkosten decken«).

Man darf sich bei diesen Überlegungen nicht abbringen lassen, nur weil plötzlich wieder mal gute Konjunkturzahlen gemeldet werden; vieles passiert nur auf Pump, ermöglicht durch Hunderte Milliarden von Krediten, die ins System gespült werden, um die Finanzwelt zu stabilisieren. Das Wachstum ist ein Wachstum auf Kredit. Die Medien neigen in diesem Umfeld öfters dazu, in dem Meer von negativen Nachrichten vereinzelt positive News auf- oder überzubewerten.

Falls der eigene Arbeitgeber gerade Stellen abbaut, scheuen Sie sich nicht, gute Abfindungsangebote anzunehmen, vor allem, wenn absehbar ist, dass dies nicht die letzte Abbaumaßnahme sein wird. Besser ist es, jetzt mit goldenem Handschlag zu gehen als später ohne Extra-Geld. Sind Ihre Verhältnisse in der Firma dagegen stabil und das Geschäftsmodell des Unternehmens hat auch bei Zuspitzung der Krise noch Zukunft, dann ist es ratsam, unersetzlich zu werden – kreativer, sorgfältiger, motivierter und einfach besser als vergleichbare Kollegen. Wenn es auf absehbare Zeit keine Gehaltserhöhungen gibt, können angebotene Weiterbildungsmaßnahmen ein Mittel sein, sich Zusatzqualifikationen zu erwerben, für den eigenen oder auch einen anderen Job.

Bei aller Anstrengung auf dem Weg zu Alternativen sollte ein Mittelweg gefunden werden zwischen Aufwand und Ertrag: Wer sich auf eine Chance versteift, ist schnell enttäuscht, wenn diese sich dann doch nicht als umsetzbar erweist. Wer über zu viele Alternativen gleichzeitig nachdenkt, kann sich dagegen leicht verzetteln.

Die Empfehlungen zur Einkommenssicherung gelten aber nicht nur für angestellt oder selbstständig Tätige im besten Erwerbsalter. Auch Schüler, Studenten und Rentner sind oft gut vermittelbar, vor allem für Minijobs (www.minijobzentrale.de). Die sind für diese Zielgruppen perfekt, da sie bei höherem Verdienst oft ihren Status und die damit verbundenen Einnahmen sowie Vergünstigungen aller Art verlieren. Höhere Einkommen werden häufig auf die monatlichen Rentenzahlungen oder BAföG-Leistungen angerechnet. Neben dem Studium können derzeit bis zu 10.000 Euro jährlich weitgehend steuer- und abgabenfrei hinzuverdient werden (oder 7.200 Euro netto, wenn der elterliche Anspruch auf Kindergeld nicht verloren gehen soll).

Schüler unterliegen zeitlichen Restriktionen, wenn sie arbeiten wollen. Grundsätzlich möglich ist eine eingeschränkte Erwerbstätigkeit wie etwa Zeitungen austragen, Nachhilfe geben oder Regale einsortieren im Umfang von bis zu zehn Stunden pro Woche. Dieser Zeitrahmen erhöht sich ab dem 16. Lebensjahr auf acht Stunden pro Tag und 40 Stunden in der Woche, wobei man das sicher nicht ausschöpfen sollte, solange die Not nicht groß ist.

2. Sicherstellen der Zahlungsfähigkeit und finanzielle Grundversorgung

Welche Empfehlungen kann man für die finanzielle Vorsorge aussprechen? Noch bevor Sie Maßnahmen zur Sicherung der Ersparnisse ergreifen, sollten Sie die eigene Zahlungsfähigkeit sicherstellen. Angesichts der vielen Gefahrenfelder ist ein plötzlicher Ausfall der üblichen Zahlungsmethoden möglich. Im Falle größerer Verwerfungen des Finanzsystems ist es nicht unwahrscheinlich, dass die eigene Bank pleitegeht oder die Aufsichtsbehörden die Finanzinstitute im Rahmen von sogenannten Bankfeiertagen für einen gewissen Zeitraum schließen. In beiden Fällen kann man womöglich wochenlang nicht mehr über sein Geld verfügen und die EC- und Kreditkarten sowie der bargeldlose Zahlungsverkehr funktionieren ebenfalls nicht mehr. Wie bezahlt man in solch einer Situation all die Dinge des täglichen Bedarfs? Das Leben geht schließlich weiter, und die üblichen Zahlungsverpflichtungen müssen erfüllt werden. Jeder, der diese Überlegung für überzogen hält, sollte beachten, wie knapp das Finanzsystem in den vergangenen Jahren mehrfach vor dem Kollaps stand. Der erste große Schlag war die Pleite der US-Bank Lehman Brothers im September 2008. Nur die berühmt-berüchtigte »Merkel-Garantie« für die Ersparnisse der Deutschen, die niemals Gesetzeskraft hatte, verhinderte in Deutschland einen Bankrun und somit den Zusammenbruch des Finanzwesens. Der nächste äußerst kritische Zeitpunkt war schon im Frühjahr 2010 erreicht, als die griechischen Zahlungsprobleme offensichtlich wurden, und die EU in einer hektischen Aktion im Mai den ersten großen Rettungsschirm beschlossen hatte. Als dann das Bundesverfassungsgericht Mitte 2011 über die Zulässigkeit dieser Griechenlandhilfe verhandelte, hätte ein negatives Urteil die sofortige Pleite Griechenlands samt unvorhersehbarer Folgen ausgelöst. Das waren nur die offensichtlichsten Gefahrenmomente, von denen die Medien und damit die Öffentlichkeit etwas mitbekamen. Seit Beginn der Krise steigen die Rettungssummen und damit die Schuldenberge permanent an. Waren es am Anfang zweistellige Milliardenbeträge, um die Zahlungsnot Athens zu lindern, scheuen Politiker und Bankenvertreter seit diesem Jahr auch nicht davor zurück, Billionen-Summen ins Spiel zu bringen. Es besteht daher unverändert eine enorme Gefahr für unser Geldsystem. Daher ist die Sicherstellung der Zahlungsfähigkeit die oberste Maxime der finanziellen Vorsorgemaßnahmen.

Der erste Schritt erfolgt, indem man zuhause eine Cash-Reserve anlegt. Jeder Haushalt sollte Bargeld für das Budget einiger Wochen, besser für circa drei Monatsausgaben, parat halten. Denn selbst wenn die Finanzinstitute nur für eine Woche geschlossen werden oder eine insolvente Bank binnen Tagen von anderen Instituten übernommen wird, funktioniert der Zahlungsverkehr erst knapp vier bis sechs Wochen später wieder wie gewohnt. Nach der Insolvenz der kleinen Weserbank in Bremerhaven im Herbst 2008 mussten Kunden bis zu sechs Wochen ausharren, bis sie wieder über ihr Guthaben verfügen konnten. In der knappen Ausstattung mit Barmitteln liegt heutzutage eine konkrete Gefahr. Bei einer kürzlich durchgeführten Umfrage kam heraus, dass die Deutschen im Schnitt nur über knapp 65 Euro Bargeld verfügen. Sollte es zu einem vorübergehenden Ausfall der giralen Zahlungsmittel kommen, sind die meisten damit vom wirtschaftlichen Leben abgeschnitten. Gehen Sie deshalb wie folgt vor: Rechnen Sie aus, wie hoch Ihr monatlicher Finanzbedarf ist, um alle laufenden Ausgaben zu decken. Beziehen Sie jegliche Kosten wie Miete, Fahrtkosten, Darlehensraten, Lebensmittel, Kleidung, Telefon und so weiter mit ein. Heben Sie den entsprechenden Betrag bei Ihrer Bank ab und deponieren Sie ihn zu Hause oder im Büro, wenn es ihr eigenes ist. Das ist Ihr erster Rettungsanker für den Fall der Fälle. Um auch eine mögliche ernsthafte Vertrauenskrise des Euro abzufangen, empfehle ich, ein Drittel des Bargelds in eine solide Fremdwährung zu tauschen. Das könnte der Schweizer Franken oder die norwegische Krone sein. Diese Bargeldreserve stellt Ihre Zahlungsfähigkeit sicher.

2.1 Gold und Silber, die Zahlungsmittel in der Krise

Gehen wir einen Schritt weiter und überlegen, wie man für eine Übergangszeit vorsorgen könnte, in der der Euro oder andere Währungen als Tauschmittel gar nicht mehr akzeptiert werden. Dies wäre beispielsweise bei einem sprunghaften Ausbruch der Inflation der Fall. An solch ein Szenario möchte zwar derzeit niemand denken, doch es rückt dann in Reichweite, wenn in Europa einzelne Länder zahlungsunfähig werden, aus dem Euroverbund ausscheiden und die Währung ins Bodenlose abwertet. In diesem Fall könnten die Menschen das Vertrauen in die bunt bedruckten Papierscheine gänzlich verlieren. Natürlich denken nun viele, in solch einem Fall würde die wie auch immer geartete Währung in Deutschland zunächst einmal deutlich aufwerten. Ich gebe aber zu bedenken, dass es Deutschland sehr hart treffen würde, wenn die Abnehmerländer unserer Exporte zahlungsunfähig wären. Die deutsche Wirtschaft brach bereits 2009 mit knapp sechs Prozent stark ein. Ein deutlicher Anstieg der Arbeitslosigkeit wurde nur durch den massiven Einsatz staatlicher Gelder in Form von Konjunkturpaketen und einer umfangreichen Kurzarbeiterregelung verhindert. Künftig sind solche Maßnahmen aufgrund der angespannten Finanzlage und den umfassenden Verpflichtungen der Regierung aus den Rettungspaketen kaum mehr möglich. Zudem ist die Bundesrepublik mit mehr als zwei Billionen Euro hoch verschuldet, das entspricht der Höhe von knapp sieben Bundeshaushalten. Nicht berücksichtigt sind hierbei die impliziten (»verdeckten«) Schulden, beispielsweise Verpflichtungen für die Beamtenpensionen und Renten sowie Verschuldungen aus staatseigenen Firmen wie Landesbanken, Sparkassen et cetera. Diese kaum bekannten Verbindlichkeiten belaufen sich nach Expertenschätzungen auf wenigstens fünf Billionen Euro.[109] Nüchtern betrachtet ist diese Last selbst für den Exportweltmeister Deutschland ohne eine deutlich höhere Inflation oder eine Währungsreform kaum rückzahlbar.

Gehen wir nun von dem Fall aus, dass das Geld nicht mehr akzeptiert wird, weil jeder Angst hat, dass er immer weniger dafür bekommt (Inflation). Die Menschen müssen wie gehabt miteinander tauschen und handeln, aber sie werden eine werthaltige Ersatzwährung dafür verlangen. Selbstversorger sind ja in der arbeitsteiligen Welt die große Ausnahme.

Bei kleineren Einkäufen wird im Krisenfall höchstwahrscheinlich Silber das Mittel der Wahl sein. Es verfügt über dieselben Eigenschaften wie Gold (rar, beliebig teilbar, historisch als Zahlungsmittel bewährt), repräsentiert aber deutlich kleinere Beträge als das gelbe Metall. Zum Ver-

---

109 Die Analyse »Popular Delusions – Government hedonism and the next policy mistake«* von Dylan Grice, Société Générale (2010) zeigt deutlich: Bei den offiziellen Angaben zur Staatsverschuldung sind wesentliche Zukunftsverpflichtungen des Staates z. B., für Pensionen, herausgerechnet. Nach der Analyse beliefen sich die Gesamtschulden Deutschlands 2010 sogar auf 418 Prozent des Bruttoinlandsprodukts von 2,5 Billionen Euro (http://de.ibtimes.com/articles/17759/20100215/implizite-staatsverschuldung-versteckt-und-vielfach-hoeher.htm)

gleich: Ein Gramm Silber kostet Anfang März 2012 etwa 0,95 Euro. Der Ein-Gramm-Goldbarren liegt bei etwa 54 Euro. Eine Anekdote eines Lesers meines Buches *Finanzcrash* verdeutlicht dies: Er erzählte mir, dass sein Großvater während der letzten Weltwirtschaftskrise eine Bäckerei besaß. Es kamen Menschen mit Goldbarren in sein Geschäft, die nominal natürlich weitaus mehr wert waren als jedes Gebäck. Der Bäcker sagte: »Ich kann nicht herausgeben, entweder sie geben mir das Gold oder gehen wieder.« So zwang die blanke Not die Menschen dazu, das wertvolle Edelmetall gegen etwas Brot abzugeben.

Sicher wird auch Silber im Falle eines Crashs wertmäßig deutlich ansteigen. Und so steht man auch damit vor dem Problem, für die alltäglichen Tauschgeschäfte ein zu wertvolles Tauschmittel in den Händen zu halten. Verluste durch Rückgabeprobleme des Handelspartners oder dadurch, dass man übers Ohr gehauen wird, werden sich nicht gänzlich vermeiden lassen. Jedoch ist das Risiko in Relation zum sehr wertvollen Gold geringer.

Silbermünzen sind quasi das nötige Kleingeld im privaten Edelmetallvorrat. Es ist sehr wahrscheinlich, dass Silber im Krisenfall zum Tauschmittel für die alltäglichen Geschäfte werden wird, da es einen soliden und traditionell stark nachgefragten Sachwert verkörpert. Viele historische Quellen verweisen darauf, dass man in früheren Zeiten eine Familie mit einem Betrag, der dem Wert einer Unze Silber entsprach (umgerechnet sind das etwa 31,1 Gramm), ungefähr eine Woche lang ernähren konnte. Eine Unze Silber wird im März 2012 zum Preis von circa 30 Euro gehandelt, und mit diesem Betrag kommt natürlich keine vierköpfige Familie zurecht. Das Preisniveau hat sich speziell bei den lebensnotwendigen Produkten deutlich nach oben bewegt. Selbst bei einer sparsamen Lebensweise benötigt man für die Ernährung ungefähr fünf Unzen Silber. Die Miete und die Kosten eines Fahrzeugs sind hier nicht berücksichtigt. Um die Versorgung unter Berücksichtigung aller Eventualitäten für einige Monate sicherzustellen, sollte jeder Haushalt also mindestens 120 Unzen Silber besitzen. Ich erachte dies als die unterste Grenze und spreche demnach eine Empfehlung in der Größenordnung von 120 bis 500 Unzen aus – je weiter darüber hinaus, desto besser. Ideal wäre es, circa ein Viertel davon in kleinen Einheiten von einer halben Unze zu besitzen.

Grundsätzlich kommen dafür alle erhältlichen Anlagemünzen in Silber infrage. Das sind solche Münzen, die in ihren Herkunftsländern auch offizielle Zahlungsmittel sind. Um die Akzeptanz in unsicheren Zeiten nicht unnötig zu erschweren, sollte man vorzugsweise zu den bekanntesten Silbermünzen greifen. Neben dem Wiener Philharmoniker gehören dazu der kanadische Maple Leaf mit jeweils einer Unze Silber sowie der American Eagle. Zusätzlich empfehlen sich die von der deutschen Bundesbank zu DM-Zeiten herausgegebenen Fünf- und Zehn-DM-Sondermünzen. Diese bestehen je nach Jahrgang und Motiv aus 625er oder 925er Silber und sind in breiten Bevölkerungsschichten bekannt und beliebt.

Abb. 3.1: Silbermünze, 1 Unze, Wiener Philharmoniker, Quelle: Gerhard Spannbauer

Abb. 3.2: Silbermünze, 1 Unze, Maple Leaf, Quelle: G. S.

Abb. 3.3: 10-DM-Sondermünze, Bundesbank, Quelle: G. S.

Um die Maßnahmen zum Erhalt der Zahlungsfähigkeit abzurunden, sollte man noch rund zehn Feinunzen Gold in kleinen Einheiten hinzufügen, denn Gold ist aufgrund seiner Knappheit und seiner psychologischen Wirkung auf die Menschen seit jeher das ultimative Geld und wird jederzeit auf der ganzen Welt akzeptiert. Dafür kommen kleine Barren mit einem oder fünf Gramm, oder Münzen von einer zehntel, viertel oder halben Unze infrage. In Ergänzung dazu gibt es neuerdings bei Edelmetallhändlern auch sogenanntes teilbares Gold zu kaufen, auch Kombibarren genannt. Das sind zum Beispiel 50 Stück Ein-Gramm-Barren, die durch eine spezielle Gieß- und Prägetechnik in einem Tafelsystem miteinander verbunden sind. Benötigt man nur einen Barren für einen Bezahlvorgang, kann man wie bei einer Schokoladentafel die einzelnen Rippchen leicht abtrennen. Der Vorteil der Kombibarren: Das Aufgeld ist geringer, als wenn man 50 einzelne Ein-Gramm-Barren Gold kauft (aber etwas teurer im Vergleich zu einem 50-Gramm-Barren).

2.2 Grundausstattung an Edelmetallen

Mittlerweile sind viele Fachleute der Meinung, dass Gold und Silber fester Bestandteil eines jeden Portfolios sein sollten. Je nach Einschätzung der Lage befürworten die meisten Experten, zwischen fünf und 20 Prozent des Vermögens in Edelmetallen anzulegen; ich würde mit 20 bis 30 Prozent mehr auf Nummer sicher gehen. Kommt es zu einem Kollaps der Papierwährungen, setzt höchstwahrscheinlich eine Flucht in die Edelmetalle ein, wodurch die Preise entsprechend steigen. Ich empfehle die beiden Geldmetalle Gold und Silber und schlage eine Aufteilung von einem Drittel Gold zu zwei Dritteln Silber vor. Gold ist das ultimative Geld und Silber das Edelmetall mit der besten Perspektive, da es sehr knapp und für viele Anwendungen in der Industrie und im Gesundheitswesen unersetzlich ist. Grundsätzlich sollte man jegliche Vorsorge auf verschiedene Beine stellen, weil kein Mensch wirklich vorhersagen kann, was eintrifft und wie es eintrifft. So könnte es beispielsweise, wie es in der jüngeren Geschichte schon häufiger der Fall war, zu einem Goldverbot[110] kommen. Durch geschickte Aufteilung der Edelmetallreserven geht man in jedem Falle auf Nummer sicher. Ein Silberverbot ist übrigens aufgrund der eben erwähnten Unersetzlichkeit in vielen Anwendungen eher unwahrscheinlich.

2.3 Geld flexibel anlegen

Als nächsten Vorsorgeschritt sollten Sie einen Teil der Ersparnisse auf kurzfristig verfügbaren Konten zwischenparken. In der momentanen Lage sind Sicherheit und Flexibilität ohne Zweifel die obersten Gebote – und nicht etwa das Streben nach möglichst hoher Rendite. Für den Erhalt der Flexibilität empfiehlt es sich, einen Teil seiner Gelder auf jederzeit verfügbare Tagesgeldkonten bei soliden Finanzinstituten anzulegen, al-

110 Zum Beispiel war es in den USA zwischen 1933 und 1974 Privatleuten verboten, Goldbestände zu halten. Erst nach Aufgabe der Golddeckung durften US-Bürger das Edelmetall wieder unbeschränkt kaufen und verkaufen. Das Verbot ging zurück auf US-Präsident Franklin Delano Roosevelt, der mit dem Goldverbot die Flucht ins Edelmetall stoppte, nachdem seine Regierung in der Großen Depression eine bis dato beispiellos schuldenfinanzierte staatliche Konjunkturpolitik startete (»New Deal«). Erst nach dem Zusammenbruch des letzten goldgedeckten Geldsystems (»Bretton Woods«) wurde Gold wieder für alle Amerikaner frei handelbar.

so am besten jenen, die der gesetzlichen Einlagensicherung (bis 100.000 Euro) unterliegen. Das kann man bei der jeweiligen Niederlassung oder meist auch auf der Internetseite der jeweiligen Institute erfragen. Verfügt man über größere Beträge, sollten diese bei mehreren verschiedenen Instituten liegen, um das Ausfallrisiko im Falle einer Bankenpleite zu minimieren. Des Weiteren empfiehlt es sich, einen Teil der eigenen Gelder auf Familienmitglieder zu übertragen, da es im Falle einer Währungsumstellung möglich ist, dass große Guthaben über zusätzliche Steuern und Abgaben deutlich höher abgewertet werden als ein Sockelbetrag. Flexibilität bedeutet, in der Lage zu sein, auf Veränderungen der Finanzmärkte kurzfristig zu reagieren.

2.4 Schulden tilgen

Im nächsten Schritt der Vorsorge sollten vorhandene Verbindlichkeiten so weit wie nur irgend möglich beglichen werden. Kredite sind bereits in »normalen« Zeiten sehr belastend und engen den Handlungsspielraum ein, da ein Teil des Einkommens von den Darlehensraten aufgezehrt wird. In Krisenzeiten, wenn das Geld aufgrund der erschwerten Einkommenssituation sowieso schon knapp ist, führt dies schnell zu Zahlungsschwierigkeiten und für so manche(n) bald darauf in die Insolvenz. Nicht wenige begehen dabei den Fehler und häufen noch zusätzliche Schulden an, in der Hoffnung, diese im Falle einer galoppierenden Inflation oder gar Hyperinflation dann einfach mit entwertetem Geld oder einigen Unzen Gold zu tilgen. Davon ist jedoch unbedingt abzuraten, da diese Strategie eine Reihe von Risiken birgt. Kein Mensch kann genau vorhersagen, wann die Inflation in welcher Heftigkeit einsetzt, wie sich die Werte entwickeln, und ob nicht doch der Staat beispielsweise mit neuen Gesetzen zum Schutz der Banken, einem ungünstigen Umrechnungsverhältnis von Guthaben zu Verbindlichkeiten, Fristverlängerungen et cetera eingreift und einem somit einen Strich durch die Rechnung macht. Die Spekulation auf eine Abwertung der eigenen Schulden kann nur sicher funktionieren, wenn man sowohl über einen langen Atem als auch über ein finanzielles Eigenkapital-Polster verfügt, mit dem sich ein Großteil der Schulden im Notfall sofort tilgen lässt.

Die Geschichte hat gezeigt, dass einer starken inflationären Geldentwertung auch eine längere und harte deflationäre Phase vorangehen kann, die die Einkommen drückt, Anlagewerte sinken lässt und Arbeitsplätze kostet. Die meisten Schuldner geraten in solchen Situationen in finanzielle Schwierigkeiten, da das reduzierte Einkommen für die Begleichung der laufenden Verpflichtungen nicht ausreicht. Sobald man die laufenden Raten nicht mehr bedienen kann, greifen die Gläubiger rasch auf die hinterlegten Sicherheiten zurück, und das gesamte Finanzkonzept bricht zusammen. Deshalb sollte man zum jetzigen Zeitpunkt auf keinen Fall neue Verpflichtungen eingehen und bestehende Schulden so schnell wie möglich tilgen. Ist man zu Letzterem nicht in der Lage, sollte man versuchen, die laufenden Ausgaben zu reduzieren, um dennoch Sondertilgungen durchzuführen beziehungsweise Rücklagen anzulegen, sodass immer eine Reserve für die Darlehensraten zur Verfügung steht.

2.5 Lebensstandard schrittweise senken

Es ist ratsam, Einschränkungen mental vorzubereiten, bevor sie akut nötig sind. Dazu nimmt man am besten die Finanzbedarfsrechnung vom Anfang und sucht nach Posten, die sich sehr leicht oder leicht entbehren lassen. Dann streicht man solange einzelne Positionen, bis etwa zehn Prozent der aufgeführten Aufwendungen gespart sind. Wer diese Einsparungen gleich realisiert (etwa über die Kündigung eines Zeitschriftenabos, einer Mitgliedschaft in einem selten besuchten Fitnessstudio oder auch durch die Reduzierung der Restaurantbesuche), hat damit der laufenden Inflation (je nach eigenen Gewohnheiten sind das wenigstens zwei bis drei Prozent pro Jahr) schon mal ein Schnippchen geschlagen. Danach sollte man die restlichen Posten der Ausgabenliste nach Priorität absteigend sortieren, so zum Beispiel 1: Unverzichtbares, 2: Sehr Wichtiges, 3: Relativ Wichtiges, 4: Weniger Wichtiges, 5: Luxus, 6: Unwichtiges. Bewahren Sie diese Liste auf und aktualisieren Sie sie regelmäßig. Sollte einer in der Familie den Job verlieren, krank werden, oder es kommen sonst aus irgendwelchen Gründen plötzlich höhere Kosten auf den Haushalt zu, kann die Liste schnell von hinten abgearbeitet und können Posten gestrichen werden.

Eine weitere vorbereitende Maßnahme in diesem Zusammenhang ist es, sich die rechtlichen Bedingungen der Ein- und Auszahlungen aufs eigene Konto anzusehen. Möglichst zu vermeiden sind Einzugsermächtigungen, weil da ein Externer Kontrolle über die eigenen Geldflüsse bekommt. Einzugsermächtigungen sollen daher vermieden oder bestehende zumindest umgewandelt werden in Daueraufträge, bei denen Sie selbst Herr über Ihre Ausgaben sind. Wenn es finanziell eng wird und große Summen automatisch abgebucht werden, kann einem das schwer zu schaffen machen. Selbst die Daueraufträge sollten auf das Nötigste (Miete, Darlehen abzahlen, Sparverträge etc.) reduziert werden. Wenn möglich, empfiehlt es sich, die meisten Einkäufe entweder direkt vor Ort oder auf Rechnung zu bezahlen. So behält man den besten Überblick über die Geldflüsse und kann bestimmen, wann welche Ausgabe am sinnvollsten zu leisten ist. Natürlich sollten dabei die Zahlungsziele immer eingehalten werden.

3. Persönliche Vorratshaltung

Hand aufs Herz: Wie lange reichen die Lebensmittel in Ihrem Haus momentan aus, um sich und Ihre Familie ohne weitere Besorgungen sinnvoll zu ernähren? Tatsächlich verfügen die meisten Haushalte in diesem Land 67 Jahre nach dem letzten Krieg wohl kaum noch über eine Lebensmittelvorsorge, die diesen Namen verdient. Viele in der heutigen Großelterngeneration haben in Ihrer Jugend in den 50er und 60er Jahren noch aktiv miterlebt, wie die kriegs- und vertreibungsgeplagten eigenen Eltern sich noch die Keller mit Einmachgläsern, kleinen Getreidesilos und später großen Gefriertruhen vollstellten. Heute sind davon oft nur noch die Weinkeller und vielleicht noch ein paar Schnäpse übrig geblieben. Zu wenig, findet sogar die Bundesregierung.

Auf der Seite www.ernaehrungsvorsorge.de des Ministeriums für Ernährung, Landwirtschaft und Verbraucherschutz werden die Bundesbürger aufgerufen, aktiv zu werden und sich für den Fall von Naturkatastrophen, Tierseuchen, Reaktorunfällen et cetera einen Notvorrat von wenigstens 14 Tagen zuzulegen. Die Finanzkrise, die die Regierung ja glaubt, im Griff zu haben, spielt hier explizit keine Rolle. Aber das sollte nicht stören. Wer in den staatlichen »Vorratskalkulator« auf der Internetseite die Anzahl der Personen im eigenen Haushalt eingibt und die Zahl der Tage, für die er sich die Lebensmittelvorsorge vorstellt, bekommt schon mal schnell einen Überblick darüber, was die Familie mengenmäßig idealerweise im Haus haben sollte.

Neben der Ernährung gehören zu einer umfassenden Vorsorge aber auch noch Hygieneartikel, Medizinvorräte und sogenannte Tauschmittelvorräte, mit denen sie in einer Notsituation für viele Bürger manchmal besser und vor allem billiger Waren für sich selbst eintauschen können als mit Gold oder Silber. Ich empfehle, den Vorrat je nach Platz und finanziellen Mitteln auf wenigstens sechs Wochen bis drei Monate anzulegen. Die Erfahrung in der deutschen Geschichte hat gezeigt, dass man sonst zu schnell die Notgroschen einsetzen muss, und eine Unze Gold reichte in der Not dann gerade mal für zwei Sack Kartoffeln.

Ganz wichtig bei der Ernährungsbevorratung ist die Orientierung an dem Speiseplan und den Ernährungsgewohnheiten, die man in normalen Zeiten auch hat. Wer im Notfall zum ersten Mal Zwieback, Dosenbohnen und Trockenpflaumen essen muss, wie es zum Beispiel in der Standard-Vorratstabelle vorgesehen ist, kann unter Umständen krank werden. Gerade wenn man psychisch gestresst ist, schlägt vielen Menschen eine völlig veränderte Nahrungsaufnahme zusätzlich auf den Magen. So gesund zum Beispiel Hülsenfrüchte auch sein mögen. Sie sollten auch im Notfall nur in Maßen verzehrt werden, gleichgültig wie einfach sie gelagert werden können.

Neben der Bevorratung rate ich generell dazu, für seine Ernährung im Hinblick auf schwierigere und inflationäre Zeiten stärker selbst zu sorgen. Das ist am Anfang sicher nervenaufreibend, aber auf Dauer billiger und in vielen Fällen auch gesünder. Auf die wichtigsten Grundlagen zur Selbstversorgung geht das meinen Ausführungen nachfolgende Kapitel ausführlich ein.

Die Bundesregierung hat zwar für Versorgungsengpässe Lager für Grundnahrungsmittel und Getreidesilos in der Republik verteilt eingerichtet. Darin enthalten sind Reis, Hülsenfrüchte, Kondensmilch und Vollmilchpulver (sogenannte zivile Notfallreserve) sowie Hafer und Weizen für die

Brotversorgung (sogenannte Bundesreserve Getreide). Doch auf die Frage, wie lange diese Vorräte denn ausreichen, schreibt das Landwirtschaftsministerium recht vage:

> »Der Krisenbevorratung im Lebensmittelbereich liegt nicht der Ansatz zugrunde, eine Vollversorgung der mehr als 82 Millionen in der Bundesrepublik Deutschland lebenden Bürgerinnen und Bürger über einen längeren Zeitraum sicherzustellen. Die staatlichen Notreserven im Lebensmittelbereich in Deutschland sollen dazu beitragen, kurzfristig Engpässe in der Versorgung der Bevölkerung zu überbrücken. Je nachdem, wie viele zu verpflegende Personen und welche Tagesration pro Person unterstellt werden, reichen die Vorräte, je nach eingelagertem Produkt, zwischen wenigen Tagen bis hin zu mehreren Wochen.«[111]

Vor allem Bürger, die in Ballungszentren wohnen, sollten sich nicht darauf verlassen, im Versorgungsfall wochenlang aus den staatlichen Silos bedient zu werden. Zudem sind wir alle gewohnt, recht variantenreich zu essen. Diese »Varianten« muss man aber selbst im Haus haben, sollten die Regale im Supermarkt leer bleiben, wenn die Logistikketten wegen eines Finanzcrashs zusammengebrochen sind.

Klartext: Außer bei Kartoffeln verfügt die stark geschrumpfte Landwirtschaft in Deutschland derzeit nicht über ausreichendes Potenzial, die Versorgung der Bevölkerung mit Grundnahrungsmitteln zu gewährleisten. 70 Prozent der landwirtschaftlichen Nutzfläche und mehr als die Hälfte der Getreideernte werden derzeit für die Viehfutterproduktion genutzt. Zusätzlich werden große Mengen an Futtermitteln wie Soja- und Rapsschrot, Maiskleber und Ölkuchen importiert. Fallen diese Importe weg, dürften die Preise für sämtliche Fleischsorten ins Unermessliche steigen.

Ähnlich ernüchternd sieht die Lage bei Frischgemüse und Obst aus. Auch wenn man einiges unter den herrschenden klimatischen Bedingun-

---

111 http://www.ernaehrungsvorsorge.de/de/staatliche-vorsorge/haeufig-gestellte-fragen-faq/

gen hierzulande anbauen könnte; vieles kommt aus dem (vielfach europäischen) Ausland. Reis, Südfrüchte und Genussmittel wie Kakao, Kaffee und Tee werden aus Übersee geliefert. Für sie gilt daher noch mehr: Fallen die Importe aus, steigen die Preise für diese begehrten Waren. Kaffeepulver und Kakao sind, wenn man sie bei 15 bis 20 °C trocken, geschlossen und vakuumverpackt lagert, im Rahmen des Mindesthaltbarkeitsdatums und noch einige Wochen darüber hinaus, lagerfähig. Tee (nicht in Beuteln) ist mindestens drei Jahre haltbar, nimmt man geschmackliche Veränderungen hin, sogar unbegrenzt.

Es folgt ein kurzer Überblick über die wichtigsten Bausteine der Vorratshaltung. Auf eine Brenn- und Werkstoffversorgung für längere Zeiten der Unabhängigkeit kann in der Kürze dieses Beitrages nicht eingegangen werden, ebenso wenig auf die Versorgung möglicher Haustiere oder die Bevorratung von Saatgut:

1. Grundnahrungsmittel und Nahrungsergänzungen
2. Trinkwasser und Getränke
3. Medikamente, Hygiene- und Reinigungsmittel
4. Tauschgegenstände
5. technische Hilfsmittel
6. Das ideale Vorratslager

3.1 Grundnahrungsmittel und Nahrungsergänzung

Ein bewährtes Vorgehen ist die praxisnahe Erfassung von Ernährungsgewohnheiten über ein paar Wochen. Dann erfolgt die Hochrechnung auf den Bedarf des gewünschten Bevorratungszeitraumes. Der vorhin erwähnte Vorratskalkulator des Bundeslandwirtschaftsministeriums eignet sich zur Plausibilitätsprüfung, ob man richtig gerechnet hat. Grundannahme sollte ein Kalorienbedarf von 2.200 Kilokalorien pro Tag und pro Person sein, gleich ob Erwachsener oder Kind.

Ideal zum Einlagern sind Nudeln, Konserven, Reis, getrocknetes und eingelegtes Gemüse, aber auch Bohnen, Linsen, Dosenfisch und so weiter.

Nicht vergessen sollte man auch Gewürze, Zutaten, Soßen, Essig, Salatöl, Hefe, Zucker, Salz. Die nachfolgende Checkliste gibt als Leitlinie den Bedarf pro Person über einen Zeitraum von etwa drei Monaten an:

Bevorratung pro Person für circa drei Monate	Menge
Weizen, Gerste, Roggen, Hafer	je 10 kg
Dinkel	je 25 kg
Hefe und Backzubehör	je 90 Packungen
Nudeln, Reis	je 15 kg
Zucker, Honig	je 2 kg
Salz 1,5 kg	1,5 kg
Milchpulver	ca. 48 Liter
Volleipulver	für 90 Eier
Konservennahrung wie Gulaschsuppe, Ravioli, Erbsen und Bohnen in Dosen	30 kg
Eingelegtes Gemüse (Bohnen, Kraut, Karotten, Pilze,)	25 kg
Eingelegte Früchte (Aprikosen, Ananas)	20 kg
Getrocknetes Obst (Aprikosen, Mangos, Rosinen, Datteln etc.)	25 Packungen
Linsen, Bohnen, Erbsen	20 kg
Dosenfisch (Thunfisch, Sardinen, Bismarckheringe)	8 kg
Essig, Salatöl	je 5 Liter
Marmelade, Konfitüre, Nusscreme	je 4 kg
Brotaufstriche	3 kg
Kaffee, Tee, Kakao, Instantkaffee	7–10 kg
Haltbare Milch	50 Liter
Fleisch und Wurst in Dosen	10 kg
Nüsse, Mandeln, Sonnenblumenkerne, Pistazien	30 Packungen
Fertigsuppen	50 Packungen
Dosenfisch (Thunfisch, Sardinen, Bismarckheringe)	5 kg
Hustenbonbons, Kaugummi, Lutschbonbons	Nach Bedarf
Optional: Babynahrung/Nahrung für Haustiere	Nach Bedarf
Kartoffeln	30 kg
Dosenbrot Pumpernickel etc.	20 Dosen

Trinkwasser: Vorrat für ca. 1 Monat	Menge
Gefiltertes Trinkwasser pro Person in Kanistern	40 Liter
Alternativ: Gekauftes Mineralwasser	18 Kästen
Wein, verschiedene Alkoholika, Schnaps (Verdauung)	Nach Bedarf
Säfte, Limonade,	Nach Bedarf

Quelle: www.krisenvorsorge.com

Aber nicht vergessen: Keine Experimente. Neue Gerichte, auf die man erst im Zuge der Vorratshaltung kommt, unbedingt einmal vorkochen und ausprobieren. Denn Vorräte müssen in guten Zeiten rolliert, also vor Ablauf des Verfallsdatums verzehrt werden. Wer nur geschmacklich minderwertige Konserven oder Dehydratvorräte angesammelt hat, wird sie entsorgen müssen. Solange die Versorgungslage mit Frischwaren gut bleibt, ist die Intoleranz gegenüber solch schlechtem Notfallessen sehr hoch. Dann ist das investierte Geld verschwendet. Kauft man dagegen Hochwertiges mit langen Haltbarkeitsdaten, lässt sich ein Teil davon sogar wieder weiterverkaufen an Freunde, Bekannte, die ebenfalls eine Bevorratung angehen, oder es lässt sich als Tauschware einsetzen.

In welcher Form soll man die Lebensmittel einkaufen? Hier gibt es im Wesentlichen vier kostengünstige Möglichkeiten, die Waren haltbar zu machen und zu lagern:

Dosenverpackung: Lebensmittel in Dosen sind bei kühler Lagerung zwischen drei und acht Jahren haltbar. Vorteil: stabile Verpackung, hält auch Transporte aus und kann direkt, also ohne weiteres Besteck, verzehrt werden. Nachteil: Durch die Bearbeitung der Lebensmittel sind große Teile der Nährstoffe bereits vor dem Verzehr verloren gegangen, daher können Nahrungsergänzungsmittel sinnvoll sein.

Getrocknete Nahrung: Für Obst, Pilze und Gewürze gibt es hier eine Reihe von handelsüblichen Produkten, deren Wassergehalt durch die Trocknung auf fünf bis 30 Prozent reduziert wurde. Die Haltbarkeit ist allerdings begrenzt, da die Trockennahrung und vor allem auch die Gewürze die mögliche Feuchtigkeit der Lagerräume anziehen. Wer die Ware länger aufheben will, sollte sie zusätzlich luftdicht verpacken, dann hält sie bis zu zwei Jahren. Trockenobst kann man auch selbst herstellen, im Backofen dörren bei Temperaturen bis 42 Grad (um die Vitalstoffe in den Früchten zu erhalten).

Gefrorene Nahrung: Hier werden die Nährstoffe zwar in der Regel besser erhalten als bei Dosenessen. Allerdings hat die Frostung als auch der Kauf tief gefrorener Waren den Nachteil, vom Strom abhängig zu sein. In Krisen wird aber gerade die Energie oft knapp oder fällt gänzlich aus. Dann ist der Inhalt (selbst eines gut isolierten Gefrierschranks) binnen 72 Stunden spätestens aufgetaut und muss zügig verzehrt werden. Aufgetautes Fleisch muss zudem erst energieintensiv gekocht werden. Daher bietet sich diese Art der Vorratshaltung nur für kleine Bestände oder während der Wintermonate an, da die Ware hier im Falle eines Stromausfalls zum Beispiel auch auf dem Balkon gelagert werden kann.

Dehydrierte Lebensmittel: Damit sind in erster Linie Tütensuppen, Fertiggerichte, Pudding- und Milchpulver, haltbare Kartoffel- und Reisgerichte, Zwieback und Trockenbrot gemeint. Sie sind je nach Zutaten meist zwei bis fünf Jahre haltbar. Vorteil: Diese Nahrungsmittel können leicht transportiert werden und man benötigt lediglich ein wenig heißes Wasser, um sie essbar zu machen. Nachteil: Sie haben meist einen geringen Nährwert und enthalten Geschmacksverstärker und Konservierungsstoffe. Das verträgt nicht jeder Magen.

Für den längerfristigen und sicheren Nahrungsmittelvorrat werden spezielle Langzeitnahrungsmittel hergestellt. Hierfür werden ausgewählte Lebensmittel schonend behandelt und durch den Entzug des Wassers langfristig – bis über 15 Jahre hinaus – haltbar gemacht. Sie werden in speziellen Dosen verpackt und sind so in jedem Vorratsraum sicher vor Feuchtigkeit und Ungeziefer. Der Geschmack ist etwas gewöhnungsbedürftig, aber absolut verträglich. Als Notnahrungsmittel eignen sich die Notnahrungsriegel BP-5, die weltweit in Krisengebieten eingesetzt werden. Sie können ohne jegliche Zubereitung gegessen werden und decken aufgrund des Zusatzes von Vitaminen und Mineralien den kompletten Bedarf.

Milch, Eier, Gewürze, Zucker, Salz Nudeln, Reis, Hülsenfrüchte und Bohnen sind als Trockenware am besten zu lagern. Alle Gemüsesorten können alternativ auch in Dosen angeschafft werden. Käse (vakumiert), Kartoffeln und Nüsse sind bei kühler Lagerung bis zu einem Jahr als Frischware haltbar, danach entweder in Pulverform oder luftdicht verpackt (Nüsse). Fette, Öle, Zucker und Salz sind oft mehrere Jahre haltbar und sind wichtig, um auch in Krisenzeiten schmackhafte Gerichte zubereiten zu können. Zudem eignen sich vor allem Zucker und Salz hervorragend als Tauschware. Bei Salz ist ähnlich wie bei Trockenfrüchten zu beachten: Es wirkt hygroskopisch, zieht die Feuchtigkeit der Umgebung an. Daher sollten Salzvorräte unbedingt luftdicht verpackt werden.

Ganz wichtig für die Ernährung in und am besten auch nach einer Krisenzeit ist der Verzehr von gutem, nährstoffreichen Getreide. Statt gemahlenem und oft um die wichtigsten Nährstoffe gereinigtem Getreide eignen sich die vollen Körner am besten für die Vorratshaltung. Neben hochwertigen Kohlenhydraten und Eiweißen enthält das Getreidekorn auch Vitamine, Spurenelemente, Öle und Fermente in einem idealen Mischungsverhältnis, das aber nur vollständig den Weg in unseren Organismus findet, wenn das Getreide unmittelbar vor dem Verzehr gemahlen wird. Also warum nicht selber mahlen, für einen frischen Bohnenkaffee nehmen wir diesen kleinen Umstand ja oft auch in Kauf.

Neben dem gesundheitlichen Aspekt gibt es jedoch auch vorratstechnische Gründe, die für die Lagerung von Rohgetreide sprechen. So ist das ungemahlene Getreidekorn eine ideale Konserve, in der die Nährstoffe lange erhalten bleiben. Lagert man dagegen Mahlgut aus vollem Korn ein, so wird das darin enthaltene natürliche Keimöl nach wenigen Tagen ranzig. Das Vollkornmehl beginnt zu stinken und wird ungenießbar. Aus diesem Grund sind die üblicherweise zu kaufenden Mehle von den »störenden« Keimölen befreit und durch technische und chemische Prozesse »gereinigt«. Dabei werden jedoch auch die enthaltenen Vitamine, Fermente und Keimöle größtenteils entfernt. Die daraus hergestellten Speisen sind zwar energiehaltig, liefern jedoch dem Körper nicht in ausreichendem Maße die notwendigen Vitalstoffe, die er benötigt.

Wer sein Getreide selbst mahlt und weiterverarbeitet, ist damit nicht nur in Krisenzeiten autark, sondern stellt auch die Ernährung auf eine gesunde Basis. Das wirkt zunächst unpraktisch, umständlich und daher nicht umsetzbar. Ist es aber gar nicht. Benötigt werden eine Getreidemühle, eventuell noch ein Backautomat und einige Rezepte, was allesamt recht kostengünstig zu beschaffen ist. Eine manuelle Getreidemühle bekommt man ab circa 70 Euro, eine elektrische für ungefähr 200 und eine Mühle, die man sowohl mit Strom als auch per Handkurbel betreiben kann, ab etwa 300 Euro. Der Brotbackautomat schlägt mit knapp 100 Euro zu Buche.

Abb, 3.4: Getreidemühle, Quelle: G. S.

Abb, 3.5: Brotbackautomat, Quelle: G. S.

Vollkorngetreide ist mittlerweile sogar schon bei Discountern kostengünstig in Bioqualität zu beschaffen, ohne Wertstoffverlust, lange lagerfähig und stellt eine hervorragende Grundlage für verschiedenste Zubereitungen (z. B. Müsli, Brot, Pizzateig, Vollkornpfannkuchen) dar, die mit geringem Aufwand hergestellt werden können. Die Lagerung größerer Mengen an Getreide (ich empfehle 30 Kilogramm pro erwachsener Person für ein halbes Jahr) sollte idealerweise in Plastik beschichteten Säcken, Weithalstonnen oder Kunststoffkanistern erfolgen, die absolut trocken sind vor der Befüllung. Denn ähnlich wie bei anderer Trockenware gibt es auch bei Getreide die Gefahr, dass es die Feuchtigkeit des Kellers oder Vorratsraumes anzieht und teilweise absorbiert.

Abb: 3.6: Weithalstonnen in unterschiedlicher Größe, wasser- und luftdicht. Quelle: G. S.

Vor allem für Menschen, die kein Getreide selbst mahlen möchten, empfiehlt es sich, unbedingt neben ausreichend Lebensmitteln auch Nahrungsergänzungsmittel zu bevorraten. Denn wer mehr als ein paar Wochen ausschließlich von haltbar gemachten Vorräten lebt, muss mit einer allmählichen Qualitätsverschlechterung der Lebensmittel rechnen. Damit steigt die Gefahr von Mangelerscheinungen. Um dem vorzubeugen, ist die Ergänzung des Vorrats um hochkonzentrierte Vitamin- und Mineraltabletten sinnvoll. Gerade in Stresssituationen nimmt sonst die Anfälligkeit für Krankheiten zu. Die Produkte sollten eine ausgewogene Zusammensetzung bieten. Aus Volumengründen sind meist Vitamin E, Vitamin C, Kalzium und Magnesium zu knapp bemessen. Kapseln oder Tabletten in ausreichender Dosierung würden zu groß werden. Diese Nährstoffe sollten separat zugeführt werden. Wenn Vitamin B1 ohne zusätzliches Kalzium eingenommen wird, kann es wegen der ungleichen Dosierung zu Zahnproblemen kommen.

3.2 Trinkwasser und Getränke

Ohne die Aufnahme von fester Nahrung kann ein Mensch bis zu drei Wochen überleben. Ohne Trinkwasser dagegen hält er es nicht länger als zwei bis drei Tage aus. Daraus folgt: Für den Notvorrat ist die Wasserversorgung noch wichtiger als die Nahrung. Dessen muss man sich bewusst werden, was zugegeben nicht ganz leicht ist, weil Wasser aus der Leitung, oft auch in Trinkqualität in rauen Mengen und meist auch noch sehr billig zur Verfügung steht. Im Krisenfall kann sich das jedoch radikal ändern: Durch Sabotage, technische Defekte, Stromausfälle oder auch »nur« streikende Mitarbeiter sind Störungen in der Wasserversorgung dann durchaus wahrscheinlich. Deshalb sollte man über dieses wichtige Lebensmittel ständig und überall verfügen können. Hierfür sollte man Micropur-Wasseraufbereitungstabletten und einen mobilen Wasserfilter kaufen, mit dem man aus Flüssen, Bächen sowie aufgefangenem Regen Trinkwasser erzeugen kann. Auf diese Weise ist die Trinkwasserversorgung jederzeit und an jedem Ort sicherzustellen.

Grundsätzlich kann ein Haushalt gut ohne Mineralwasser auskommen, da das Leitungswasser in den meisten Gegenden Deutschlands eine sehr hohe Qualität aufweist. Über die genaue Trinkwasserqualität am Heimatort kann man sich bei den jeweiligen Wasser- oder Stadtwerken erkundigen. Das Leitungswasser sollte allerdings an der Abnahmestelle gefiltert werden. Denn trotz unserer guten öffentlichen Wasserreinigungsanlagen enthält das Trinkwasser Verunreinigungen wie Medikamentenrückstände, Pestizide, Chemikalien und so weiter. Die gesetzlichen Vorgaben zur Wasserreinigung geben für etwa 50 Fremdstoffe Grenzwerte vor. Es gibt allerdings knapp 2.500 weitere, die dort nicht aufgeführt sind. Zudem gelangen auf dem Weg durch die Leitungen verschiedene Verunreinigungen ins Trinkwasser. Zur Reinigung lässt man das Wasser am besten durch einen Osmosefilter laufen, weil die Gewässer nicht selten mit Viren, Bakterien oder auch Antibiotika- oder Hormonrestbeständen verseucht sind. Die sehr feinmaschige Membrane im Osmosefilter wäscht diese Rückstände heraus. Das Prinzip der sogenannten Umkehrosmose ist das einzige Verfahren, um nahezu hundert Prozent reines Trinkwasser zu bekommen. Ein guter Osmosefilter ist für etwas weniger als 300 Euro zu bekommen.

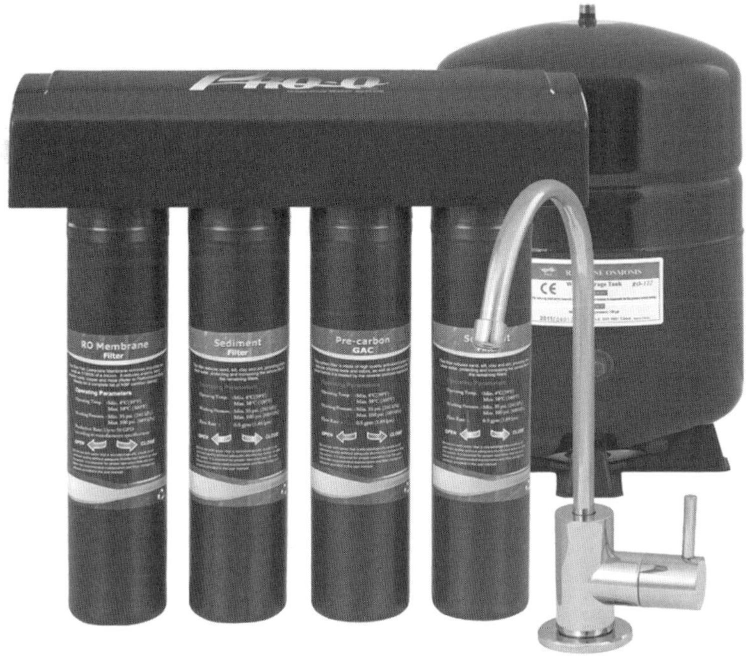

Abb. 3.7: Osmosefilter, Quelle: G. S.

Folgendes Vorgehen hat sich beim Aufbau der Trinkwasserversorgung bewährt: Einige Kästen Mineralwasser, Säfte und Limonaden sammeln. Wasserkanister kaufen und sich einen Vorrat von mindestens 40 Litern pro Person einlagern. Bei Platzmangel empfehlen sich Faltkanister.

3.3 Medikamente, Hygiene- und Reinigungsmittel

Die Zeit bis zur wahrscheinlichen Verschärfung der Krise sollte man nutzen, um sich körperlich in den bestmöglichen Zustand zu bringen. Eine schwere Krankheit oder körperliche Schwächen sind im Krisenfall eine echte Gefahr für einen selbst, aber auch für die Familie und die eigenen Mitarbeiter. Wer möchte schon anderen zur Last fallen? Deshalb sollte man jetzt normale Zeiten nutzen, um Untersuchungen zu erledigen und die wichtigsten Medikamente für sich und die Familie zu besorgen.

Aber welche Medikamente werden denn regelmäßig und in nächster Zukunft benötigt, und wie kommt man an Nachschub? Folgendes Vorgehen hat sich bewährt: Überprüfen der Haltbarkeitsdaten aller wichtigen Medikamente im Haus, dann eine Unterredung mit dem Arzt suchen und gegebenenfalls weitere Rezepte ausstellen lassen. Falls die Medizin sehr teuer ist, sollte man auch erfragen, ob es preiswerte Generika gibt, also andere Produkte, die denselben Wirkstoff haben wie das Original. Der Preis spielt hier eine besondere Rolle, weil die ungebrauchte Medizin ja nach Ablauf des Verfallsdatums auch entsorgt werden muss. Der Medikamentenvorrat kann entweder in der Hausapotheke an einem kühlen Ort oder bei größeren Mengen direkt bei den anderen Vorräten gelagert werden.

Noch ein persönlicher Tipp: Es empfiehlt sich, die Hausapotheke auf jeden Fall zu ergänzen um einen Vorrat an 22,4-prozentiger Natriumchloridlösung, die bei Aktivierung durch Zitronensäure Chlordioxid bildet. Dieses Chlordioxid gilt als Bakterienkiller. Entdeckt und beschrieben hat diese Wirkung Jim Humble, ein amerikanischer Erfinder und Forscher, der Natriumchlorit auch als »MMS« – Miracle Mineral Supplement – bezeichnet hat. Sollte die Versorgung mit Antibiotika in Notzeiten abreißen, kann in vielen Fällen dieser alternative Bakterienkiller helfen. Nur wenige Tropfen davon reinigen in aktivierter Form binnen Stunden zwölf Liter Wasser von jedwedem Bakterienbefall.

Es empfiehlt sich weiter, anstehende gesundheitliche Großprojekte wie Augenoperationen oder Zahnsanierungen bald durchzuführen, solange das Gesundheits- und Versorgungssystem noch gut funktioniert. Brillen- und Kontaktlinsenträger dürfen bei der Bevorratung die entsprechenden Aufbewahrungs- und Reinigungsflüssigkeiten nicht vergessen. Eine Ersatzbrille mit den aktuellen Sehstärken gehört ebenso zur Vorsorge wie ein Vorrat an Monats- oder Wochenlinsen. Grundlegendes medizinisches Wissen in Form eines Erste-Hilfe-Buchs sollte in keinem Notfallkoffer fehlen. Wer die Gelegenheit hat, sollte in einem Ersthelferkurs Wissen auffrischen und vertiefen.

Jetzt ist auch die Zeit, sich um verschobene Leiden zu kümmern. Schlaf- und Verdauungsprobleme, Migräne oder physische Probleme mit Gelenken oder der Wirbelsäule sollten jetzt behandelt und bekämpft werden, Schritt für Schritt. Wenn die Zeiten schlechter werden, ist keine Zeit mehr dafür. Am schwersten ist es sicherlich, lieb gewonnene Laster wie Zigaretten, Alkohol, Kaffeesucht oder auch einen übermäßigen Konsum an Süßigkeiten einzudämmen. Dennoch sollte man es versuchen, denn die Beschaffung dieser Waren könnte im Krisenfall erschwert und extrem teuer sein.

Hygieneartikel sollten im Vorrat auf keinen Fall fehlen. Zeitungspapier anstelle des gewohnt dreilagigen Toilettenpapiers wird Ihre Laune im Notfall nur zusätzlich senken. In den Vorrat gehören auch, soweit einigermaßen haltbar, die gewohnten Artikel zur persönlichen Körperpflege wie Seifen, Cremes, Rasierklingen, Ersatzzahnbürsten und Zahnpflegemittel. Bei Kleinkindern sollte auch an Windeln, Reinigungstücher und andere spezifische Pflegeartikel gedacht werden.

Sehr wichtig sind auch Putzmittel, Waschpulver, Reinigungsmittel, Glasreiniger, Schwämme, Lappen, Bürsten et cetera. Gerade in Krisenzeiten wird Hygiene zum Problem, wenn Wasser knapp und Räume womöglich enger werden, spielt die Sauberkeit eine entscheidende Rolle für die Gesundheit.

3.4 Tauschgegenstände

Vermögensberater erzählen ab und zu und am Rande von besonderen, meist älteren Klienten, die neben klassischen Wertanlagen wie Gold, Land und Immobilien auch dazu drängen, ein kleines Vermögen in Weinen, Schnaps, Kaffee oder auch Damenstrümpfen anzulegen, mit denen sie dann in der Krise »bezahlen wollen«. Von Letzterem abgesehen (Strümpfe sind heute kein knappes Gut mehr) eignen sich diese Waren sehr gut als Tauschware. Zudem sind Suchtmittel in Krisenzeiten immer sehr begehrt. Es heißt ja nicht umsonst: Gold und Silber kann man nicht essen! Auch für Gewürze, Salz, Zucker oder haltbar Kohlenhydratiges wie Nudeln bekommt man in einer echten Notlage und kurzfristig im Zweifel mehr Gegenleistung als fürs selbst teuer erkaufte Edelmetall. Selbst Zigaretten dürften dann trotz des Nichtraucherdogmas als Währung wieder florieren. Diese sind jedoch längst nicht so haltbar und müssen auch gesondert gelagert werden, da sie sonst Feuchtigkeit ziehen können.

Falls es der Platz im Vorratsraum/-keller erlaubt, sollte man sich also auf jeden Fall auch einen Vorrat an den genannten Tauschmitteln zulegen. Damit kann man dann eigene Versäumnisse im Tausch mit anderen noch in der akuten Situation ausgleichen oder sogar das ein oder andere Schnäppchen erwerben (Kunstgegenstände, Edelmetalle) von anderen, die nicht gut vorgesorgt haben.

Markenware ist übrigens in der Krise nicht so wichtig. Es geht um durchschnittlich gute Qualitätsware. Bei Schnaps geht es ums Hochprozentige, bei Zigaretten um den Suchtstoff und bei Lebensmitteln um die Kohlenhydrate. Ob die Pasta aus Italien ist oder aus Deutschland, ist völlig zweitrangig. Mischgetränke oder Fertigspeisen dürften sich zudem viel schlechter tauschen lassen als reine Waren, schon weil sich hierfür das faire Tauschverhältnis schlecht ausrechnen lässt, wie zum Beispiel ein Kilo Zucker gegen zwei Flaschen Wein oder eine Flasche Schnaps.

3.5 Technische Hilfsmittel

Es gibt eine Reihe technischer Hilfsmittel, die im Notfall wichtig sein werden. Was ist, wenn der Strom ausfällt oder die Heizung kalt bleibt? Das Telefon und das Handy nicht mehr funktionieren? Das sind Fragen, die sich die meisten Leute schon aus Bequemlichkeit nicht mehr stellen. Aber schon ein angekündigter Wasser- oder Stromausfall wegen Umbauarbeiten in der Nachbarschaft bringt oft den gewohnten Rhythmus im Haushalt durcheinander. Kürzlich berichtete eine Bekannte von einem »Telefonabend mit Berlin«. Zwei Freundinnen hatten sie unabhängig voneinander an ein und demselben Abend per Handy angerufen, um die Zeit zu überbrücken, in der sie froren. Wegen eines Stromausfalls mitten in einer kalten Januarnacht in einem Stadtteil der Hauptstadt waren die Zimmertemperaturen einstellig geworden. Nachts um drei hatte auch kein vernünftiges Restaurant mehr offen. Weder Wasserkocher noch der strombetriebene Heizlüfter funktionierten. Unmittelbare Folge bei beiden war ein Besuch im Baumarkt, um sich einen stromunabhängigen Ofen zu besorgen.

Zu empfehlen ist für diese Zwecke ein Petroleumofen. Er ist ideal als alternative Heizmöglichkeit, einfach zu bedienen und damit speziell für Stadtwohnungen sehr gut geeignet. Er ist zudem mobil, und es ist kein Kaminanschluss erforderlich. Die Sicherheit ist durch einen Sensor gewährleistet, der den Ofen automatisch abschaltet, wenn zu wenig Sauerstoff in der Luft ist. Als Brennstoff ist normales Petroleum geeignet. Ich empfehle aber reines Paraffinöl, da dies sauber verbrennt, kaum riecht und nahezu unbegrenzt lagerfähig ist.

Weitere empfehlenswerte technische Hilfsmittel für Krisensituationen sind:

- Eine Tisch-Kurbellampe*:* Anders als eine Taschenlampe kann man diese aufstellen, und sie wirft Licht in den Raum. Man kann sehen und seinen Weg finden, allerdings nicht lesen. Dafür reicht die Beleuchtung bei Weitem nicht aus. Die Kurbellampe benötigt keine Batterie. Strom wird erzeugt, indem man mit der Hand kurbelt (zuhause kann man sie auch am Netz laden).
- Petromax® für Licht und Kochen: Mit der Petromax®-Starklichtlampe können Sie Stromausfälle überbrücken. Sie deckt die drei wesentlichen Bedürfnisse nach Licht, Wärme und Kochen ab. Die Petromax® gehörte bei uns über Jahrzehnte zum Erscheinungsbild der Märkte und Straßenhändler, noch heute ist sie in der Dritten Welt Ersatz für Gas oder Strom.
- Kurbelweltempfänger: Damit kann man auch bei Stromausfall und dem Versagen der gewohnten Medien Nachrichten, Meldungen und Hinweise der Behörden empfangen.
- Notfall-Toilette: Beim Thema Wasserausfall denken die meisten sofort an das fehlende Trinkwasser und übersehen das Hygieneproblem. Der Ausfall der Toilettenspülung stellt ein ernsthaftes Problem dar, und dafür ist auch eine Campingtoilette keine Lösung, weil auch sie wiederum Wasser benötigt. Für diesen Zweck wurden Notfall-Toiletten entwickelt, die die Notdurft in (biologisch abbaubaren) Plastiktüten aufnehmen, so wie es verantwortungsvolle Hundebesitzer praktizieren. Daher ist dies zumindest für Stadtbewohner ein absolutes Muss der Krisenausstattung.

Abb. 3.8: Tischkurbellampe, Quelle: G. S.

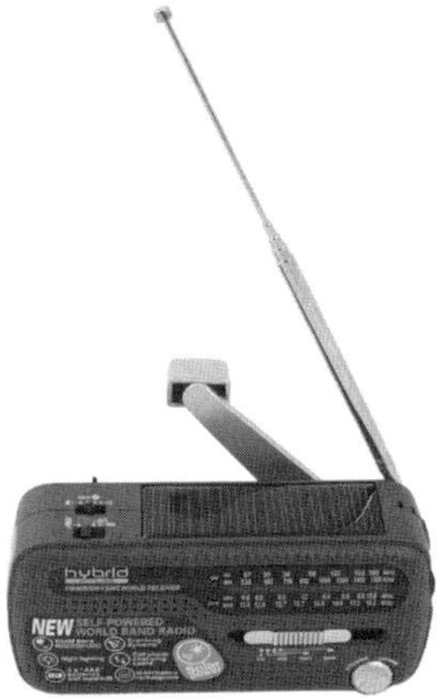

Abb. 3.9: Weltempfänger, Quelle: G. S.

- Fahrrad mit Fahrradanhänger: Wenn Treibstoff knapp oder sehr teuer wird, ist ein Fahrrad mit Anhänger ein unersetzliches Transportmittel für alltägliche Erledigungen. Oft bietet es sich an, den Kinderanhänger umzufunktionieren. Um den Stoffboden vor Verschleiß zu schützen, kann man zum Beispiel eine Holz- oder Metallplatte in den Fuß- und Sitzraum des Anhängers legen.
- Umfangreiches Werkzeug: In unsicheren Zeiten ist es nicht mehr möglich, bei technischen Problemen einen Handwerker herbeizuholen oder defekte Geräte sofort durch neue zu ersetzen. In diesem Fall ist es erforderlich, selbst Hand anzulegen. Dazu benötigt man einen gut sortierten Werkzeugkoffer. Den gibt es in jedem Baumarkt für knapp 100 Euro. Wichtig ist daneben noch eine gute Bohrmaschine sowie ausreichend Schrauben, Dübel und Nägel. Ein Akkuschrauber, ein Lötkolben, eine Stichsäge und eine klappbare Werkbank runden die heimische Notfall-Werkstatt ab.

Neben den großen Themen sind es daneben oft unscheinbare Kleinigkeiten wie Glühlampen, Dichtungen (z. B. für Wasserhähne, Schläuche), Batterien und Klebeband, die einem das Leben schwer machen, wenn man sie nicht nachkaufen kann. Sie gehören daher gleichfalls in den Vorrat.

3.6 Das ideale Vorratslager

Grundsätzlich zur Vorratshaltung geeignet sind Kellerräume, gut isolierte Dachkammern oder auch Garagen, Abstellkammern oder Hobbyräume. Zu beachten ist, dass der Lagerraum grundsätzlich folgende Eigenschaften erfüllt:

sicher	Sicherheit vor Fremdzugriff hat oberste Priorität.
kühl	Raumtemperatur sollte 10 bis 14°C nicht überschreiten.
trocken	Luftfeuchte sollte bei weniger als 70 Prozent liegen.
dunkel	Kontinuierliche Abdunkelung gegen Tages- und Kunstlicht.
gelüftet	Trockene, reine Luftzufuhr mit niedriger Luftwechselrate.
Schädlinge	Schutz vor Schädlingen und Moderbefall.

Zusätzlich müssen die Räumlichkeiten vor Abgasen, Gerüchen und Ausdünstungen geschützt werden. Verschmutzungen durch Staub und eintretende Pollen etc. müssen ebenfalls vermieden werden.

Abb. 3.10: Beispiel eines gut genutzten Vorratsraumes, Quelle: G. S.

Und abschließend noch ein Tipp aus der Praxis: Die befüllten Regale stets mit den Verfallsdaten der ältesten Ware einer Kategorie etikettieren und von hinten nach vorne auffüllen. Dann behält man den Überblick, was wann verzehrt werden muss und kann fällige Lebensmittel immer von vorne herausnehmen, ohne umräumen oder umstapeln zu müssen.

4. Maßnahmen für die eigene Sicherheit

Wer nach Griechenland blickt oder auch in andere südeuropäische Länder, die von der Finanzkrise stärker betroffen sind als Deutschland, sieht, welche Aggressionen Notlagen hervorrufen können. Es ist momentan schwer vorstellbar, aber es ist damit zu rechnen, dass das Verhalten der Menschen untereinander sich auch bei uns zum Negativen entwickelt, wenn der Lebensstandard sinkt und es zu abrupten Mängeln und Notlagen kommt. Gefährdet sind insbesondere diejenigen, die sich überhaupt nicht vorbereiten.

Man kann sich vorbeugend gleich in vielerlei Hinsicht schützen: Zum einen, indem man Gleichgesinnte sucht, Nachbarn und Freunde für die Lage sensibilisiert und mit ihnen Netzwerke knüpft. Anstelle der früher üblichen Nachbarschaftshilfe tritt in Großstädten oft der E-Mail-Verteiler, über den man Tipps austauschen und um Rat fragen kann. Der Verteiler sollte aber nicht zu groß werden, sonst verliert man den Überblick. Neider und Missgünstige können sich schnell einschleichen und das mühsam aufgebaute Netzwerk zerstören. Als stärker vertrauensbildende Maßnahme bietet sich auch die Einrichtung eines regelmäßigen Stammtisches an. Das bestärkt einen auch selbst, und man gewinnt neue Freunde jenseits der üblichen Job- und Freizeitaktivitäten.

Ein zweiter wichtiger Aspekt für die eigene Sicherheit ist die Absicherung der eigenen Wohnung oder des Hauses. Ein kleiner Selbstversuch hilft, festzustellen, wie sicher oder unsicher man wohnt. Probieren Sie einmal tagsüber und einmal nachts aus, ohne Schlüssel und offene Balkontüren, in Ihr Zuhause zu kommen. Wenn das tagsüber gelingt, ohne dass auch nur ein Passant oder Nachbar aufmerksam wird, wissen Sie schon mal, dass auf das unmittelbare Umfeld wenig Verlass ist. Kommen Sie sogar nachts ohne Probleme hinein, ohne dass ein Hund bellt oder zumindest ein Nachbar seinen Kopf aus der Tür streckt, um nachzusehen, wer auf Nachbars Balkon herumklettert, dann ist klar: Die Wohnung bedarf dringend einer weiteren Absicherung.

Hilfreich ist die Seite www.polizei-beratung.de. Unter der Rubrik »Einbruch und Diebstahl« wird erklärt, wie Einbrecher vorgehen, und es werden die sicherheitstechnischen Schwachstellen benannt, die Häuser üblicherweise haben. Als vorbeugende Sicherheitsmaßnahmen, vor allem fürs Erdgeschoss, bieten sich Rollladensicherungen an und Fenstergitter. Bei einem Sicherheitsrundgang sollte man auch Lichtschächte überprüfen und möglichst den Rost oben abschließen. Die Zugangsmöglichkeiten über die Garage sollten gleichfalls verschlossen werden. Vorhandene Leitern nie offen im Garten liegen lassen. Sie gehören in Keller oder Schuppen. Bäume in der Nähe von Balkonen, die den Zugang in die oberen Stockwerke erleichtern, müssen entsprechend gestutzt werden. Wer auf einem großen oder unübersichtlichen Areal wohnt, sollte sich überlegen, ob er an unauffälligen Stellen (z. B. zwischen Efeu) Überwachungskameras installieren lässt.

Der dritte Aspekt des persönlichen Sicherheitskonzepts ist die eigene Wehrfähigkeit. Dazu gehört, sich vor Angriffen Dritter zu schützen, als auch die mitgeführten (Wert-)Gegenstände ausreichend abzusichern. Grundsätzlich gilt: Nehmen Sie immer so wenig wie möglich mit. Für einen Spaziergang mit dem Hund oder einen kurzen Weg zu einem Freund sollte man auf keinen Fall seine ganzen Kredit-, EC- und Kundenkarten mitnehmen. Auch für Fahrten mit öffentlichen Verkehrsmitteln empfiehlt es sich, vor allem im dicht gedrängten Berufsverkehr, die meisten Karten zuhause zu lassen oder aber, die Wertgegenstände sicher bei sich zu tragen, etwa in der verschließbaren Innentasche des Sakkos, dem Gürtel mit Geldfächern oder auch einer Brusttasche. Auch eine Aufteilung von Klein- und Großgeld ist sinnvoll. Dann können Sie einem Räuber ihre kleine Geldbörse samt Uhr ohne große Verluste aushändigen, bevor es womöglich zu einer Gewalteskalation kommt.

Eine solche Eskalation sollte man selbstredend in jedem Fall vermeiden, wenn man nicht gerade Kickbox-Weltmeister oder Ähnliches ist. Und das ist auch möglich. Polizei und andere Sicherheitsexperten machen immer wieder darauf aufmerksam, dass man durch eigenes, entsprechend unauffälliges, aber bewusstes Verhalten etwa 80 Prozent aller brenzligen Konfrontationen mit Kriminellen auf der Straße vermeiden kann. Nicht umsonst heißt es: Gelegenheit macht Diebe. Wie in der Wildnis auch, suchen sich Räuber und Diebe nie aufmerksame, fitte und potenziell wehrhafte Opfer, sondern schwache unaufmerksame, die vielleicht sogar noch ein Handicap haben, wie zum Beispiel besonders hohe Schuhe, zu viel Gepäck oder die in Hektik sind.

Was es zu vermeiden gilt:

- Nicht telefonieren und Geld abheben oder bezahlen gleichzeitig.
- Beim Anstehen an Ticketschaltern nur Geld oder Karte parat haben; Geldbörse nicht in aller Öffentlichkeit aus- und einpacken.
- Geldbeutel aufräumen, bevor man ein Geschäft verlässt.
- Keine langen Telefongespräche führen in vollen S- oder U-Bahnen.
- Taschen und Rucksäcke gut sichtbar vor sich hinstellen, nicht daneben oder dahinter

Wer öfters alleine unterwegs ist oder sein muss in U-Bahn-Schächten, an Bahnhöfen oder in abgelegenen Straßen kann die Anschaffung einer Selbstverteidigungswaffe überlegen. Fachleute empfehlen in erster Linie ein Pfefferspray, weil es sehr wirksam ist und auch von Ungeübten in Stresssituationen anwendbar ist. Es gibt das Pfefferspray als Nebel-, Schaum- oder Jet-Sprüher. Ich empfehle letzteres, weil hier eine Flüssigkeit herauskommt, die auch bei Wind die Richtung beibehält. Bei der Schaum- oder Nebelvariante kann man sonst leicht selbst etwas von dem Wirkstoff abbekommen, was einen womöglich an der Flucht vor dem Angreifer hindert. Daneben gibt es nach der Verschärfung der Waffengesetze nur wenige Verteidigungsgeräte, die erlaubt sind. Ein Teleskop-Stock aus Stahl ist ebenso verboten wie sämtliche scharfen Hieb-, Stoß- und natürlich Schusswaffen. Erlaubt ist zum Beispiel noch ein sehr stabiler Selbstverteidigungsschirm (www.selbstverteidigungsschirm.com)

made in USA. Es handelt sich hierbei um einen eleganten, aber stabilen und praktisch unzerstörbaren Regenschirm, den man in jeder Situation absolut unauffällig bei sich tragen kann. Er wird sehr häufig von Personenschützern, Polizisten und Selbstverteidigungstrainern weltweit eingesetzt.

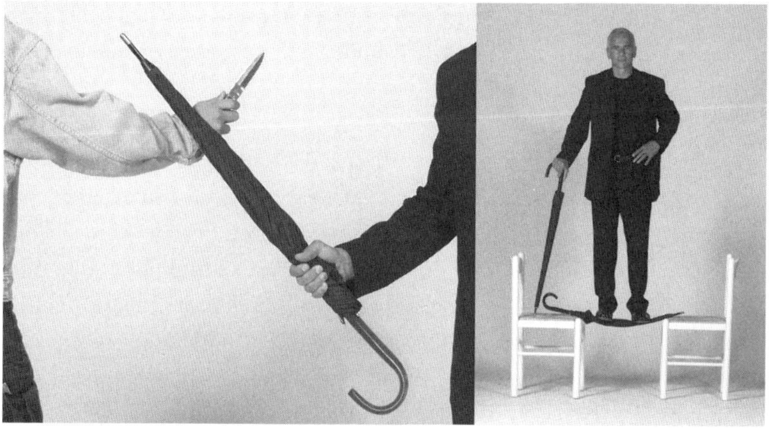

Abb. 3.11: Schirm und Schutz in einem: Stabiler Regenschirm zur Selbstverteidigung, Quelle: G. S.

Auf der Internetseite www.berlin.de/polizei/service/waffen_verboten.html stehen die genauen Vorschriften aus dem 2009 zuletzt verschärften Waffenrecht.

Wer Zeit, Lust und die Neigung dazu hat, kann auch einen Kampfsport wie Judo, Karate oder Boxen erlernen. Es stärkt das Körpergefühl und das Selbstbewusstsein und verbessert damit die eigene Ausstrahlung auf potenzielle Angreifer, wenn man weiß, dass man sich zur Not wehren kann. Allerdings sollte man die Möglichkeiten auch nicht überschätzen: Sitzen die ersten Schläge nicht richtig, kann die Situation unnötig eskalieren. Ein gezücktes Messer oder eine Schusswaffe bei dem Aggressor machen für einen die Gegenwehr sehr schwierig oder sogar hochgefährlich.

5. Verbesserung der persönlichen Fähigkeiten

Kommen wir nun zur wahrscheinlich wichtigsten Vorsorgemaßnahme, der Verbesserung der persönlichen Fähigkeiten. Das bisher beschriebene Vorsorgekonzept stellt eine unverzichtbare Vorbereitung für Ihre weitere Zukunft dar. Sie dürfen aber den Bereich Ihrer individuellen Kompetenzen nicht außer Acht lassen, denn Sie werden mit neuartigen Herausforderungen konfrontiert, die nicht immer einfach, aber für das weitere Leben entscheidend sein können.

Wir werden uns von gewohnten und lieb gewonnenen Strukturen unserer Gesellschaft verabschieden müssen. Uns dies bewusst zu machen, fällt dem einen leichter, dem anderen schwerer. Zu den unangenehmen Dingen, die es für viele zu lösen gilt, gehört etwa, dass staatliche Rente plus Lebensversicherung für einen heutigen Mittvierziger nicht mehr reichen werden für die Altersvorsorge; dass der eigene Job in der angestammten Branche womöglich keine Zukunft mehr hat; oder dass den ein oder anderen vielleicht auch der Lebenspartner verlässt, weil er oder sie nicht wahrhaben wollen, dass der Lebensstandard sinken wird und sinken muss, um die Schuldenkrise zu bewältigen.

Alle Abläufe im Leben lassen sich in zwei Kategorien differenzieren: Entweder man handelt von sich aus, wird aktiv, um etwas zu erreichen, zu ändern oder Neues zu schaffen. Oder es kommen Situationen auf einen zu, mit denen man sich auseinandersetzen muss. Wer zu viel auf sich zukommen lässt und wenig selbst angeht, wird irgendwann zu einer Entscheidung gezwungen. Oft mindert eine solche Situation dann erheblich den eigenen Entscheidungsspielraum.

In den vergangenen Jahrzehnten, die vorwiegend von Wohlstandsmehrung geprägt waren, kamen viele Menschen auch mit relativ passivem Verhalten und Konfliktvermeidung voran im Leben. Den einfachen Weg nehmen, Probleme aussitzen waren und sind beliebte Strategien, Unangenehmes zu vermeiden. Die Kompetenz, Probleme zu lösen und mit schwierigen Situationen umzugehen, hat abgenommen. Wir alle sind durch die angenehmen und geordneten Verhältnisse der vergangenen

Jahrzehnte diesbezüglich verwöhnt, ich möchte sogar sagen verweichlicht worden.

Wir erleben jedoch zurzeit einen Paradigmenwechsel, der für das Gros der Bürger deutliche Wohlstandsverluste mit sich bringen wird und sich daher Lebensgrundlagen ändern werden. Wenn die Schuldenspirale weiter abwärts dreht, werden viele ihren Arbeitsplatz verlieren, und es folgt nicht gleich die nächste Anstellung, weil die potenziellen Arbeitgeber verschwunden sind, oder es zu viele andere Arbeitssuchende gibt. Das soziale Netz wird löchriger, die Möglichkeiten unserer Freunde, uns zu helfen, nehmen ab, weil sie es selbst immer schwerer haben. Es droht ein bislang nicht für möglich gehaltenes Abrutschen.

Jeder muss die damit verbundenen Probleme mehr denn je auf sich allein gestellt lösen. Und dies in einem Umfeld mit negativen Nachrichten, schlechten Perspektiven, einer grassierenden Arbeitslosigkeit, Geldnot, Frustration und Armut. In dieser Gemengelage stellt sich die Frage, inwiefern Sie mental in der Lage sind, mit den auf Sie zukommenden Aufgaben fertig zu werden. Können Sie in solch einem Umfeld bestehen? Sind Sie fähig, auf jegliche Widrigkeiten positiv zu reagieren und für alle Herausforderungen jederzeit eine Lösung zu finden? Verfügen Sie hierfür über das nötige Selbstvertrauen und den Mut, die Probleme gezielt anzugehen? Oder werden Sie an sich zweifeln, den Lebensmut verlieren, depressiv werden, Zukunftsängste bekommen? Sollte das Letztere geschehen, so geraten Sie ins Hintertreffen und selbst die ausgeklügeltste materielle Vorsorge greift dann nicht, da die persönlichen Fähigkeiten der Kern des Vorsorgegerüsts sind.

Die gute Nachricht ist: Jeder kann lernen, über seinen eigenen Schatten zu springen. Dazu sollte man sich erst kleinere »Probleme« im Leben vornehmen und dann größere und Schritt für Schritt versuchen, sie aus der Welt zu schaffen. Kompromisse, Mehrarbeit, Trennung oder Jobverlust können mögliche Folgen sein. Erfolg oder Misserfolg liegen oft dicht beieinander. Wer eine Situation erfolgreich gemeistert hat, dann aber die Lösung zu seinen Ungunsten ausgefallen ist, ist kein Verlierer. Er hat für sein Ziel gearbeitet, gekämpft und wird es hoffentlich wieder tun. Denn jede

Konfrontation mit einem Thema bringt einen weiter, schließt Baustellen im Leben ab und sorgt für das, was manche gerne etwas sibyllinisch Erfahrungswissen nennen.

Das Wichtige ist: Man muss sich Stück für Stück vorantasten, von Projekt zu Projekt. Jeder kann sich auf diese Art in großem Maße verbessern, um kommende Herausforderungen zu bewältigen. Es ist dabei nicht einmal ausschlaggebend, wo und wie man lebt und ob man über Geld verfügt oder nicht. Selbst Bildung spielt dabei nur eine untergeordnete Rolle. Die einzigen Eigenschaften, die man dafür braucht, sind solche, die jeder aufbringen kann – wie Ehrgeiz, Motivation, Lernbereitschaft, etwas Mut und die Fähigkeit, seine innewohnende Trägheit zu überwinden.

Wichtig ist, frühzeitig daran zu arbeiten, da es sich hierbei um einen kontinuierlichen Prozess handelt und manche Erfolge sich erst nach und nach einstellen. Man muss den Weg der oben beschriebenen Verweichlichung umkehren und beginnen, seine persönlichen Fähigkeiten im täglichen Leben aktiv zu fördern, indem man fordernde Aufgaben angeht oder selbst ersinnt. Diesbezüglich sollte man drei grundlegende Erkenntnisse verinnerlichen:

- Grundsätzlich neigt der Mensch dazu, unangenehmen Aufgaben, solange es irgendwie möglich ist, aus dem Weg zu gehen und Probleme vor sich her zu schieben.
- Jeder ist fähig, alle auf ihn einströmenden Probleme erfolgreich zu lösen.
- Die Fähigkeit zur Problemlösung entwickelt man erst in dem Moment, indem man diesen Aufgaben unmittelbar gegenübersteht (und es keinen anderen Ausweg mehr gibt).

Die Steigerung der eigenen Fähigkeiten ist eine ganz entscheidende Krisenvorbereitungsmaßnahme. Es bieten sich für jeden eine Vielzahl an Möglichkeiten, denen man leider gewohnheitsmäßig eher aus dem Weg geht. Werden Sie beispielsweise als ungeübter Redner aufgefordert, ein Referat vor anderen zu halten, so lassen Sie sich diese Bewährungsprobe nicht entgehen, auch wenn Sie sich sehr überwinden müssen und die

Aufregung vorher entsprechend groß ist. Haben Sie diese Aufgabe erfolgreich bewältigt, sind Sie persönlich ein kleines Stück gewachsen und haben an Selbstvertrauen, Mut und persönlicher Überzeugung gewonnen. Setzen Sie diesen Weg fort, indem Sie ähnlich gelagerte, aber immer etwas andere Herausforderungen suchen und annehmen, dann sind binnen weniger Monate plötzlich auch Vorträge vor hundert und mehr Menschen kein großes Problem mehr.

Vielen Menschen gelingt es, auf diese Art ihnen innewohnende Fähigkeiten zu entdecken, die sie sich anfangs nicht zugetraut hatten oder sie entwickeln vorhandene Qualitäten auf einem Niveau weiter, das sie sich niemals vorstellen konnten. Dieses Prinzip der Selbstforderung und -förderung funktioniert praktisch in jedem Bereich und individuell für jede Person. Es spielt dabei wie oben beschrieben keine Rolle, von welcher Ausgangslage man startet. Dafür ist auch jede Begebenheit des täglichen Lebens geeignet. Man kann auch ein Bewerbungsgespräch für einen neuen Arbeitsplatz als Herausforderung betrachten. Genauso eine neue Position im Sportverein, die Verantwortung für ein Projekt in der Firma, den ersten Marathonlauf des Lebens oder was auch immer der eigenen Entwicklung zuträglich ist. Mit dem Bewältigen solcher Aufgaben überwindet man seine persönlichen Barrieren und steigert die eigenen Fähigkeiten.

Probieren Sie es aus! Überlegen Sie, in welchen Bereichen Sie sich verbessern möchten (oder müssten). Suchen Sie sich in diesen Gebieten herausfordernde Aufgaben, und gehen Sie diese an. Zunächst werden Sie mit Ihren inneren Widerständen konfrontiert und müssen sich überwinden. Sie erkennen aber schnell, dass Sie das Bewältigen solcher Probleme voranbringt und Sie immer größere Themen angehen können. Wenn Sie so agieren, gehen Sie nach kurzer Zeit Aufgaben und Probleme an, die Sie sich zu Beginn weder vorgestellt noch zugetraut haben. Die Selbstsicherheit und Ihr Mut steigern sich in einem erstaunlichen Maße und motivieren Sie zu immer neuen Taten. Dies trägt Sie nach vorn und bereichert Ihr Leben. Sie fühlen sich tatkräftig und werden anderweitigen Enttäuschungen und Rückschlägen gegenüber immer resistenter. Auf diese Art legt man einen unverzichtbaren Grundstein für eine starke Persönlichkeitsstruktur, die einen auch in Krisenzeiten nicht im Stich lässt.

Innere Stärke und Selbstbewusstsein helfen auch, wenn es darum geht, sich beruflich umzuorientieren oder einen Nebenjob zu finden, um etwa drohende Inflation auszugleichen oder seine Schulden fürs Eigenheim schneller abzubauen. Anstatt hundert Bewerbungen auf bestehende Jobs zu schreiben mit dem Risiko, hundert Absagen zu bekommen, kann man zum Beispiel fragen: Was kann ich noch außer dem, womit ich derzeit meine Brötchen verdiene? Frühere Qualifikationen wie zum Beispiel eine handwerkliche Ausbildung, ein grüner Daumen, schreiberische Fähigkeiten oder auch eine frühere Trainerausbildung im Sport können und sollten Ausgangspunkt für die nebenberuflichen Überlegungen sein. Weiterbildung, regelmäßige Fachlektüre, Seminare oder auch die Auffrischungen oder Erneuerungen bestehender (Trainer- oder Vertriebs-) Lizenzen können nötig sein, um später mit einem höheren Qualifikationsniveau mehr zu erreichen und vielleicht sogar aus der bisherigen Neben- die künftige Haupttätigkeit zu machen.

Den meisten Menschen würde ich davon abraten, in der jetzigen Situation eine völlig neue, noch unerprobte Geschäftsidee auszuprobieren, in der man selbst seither auch noch keine Erfahrungen gesammelt hat. Wenn der Vorlauf bis zum Erreichen der schwarzen Null nämlich zu lange dauert, geraten die anderen Bausteine der persönlichen Vorsorge womöglich immer weiter in den Hintergrund. Zudem fehlen bei langen Anlaufzeiten für die neue Geschäftsidee oft die finanziellen Mittel, um eine umfassende Vorratshaltung noch zu bewerkstelligen.

Es wird in Zukunft immer mehr darum gehen, aus vielen unkomfortablen Situationen, beruflich wie privat, das Beste zu machen. Die Finanzkrise als Ganzes können Sie alleine nicht lösen, aber Sie können aus den Folgen für sich und Ihre Familie das Beste machen. Als Person, die selbstsicher, motiviert und persönlich stabil ist, können Sie auch mit harten Rückschlägen zurechtkommen und unter widrigen Umständen noch in der Lage sein, konstruktive Ziele zu verfolgen.

IV. Einstieg in eine nachhaltige Zukunft

Christine Illing

1. Warum nachhaltiges Denken und Handeln ein Ausweg aus der Krise ist

Immobilienkrise, Bankenkrise, Schuldenkrise, Umweltzerstörung und Rohstoffknappheit – das sind die Schlagworte, die unsere Zeit prägen. Obwohl seit Langem bekannt, ist die Lage mittlerweile so kompliziert, dass keine Lösungsversuche mehr greifen. Weil es wenig Sinn macht, sich ständig mit den Details einer unlösbaren Situation zu beschäftigen, ist es besser, die eigene Energie auf positive Schritte im persönlichen Umfeld zu lenken. Schritte, die jeder ohne größeren Aufwand selbst bewerkstelligen kann. Dazu gehört vor allem eine Rückbesinnung auf Fähigkeiten und Fertigkeiten, die noch für unsere Großeltern selbstverständlich waren, die wir selbst aber durch die extreme Spezialisierung in der heutigen Arbeitswelt verloren haben. Wie baue ich Gemüse im eigenen Garten an? Wie mache ich saisonale Lebensmittel haltbar? Wie versorge ich meine Familie ohne Fertigprodukte preiswert und nährstoffreich? Wie kommen meine Kinder ohne Antibiotika durch den Winter?

Das sind praktische Fragen, die in der momentanen Situation eine ganz neue Relevanz erhalten. Warum? Sicher kann es passieren, dass im Zuge einer Bankenkrise der Zugang zu Geldmitteln vorübergehend gesperrt ist oder die empfindlichen Logistikketten in den Supermärkten ausfallen, der Kunde also vor leeren Regalen steht. Es braucht aber gar nicht unbedingt ein Katastrophenszenario wie einen kompletten Zusammenbruch des Geld- und Handelssystems, um die Wichtigkeit der Selbstversorgung zu erkennen. Dafür reichen auch schon ein paar Entwicklungen, die sich unabhängig von der jüngsten Schuldenmisere der Staaten zugespitzt haben:

1. Die Transportkosten werden aufgrund der höheren Energiekosten steigen. Daher wird es zunehmend teurer, Lebensmittel aus exotischen Regionen oder Sommergemüse im Winter in unsere Ladenregale zu schaffen. Der Selbstanbau und auch die Haltbarmachung von Lebensmitteln lohnen sich für die Verbraucher in finanzieller Hinsicht wieder mehr.

2. Die Skandale in der Lebensmittelbranche haben das Vertrauen der Verbraucher in die Qualität der Lebensmittel erschüttert. Das weitverzweigte System des Anbaus und der Produktion von Nahrungsmitteln ist nicht zu kontrollieren und anfällig für Betrug und Missbrauch. Selbst angebautes und verarbeitetes Essen ist zudem gesünder als im Supermarkt gekaufte Fertiggerichte.

3. Der desolate Zustand unseres Planeten, das Artensterben, die Müll- und Energieproblematik belasten zunehmend mehr Menschen. Da globale Lösungen nicht zu funktionieren scheinen (siehe etwa der Ausstieg Kanadas aus dem Kyoto-Protokoll), ist es umso wichtiger, dass jeder Einzelne in kleinen Schritten und bei sich selbst anfängt. Das kann bedeuten: sich bewusst aufs Fahrrad setzen und das Auto in der Garage stehen lassen, im Garten auf Schneckenkorn verzichten oder eine Ecke Rasen wild wuchern lassen, um Kleinstlebewesen eine Überlebenschance zu geben. Es ist besser, hier und jetzt zu beginnen, statt sich weiter am Raubbau der Ressourcen künftiger Generationen zu beteiligen.

4. Unser System der kostenlosen Versorgung im Krankheitsfall stößt in vielerlei Hinsicht an seine Grenzen und wird auf Dauer nicht mehr finanzierbar sein. Zwar feiert die hoch spezialisierte Medizin immer wieder neue Erfolge und Rekorde in der Operationstechnik. Doch sind Herz- und Kreislauferkrankungen, Diabetes, Krebs, Demenz, Alzheimer und Depressionen weiter auf dem Vormarsch. Ein sinn-

voller Weg, solche Risiken zu senken ist es, die eigene Gesundheit selbst in die Hand zu nehmen. Dies gelingt in erster Linie durch gesunde Ernährung, viel Bewegung und die Rückkehr zu Pflanzenkräften, die einem häufig den Griff zu »harter« Medizin wie Antibiotika ersparen können.

Fast alle diese Punkte sparen nebenher auch noch bares Geld. Rohwaren sind billiger als Fertigprodukte. Radfahren spart das immer teurer werdende Benzin. Weniger Arzt- und Apothekenbesuche schonen gleichfalls den Geldbeutel. Statt sich von der Aussichtslosigkeit der Krise überwältigen zu lassen, ist es wichtig, Tag für Tag für sich selbst positive Antworten zu finden. Dies geht nur durch konkretes Handeln und konkret nachvollziehbare Aufgaben.

2. Erste Schritte auf dem Weg zur Selbstversorgung

Unabhängig werden von der Logistik der Supermärkte, Grundlagen der Vorratshaltung, Aufbau eines regionalen Einkauf-Netzwerkes, und: Wie die Hirse von China zurück nach Deutschland kam.

Die Lieferketten zwischen Erzeugern und Händlern sind anfällig geworden für Störungen, da es in den westlichen Ländern kaum noch Lagerhaltung gibt. Der Grund liegt in der Kostenersparnis durch den Wegfall von Lagergebäuden bei gleichzeitig günstigen Transportkosten durch dieselabhängige Lkw. Während früher Kartoffeln, Zwiebeln und Äpfel von den Erzeugern gelagert und dann im Laufe des Winterhalbjahres nach und nach an den Verbraucher verkauft wurden, ist dies heutzutage kaum noch der Fall. Die Ware wird möglichst sofort losgeschlagen, und es wird auch nur so viel geordert, wie verkauft werden kann. Wenn die europäische Erntezeit vorbei ist, kann man dann ja später zu günstigen Preisen Äpfel aus Neuseeland und Kartoffeln aus Ägypten importieren. Die Abhängigkeit unserer Wirtschaft von ungestörten Transportwegen, billigem Benzin und offenen Grenzen ist gewaltig. Wird diese Transportkette einmal unterbrochen, kann es sehr schnell zu Lieferengpässen und starken Preissteigerungen im Lebensmittelhandel kommen.

Wie kann ich mich auf eine solche Situation vorbereiten? Vorratshaltung ist der eine, sich ein regionales Netzwerk für die Güter des täglichen Lebens aufzubauen, der andere Weg. Ideal ist es, das eine zu tun, ohne das andere zu lassen.

Ausgangspunkt für eine verbesserte Vorratshaltung ist, dass ein Umdenken in den Familien stattfinden muss. Während für die ältere Generation Vorräte immer schon selbstverständlich waren, leben die nach dem Krieg geborenen Jahrgänge oft von der Hand in den Mund. Man ist es ja von Kindheit an gewohnt, rund um die Uhr und flächendeckend alles einkaufen zu können, was das Herz begehrt. Früher hatte ich gerade mal das Päckchen Mehl im Haus, das ich in der nächsten Woche gebraucht habe. Mittlerweile kaufe ich Mehl oder andere haltbare Lebensmittel wie Reis, Nudeln, Bohnen und Erbsen gleich im Zehnerpack, wenn ich feststelle, dass mir etwas fehlt. Genauso besorge ich im Herbst bei einem Bio-Bauern meines Vertrauens 50 Kilo Kartoffeln, 20 Kilo Zwiebeln und 50 Kilo Äpfel aus traditionellem Streuobstwiesenanbau. Über die originelle Webseite www.mundraub.org lassen sich deutschlandweit nicht genutzte Obstbäume suchen, also Obstbäume, die an öffentlichen Plätzen oder auch in privaten Gärten stehen, aber nicht abgeerntet werden. Wenn Sie einige in Wohnortnähe finden: Hier dürfen Sie sich bedienen!

In Städten sind die wenigsten Keller optimal, aber bis Februar oder März lassen sich dort Feldfrüchte meist schon lagern. Wichtig ist, dass Kartoffeln und Äpfel nie im selben Keller gelagert werden. Der Grund: Die Äpfel sondern einen Stoff ab, der anderes Obst und Gemüse schneller schrumpfen lässt, besonders aber bei der Kartoffel den Alterungsprozess beschleunigt. Also besser die Äpfel in einem Kellerteil, schön verteilt auf viele kleine Obstkisten aus Holz oder Karton stapeln, die es kostenlos in den Supermärkten gibt (dort werden sie nur weggeworfen). Dadurch lagern die Äpfel luftig und ohne Druck von oben und sind so länger haltbar. Die optimale Lagertemperatur im Keller liegt bei vier bis sechs Grad Celsius.

Doch sind die meisten Keller deutlich wärmer. Die dort herrschende Temperatur pendelt meist so zwischen 10 und 15 Grad. Erfahrungsgemäß kommen Kartoffeln mit solchen Temperaturen leichter zurecht. Sie schrumpfen also noch nicht übermäßig, wenn sie auch nicht bis Mai haltbar sind, wie dies in einem richtigen Felsen- oder Erdkeller der Fall wäre. Äpfel sind dagegen deutlich wärmeempfindlicher, sie schrumpfen bei Temperaturen von mehr als zehn Grad relativ schnell. Solange die Temperaturen nur um den Gefrierpunkt pendeln, lassen sich die Äpfel auch auf dem Balkon, der Terrasse oder in der Garage prima aufbewahren. Sie sollten wegen Fäulnis vor Nässe geschützt werden, ein paar Grad unter Null bei gleichzeitiger Abdeckung (mit einer alten Decke oder einem Sack) schaden ihnen dagegen nicht.

Wichtig ist auch bei Äpfeln, lieber alte Sorten wie Boskop oder Brettacher zu lagern statt der zum Sofortverzehr gezüchteten Modesorten aus den Supermärkten. Der Grund: Die alten Apfelsorten sind länger haltbar. So wird etwa der Brettacher-Apfel Ende Oktober grün vom Baum geerntet, reift im Keller nach und bekommt erst dort seine roten Bäckchen. Dieser Apfel bleibt bei optimalen Bedingungen bis zum Juni des Folgejahres frisch, und er bekommt seinen Geschmack auch erst durch die Lagerung. Vom Baum weg schmeckt er ziemlich sauer. Früher hatte eine gute Obstplantage viele verschiedene Sorten. So konnten, sachgemäße Lagerung vorausgesetzt, die Händler und Wochenmärkte bis zum Mai/Juni des folgenden Jahres mit frischen Äpfeln beliefert werden. Danach reiften dann schon wieder die Früh- oder Klaräpfel, sodass auch in unseren Breitengraden nur wenige Wochen im Jahr »apfelfrei« waren.

Doch der Anbau solcher Sorten hat sich für die Obstbauern in den letzten Jahrzehnten nicht mehr gelohnt, da die Kunden jederzeit frische Äpfel aus Neuseeland bekommen konnten, und die Lagerung insgesamt zu kostspielig war. Außerdem sind heute überwiegend süß schmeckende Sorten im Anbau, denn der Kundengeschmack tendierte in den letzten Jahren zu süßen Lebensmitteln. Mittlerweile gibt es aber eine Renaissance alter Sorten bei den Züchtern und Gartenbauvereinen[112], da diese auch eine viel breitere Geschmackspalette bieten als den Einheitsapfel aus dem Supermarkt. Wer einmal die Geschmacksvielfalt alter, vielerorts

[112] Zum Beispiel: www.baumgartner-baumschulen.de

selten gewordener Apfelsorten gekostet hat, verzichtet freiwillig auf den Einheitsgeschmack aus dem Supermarktregal.

Zurück zu den Kartoffeln: Diese können ruhig übereinander in einer größeren Holzkiste oder einem groben Leinensack liegen. Sie sollten, wie auch die Zwiebeln, möglichst dunkel und kühl lagern. Das Abdecken durch Zeitungspapier hilft vor zu früher Keimung. Einer der Begründer der Permakulturbewegung (siehe Seiten 196 ff.), Sepp Holzer, empfiehlt auch den Bau sogenannter Erdkeller[113], die früher auf dem Land selbstverständlich waren und in denen sich viele Früchte problemlos durch den Winter bringen lassen. Erdkeller machen sich die Tatsache zunutze, dass die Erde isolierende und wärmespeichernde Eigenschaften hat und außerdem in einem Erdkeller eine hohe Luftfeuchtigkeit herrscht. Ideale Bedingungen also für die Lagerung von Obst oder Gemüse und Kartoffeln.

Abb. 4.1: Eingang zu einem Erdkeller, Quelle: Krameterhof, Holzer Permaculture

[113] *Sepp Holzers Permakultur*, Leopold Stocker Verlag, S. 142ff.

Für Getreide wäre der Erdkeller dagegen völlig ungeeignet, da Getreide leicht schimmelt und sehr trocken gelagert werden muss. Ein Erdkeller lässt sich am besten in eine Böschung mithilfe eines Baggers hineinbauen. Dann hat man bereits drei durch Erdreich abgedichtete Seiten (also die Rückwand und die beiden Seitenwände). Diese werden innen entweder mit Holzstämmen oder mit Ziegeln und Steinen befestigt. Auch ein wasserdichtes Dach wird benötigt, das zunächst mithilfe von Holz und Teichfolie (alternativ: fertige Ziegelgewölbe) abgedichtet und anschließend mit Erde eingedeckt und begrünt wird. Man braucht dazu eine Fläche von mindestens drei auf 2,5 Meter. Für den Vorgarten ist ein Erdkeller also nicht geeignet. Auch ist der Aufbau relativ aufwendig und dürfte zumindest in der Stadt recht kostspielig sein (Miete eines Baggers, diverse Materialien, ebener Boden). Einen ersten Einblick, wie so ein Erdkeller aussehen kann, ermöglicht die Internetseite www.restaurieren.eu.

Während der erste Schritt, die Lagerung von Nahrungsmitteln, teilweise leicht zu realisieren ist, braucht der zweite Schritt, der Aufbau eines regionalen Lieferanten-Netzwerkes, schon etwas mehr Vorbereitung und Überlegung. Ziel muss es sein, die eigene Versorgung mit den Lebensmitteln des täglichen Gebrauchs auf unterschiedliche Standbeine zu stellen und somit die Abhängigkeit von nur einem Lieferanten zu reduzieren. Es gibt dafür folgende Möglichkeiten: Erstens kleinere Geschäfte suchen, in denen man noch ein Kunde mit Namen und keine Nummer ist, zweitens direkt beim Erzeuger einkaufen und drittens Lebensmittel selbst anbauen.

Es ist natürlich bequemer und einfacher, in einem großen Supermarkt statt in einem kleinen Laden einzukaufen. Das Warenangebot ist riesig, die Preise meist günstiger (zumindest suggeriert uns das die Werbung), und man kann direkt mit dem Auto vorfahren und alles ohne große Schlepperei verstauen. Der kleine Laden hat dagegen ein begrenzteres Warenangebot und man muss möglicherweise öfter und in verschiedenen Geschäften einkaufen. Dafür kennt einen der Ladeninhaber dort nach einiger Zeit persönlich, und man kann hoffen, auch dann noch bedient zu werden, wenn die Versorgungslage einmal nicht mehr optimal ist.

So viel teurer muss der Einkauf in kleinen Geschäften nicht unbedingt sein. Denn zum einen muss man auch bei den großen Supermarktketten ganz genau hinschauen und vergleichen. Manche Produkte sind dort teurer, insbesondere dann, wenn sie nicht in großen Mengen verkauft werden. Schließlich müssen die großen Gebäude, Kühlregale und die vielen Mitarbeiter der großen Ketten ja irgendwie finanziert werden. Zum anderen kann man viel Geld sparen, indem man auf die teuren Fertigprodukte verzichtet und selbst mit frischen Zutaten kocht. Bei frischen Zutaten ist der Supermarkt aber immer meine letzte Wahl, denn die Angebote im Gemüse- und Obstregal überzeugen selten in puncto Frische und Vielfalt. Meistens gibt es den gleichen Mix aus Zucchini und Tomaten, der ganzjährig verkauft wird. Dies ist zwar per se nicht gesundheitsschädlich, führt aber zu Monotonie und Einseitigkeit in der Ernährung. Zur Schonung unserer Umwelt sollten wir außerdem darauf achten, dass für Lebensmittel möglichst kurze Transportwege anfallen. Gerade bei schnell verderblichen Lebensmitteln wie Gemüse liegt dies auch im eigenen Interesse. So frisch wie beim Gemüsebauern vor Ort oder noch besser aus dem eigenen Garten kann kein Supermarkt der Welt Ware anbieten.

Daher ist es ratsam, so oft wie möglich Güter des täglichen Bedarfs direkt beim Erzeuger, ob beim Bauern oder Gemüsegärtner, zu kaufen. Per Internet ist es heute relativ einfach, sich einen ersten Überblick zu verschaffen. Dann gibt es noch die Mund-zu-Mund-Propaganda in der Nachbarschaft oder man hält einfach beim nächsten Spaziergang oder Ausflug aufs Land die Augen offen. Viele Bauern versuchen, durch Direktvermarktung vom Großhandel unabhängig zu werden. Ein weiterer Vorteil des Besuchs beim Erzeuger ist, dass man sich direkt an der Quelle informieren kann, wie die Produkte erzeugt wurden und welche Zusatzstoffe verwendet werden. Der Nachteil ist jedoch, dass man für Einkäufe meist ein Auto und relativ viel Zeit benötigt.

Allerdings kann man durch Großeinkäufe oder die Absprache mit Nachbarn solche Zeit- und auch die Transportkosten verringern. Wer kein eigenes Auto hat, kann sich zumindest in den Großstädten auch von Erzeugergemeinschaften wie der Ökokiste[114] direkt beliefern lassen. Diese beruht auf der Idee, dass Gemüsebauern sich zusammenschließen und ihren Kunden die Ware vor die Haustür stellen. Die Lieferung ist für den Kunden kostenlos und macht sich für den Bauern durch höhere Endpreise für seine Produkte bezahlt. Außerdem haben die Bauern einen festen Absatzmarkt und können somit die Produktion besser planen. Mithilfe des Internets ist die Bestellung zudem problemlos und kostenlos möglich. Beim direkten Preisvergleich mit dem Einzelhandel schneidet der Kunde zudem nicht schlechter ab. Ein weiterer Vorteil ist die Frische der Ware: Sie kommt direkt vom Feld zum Kunden.

Es zeichnet sich allerdings bei vielen Ökokisten-Anbietern in letzter Zeit ein Trend zu einer ständigen Ausweitung des Warensortiments ab. Dadurch müssen Gemüse und Obst aus dem Ausland zugekauft und gelagert werden. Es entstehen im Prinzip ähnliche Probleme wie bei Supermärkten: höhere Preise durch aufwendige Logistik, geringere Frische der Lebensmittel durch weite Transportwege und mangelnde Information über die Herkunft und Erzeugung. Schuld daran ist, dass viele Bauern und Gärtnereien wegen des allgemeinen Preisdrucks auf Obst und Gemüse zu einer immer extremeren Spezialisierung gezwungen sind. Diese Entwicklung macht auch vor dem Ökolandbau nicht halt. Hier muss ein Umdenken stattfinden.

Trotzdem gibt es auch immer wieder Entwicklungen hin zur Entspezialisierung, die Mut machen. Ein Beispiel ist die Wiedereinführung des Hirseanbaus in Brandenburg. Noch bis Anfang des 20. Jahrhunderts war der Hirseanbau in der südlichen Mark Brandenburg, aber auch in weiten Teilen Süddeutschlands, ein wichtiger bäuerlicher Erwerbszweig. In vielen Märchen der Gebrüder Grimm spielt die Hirse eine zentrale Rolle als Korn der armen Leute (z. B. »Der süße Brei«). Hirse war über Jahrhunderte ein verbreitetes Grundnahrungsmittel, da das anspruchslose Korn auch auf eher kargen Böden gedieh und daher viel billiger in der Produktion war als Weizen, der in erster Linie an den Fürstenhöfen konsumiert

[114] Allein im Raum München gibt es vier Erzeugergemeinschaften unter dem Label Ökokiste, die sich den Markt untereinander aufteilen: www.oekokiste-kirchdorf.eu (Norden), www.tagwerk-oekokiste.de (Osten), www.hofgut-letten.de (Süden), www.amperhof.com (Westen).

wurde. Die Hirse ist ein nahezu vollwertiges Getreide, da sie zur Weiterverarbeitung zwar entspelzt werden muss, die wichtigsten Mineralstoffe und Vitamine sich jedoch im gelben Korn befinden und diese nicht durch Mahlen und Sieben wie beim Weizen entfernt werden. Hirse ist zudem glutenfrei, also auch für Allergiker sehr gut geeignet. Die Hirse ist ein Urgetreide[115], das deshalb auch sehr mineralstoffreich und fetter (also nahrhafter) als andere Getreidearten ist. Zudem enthält Hirse viel Kieselsäure, die für Haare und Nägel eine wichtige Rolle spielt. Wer »Schönheitspflege von innen« betreiben will, sollte daher regelmäßig Hirse essen.

Bis vor wenigen Jahren aber konnte man Hirse hierzulande nur als Importprodukt aus China oder den USA erwerben. Der Anbau des gelben Korns war in Deutschland seit 100 Jahren stillgelegt. Doch die Humboldt-Universität in Berlin hat im Jahr 2000 mit einem mehrjährigen Forschungsprojekt der Agrarwissenschaftlichen Fakultät[116] den Weg für eine erfolgreiche Rekultivierung der Hirse in Deutschland geebnet. Mit dazu beigetragen hat ein Pflanzenzüchtungsinstitut aus Westrussland, das in seinen Samenbanken die am besten geeigneten Hirsesorten für die Böden im Spreewald vorrätig hatte. Mittlerweile ist der Hirseanbau in Deutschland wieder eine Erfolgsgeschichte,[117] und wer umweltbewusst kochen will, kann deutsche Hirse ohne klimaschädliche Transportwege in vielen Naturkostläden und Reformhäusern kaufen.

Dies ist nur ein Beispiel für einen Trend zur Entspezialisierung und Regionalisierung, der zwar noch in den Kinderschuhen steckt, aber in vielen Bereichen unserer Gesellschaft langsam an Fahrt gewinnt. In diesen Zusammenhang gehören auch die Bewegungen Permakultur und Urban Gardening, die im nächsten Abschnitt näher vorgestellt werden.

[115] Alle unsere Getreidesorten haben sich im Prinzip aus Gräsern entwickelt. Durch Züchtung wurde das Korn im Vergleich zum Stängel ständig vergrößert. Bei der Hirse und dem Buchweizen ist die Urform des Getreides dagegen noch weitgehend erhalten geblieben. Hirse- und Buchweizenfelder sehen daher fast aus wie wogende Grasflächen und man hält sie auf den ersten Blick nicht für Getreide.

[116] www.hirsemuehle.de

[117] Seitdem sind neue Hirse-Anbaugebiete in Deutschland hinzugekommen: siehe etwa www.chiemgaukorn.de

3. Die neue Lust am Gärtnern für den Eigenbedarf

Rückkehr der Gärten in die Städte, Auswege aus der Technologiekrise der industriellen Landwirtschaft, und: Wie ein Mikrobiologe aus Japan ein Zukunftsmodell für die Landwirtschaft entwickelt hat.

Wie der Name schon ahnen lässt, kommt die Urban Gardening-Bewegung ursprünglich aus den Vereinigten Staaten. Vor 40 Jahren wurden in New York die ersten Gemeinschaftsgärten gegründet. Die Idee: Brachliegende öffentliche Flächen nutzen, um Nahrungsmittel auf biologischer Basis in der Stadt zu erzeugen. Eine Idee aus der Zeit der Hippie-Kommunen, die heute lebendiger ist denn je und in fast allen westlichen Großstädten stark im Kommen ist.

Beispiel Detroit: In der ehemaligen Industriestadt, die mit dem Untergang der amerikanischen Autoindustrie dem Verfall preisgegeben wurde, gibt es schon seit mehr als zehn Jahren eine starke Urban Gardening Bewegung.[118] Ehemalige Industrieflächen oder Supermarktparkplätze werden von Freiwilligen rekultiviert und für den Anbau von Bio-Gemüse genutzt. Die Ziele sind: Selbstversorgung[119], Arbeitslosen und Jugendlichen aus Problemvierteln eine sinnvolle Beschäftigung ermöglichen, auch ohne eigenen Landbesitz, selbst erzeugte Nahrungsmittel ernten, verwahrloste Flächen sinnvoll nutzen sowie den Umwelt- und Naturschutz fördern.

Aber auch in deutschen Städten sprießen die Initiativen nur so aus dem Asphalt. Berühmt sind mittlerweile die Prinzessinnengärten[120] mitten in Berlin. Auf einem ungenutzten und verwahrlosten öffentlichen Grundstück haben die Initiatoren, Marco Clausen und Robert Shaw, im Juni 2009 einen Gemeinschaftsgarten gegründet. Gepflanzt wird in mobilen Behältern (von recycelten Brotkisten über Reissäcke bis hin zu Tetra-Packs), damit der Garten gegebenenfalls schnell und ohne Substanzver-

[118] Gärten in Detroit: Hier wächst die Hoffnung, Jessica Braun, Zeit Online vom 5.5.2011.

[119] In der Stadt schloss 2007 die letzte Supermarktkette ihre Filialen, übrig blieben nur kleine, privat geführte Geschäfte mit einem sehr begrenzten Warenangebot.

[120] www.prinzessinnengarten.net

luste auf ein anderes Areal umziehen kann. Da die Stadt das Gelände im Prinzip verkaufen will, erhalten die »Prinzessinnen-Gärtner« immer nur jährlich befristete Mietverträge.

Das Projekt ist in vielfacher Hinsicht sehr erfolgreich: Nicht nur wächst ökologisches Gemüse mitten in Berlin, zum Teil sogar auf versiegelten Asphaltflächen, sondern die Herkunft unserer Nahrungsmittel wird für viele Stadtbewohner wieder unmittelbar erfahrbar. Ein weiterer Aspekt ist die Integration von Menschen unterschiedlicher Kulturen. So können zum Beispiel gerade Migranten, die in ihren Herkunftsländern meist Selbstversorger waren, ihr gärtnerisches Wissen einbringen und erfahren damit eine Wertschätzung, die ihnen ansonsten in unserer Gesellschaft oft verwehrt wird.

Weitere Stationen gemeinschaftlicher Gartenprojekte in deutschen Großstädten sind: das »Allmende-Kontor« auf dem ehemaligen Berliner Flughafen Tempelhof, das »Gartendeck« in Hamburg-St. Pauli, der »Hinterhof« in Leipzig, der »Obsthain«, »Neuland« und die »Pflanzstelle« in Köln, die Initiative »o'pflanzt is!« in München-Neuhausen und viele mehr.

In ihrem Buch *Urban Gardening – Über die Rückkehr der Gärten in die Stadt*, das Ende 2011 im oekom Verlag erschienen ist, hat die Herausgeberin Christa Müller eine Plattform für viele dieser Gartenpioniere geschaffen. Das Buch bietet die aktuellste Zusammenfassung der neuen urbanen Gartenbewegungen. Wie Christa Müller dort im Anfangskapitel schreibt,[121] ziehen die neuen kommunalen Gärten, so vielfältig sie in ihrer konkreten Ausgestaltung auch sein mögen, in ihren übergeordneten Zielen immer an einem Strang. Es geht nämlich nicht mehr darum, sich mit einem Garten ein privates Refugium zu schaffen als Ort, an dem man sich vor den Zumutungen von Gesellschaft und Wirtschaft zurückziehen kann. Vielmehr geht es um gemeinschaftliches Gestalten, Begegnung mit der Natur und mit Gleichgesinnten, Integration und kulturellen Austausch. In jedem Fall sind solche Projekte ein guter Ort, um den Selbstanbau von Obst und Gemüse zu lernen und erste Frustrationserlebnisse wie missglückte Ernten zu besprechen und zu überwinden.

[121] *Urban Gardening: Über die Rückkehr der Gärten in die Stadt*; Christa Müller (Hg.), oekom Verlag, S. 9ff.

Alle diese Gärten eint zudem der Verzicht auf die Methoden einer »fortschrittlichen« Landwirtschaft. Das heißt im Einzelnen:

- statt benzinbetriebener Maschinen auf traditionelle Anbaumethoden setzen,
- statt Hybrid-Samen[122] Pflanzen durch eigene Zucht oder Saatguttausch vermehren,
- sich in den Gärten nicht nur selbst mit Lebensmitteln versorgen, sondern auch Rückzugsräume für Tiere, Vögel und Kleinstlebewesen schaffen (z. B. Vogel- und Igelhecken mit heimischen Sträuchern oder Insektenhotels),
- nach den Prinzipien der biologischen Landwirtschaft wirtschaften und konsequent auf Kunstdünger, chemische Spritzmittel und das angeblich so harmlose Schneckenkorn[123] verzichten,
- statt Monokulturen Mischbeete anlegen,
- statt Kunstdünger zu verwenden, kompostieren und mulchen, was das Zeug hält.

Ein weiterer zentraler Aspekt ist, dass die Stadtbewohner wieder Dinge in die eigene Hand nehmen, die jahrzehntelang in der Obhut der Stadtverwaltung lagen. Es geht hier also letztlich auch um ein anderes Verständnis von Demokratie: Menschen wollen sich nicht länger bevormunden und verwalten lassen, sondern ihr Umfeld wieder selbst gestalten und Verantwortung übernehmen.

Ein anderer Grundgedanke der neuen städtischen Gartenbewegungen ist die Frage nach der Nachhaltigkeit: Wie verändert das Versiegen preiswerter Ölquellen und damit des wichtigsten Wachstumsfaktors der vergangenen 150 Jahre unser Wirtschaftssystem beziehungsweise – deren elementarste Grundlage – die Erzeugung von Lebensmitteln? Werden alternative Energien ausreichen, um uns das gewohnte Niveau an technischer Unterstützung

[122] Hybrid-Samen sind Züchtungen quasi mit »Kopierschutz«. Das bedeutet, Pflanzen aus Hybridsamen sind zwar in der ersten Generation meist sehr kräftig und wuchsfreudig, sie lassen sich jedoch nicht oder nur mit sehr schlechten Ergebnissen weiter vermehren.

[123] Schneckenkorn ist ein Gift, das wie so viele chemische Substanzen für den Menschen zwar keine unmittelbare Gesundheitsgefährdung darstellt. Aber das Gift reichert sich in jedem Fall im Boden an und wird von den Pflanzen aufgenommen und gelangt so auch in den menschlichen Organismus.

zu geben? Oder geht die Entwicklung zurück zu mühsameren Methoden des Anbaus und der damit verbundenen Ausbeutung von Arbeitskräften? Wie wir im Folgenden sehen werden, ebnet das Konzept der Permakultur[124], das eng mit den Urban Garden Bewegungen verknüpft ist, einen Weg, der sowohl einen sparsameren Umgang mit Energie als auch den Verzicht auf arbeitsintensive Bewirtschaftungsmethoden ermöglicht.

Längst ist bekannt, dass die konventionell wirtschaftenden Landwirte Jahr für Jahr mehr Dünger pro Anbaufläche einsetzen müssen, um ihre Ernteerträge halten zu können. Der Grund ist die stark abnehmende Regenerationskraft des Bodens und der Verlust an wertvollem Humus. Dafür – man spricht auch von Bodendegradation – gibt es verschiedene Ursachen:

- die einseitige Nutzung wertvoller Ackerflächen durch Monokulturen wie etwa den flächendeckenden Maisanbau für Biodiesel,
- Vernichtung der Humus bildenden Kleinstlebewesen durch chemische Dünger und Spritzmittel sowie den Einsatz von »Monster«-Traktoren, die zu einer massiven Verdichtung von Böden führt,
- die zunehmende Bodenerosion als Folge der fortschreitenden Zerstörung von natürlichen Strukturen wie Hecken, Biotopgewässern, Magerwiesen oder Bannwald im Alpenraum.

Einer der Gründungsväter der Permakultur war der Japaner Masanobu Fukuoka (1913–2008), der bereits in den 40er Jahren des vergangenen Jahrhunderts einen eigenen Weg in der Landwirtschaft entwickelt hat. In den 1970er Jahren wurde er für sein Buch *The one-straw revolution*[125] berühmt, in dem er die Prinzipien nachhaltigen Ackerbaus aufzeigte.

Fukuoka arbeitete in den 1930er Jahren in Japan als Mikrobiologe an vorderster Front der Forschung. Er beschäftigte sich insbesondere mit den Krankheiten, die Insekten auf Nutzpflanzen übertragen können, und mit der

[124] Der Begriff ist abgeleitet aus dem Englischen »permanent agriculture« und bedeutet so viel wie »nachhaltige Landwirtschaft«.

[125] Dieses Buch ist auf Deutsch unter dem Titel *Der große Weg hat kein Tor* erschienen, das mittlerweile vergriffen ist. Im Pala-Verlag sind jedoch zwei weiter Bücher von Fukuoka erschienen: *In Harmonie mit der Natur. Die Praxis des natürlichen Anbaus* und *Die Suche nach dem verlorenen Paradies.*

Frage, wie diese mit chemischen Methoden zu bekämpfen sind. Im Alter von 25 Jahren kündigte er seinen Job als Wissenschaftler, weil er zunehmend an den Methoden der modernen Agrarwissenschaft zweifelte. Er zog sich dann auf die väterliche Landwirtschaft in Südjapan zurück und begann, ausgehend von einer intensiven Beobachtung der Naturkreisläufe, seine alternativen Anbaumethoden zu entwickeln. Sie wurden unter dem Begriff »Nichts-Tun-Landwirtschaft« bekannt. Eines seiner Grundprinzipien ist, dass es in der Natur keine nackte Erde gibt, also der Boden zum Schutz vor Erosion immer von Vegetation bedeckt sein muss. Dieses Prinzip macht er sich zunutze, indem er beispielsweise nach der Reisernte das Stroh als Mulchdecke liegen lässt, unter deren Schutz die Samen für die nächste Reisernte sicher und geschützt keimen können. Somit muss er den Boden nicht arbeitsaufwendig umpflügen oder beackern, spart Maschinen und Arbeitskraft und benötigt außerdem kaum zusätzlichen Dünger, da die Kleinstlebewesen des Bodens die Mulchschicht fortwährend in Dünger umwandeln. Damit ist das Modell Fukuokas auch ein Gegenentwurf zu dem Modell der vorindustriellen Zeit, als viele schlecht bezahlte Arbeitskräfte ohne Maschinen den Boden bearbeiteten. Das Modell eignet sich aber auch für einen Ausstieg aus der kapitalintensiven (Traktoren- und Maschinen-) Landwirtschaft der Gegenwart mit hohem Ressourcenverbrauch (Energie und Düngemittel).

Inzwischen gibt es weltweit eine neue Generation von Landwirten, die nach den Prinzipien der Permakultur wirtschaftet. Die wichtigsten Pioniere im deutschsprachigen Raum sind die beiden österreichischen Landwirte Sepp Holzer und Sepp Brunner. In dem Buch *Sepp Holzers Permakultur* heißt es:

> »Die Landwirtschaft einer Permakultur ist so gestaltet, dass ein Miteinander aller Lebewesen möglich wird. Alle vorhandenen Ressourcen – seien dies nun Quellen, Teiche, Sümpfe, Felsen, Wald oder Gebäude – werden in die Planung einbezogen und genutzt.«[126] Und weiter: »Eine biotopgerechte Nutzung erfolgt mit statt gegen die Natur. Das bringt den gewünschten Erfolg und erfordert den geringsten Energieaufwand.«[127]

[126] a.a.O. Seite 24.
[127] a.a.O. Seite 24.

Im Detail bedeutet dies:

- Vielfalt statt Monokulturen
- Nutzung der topografischen Gegebenheiten, z. B. bieten Hecken zahlreichen Vögeln, Igeln und Insekten Lebensraum und helfen so beim Aufbau eines Netzes für Nützlinge
- Anpassung an die natürlichen Kreisläufe, Berücksichtigung der Tatsache dass sich Pflanzen von selbst aussäen
- Tiere wie Schweine, Hühner und Enten werden eingebunden und übernehmen wichtige Aufgaben, etwa die Schweine das Umgraben und Lockern verdichteter Böden.

Spannend sind darüber hinaus auch die weltweiten Experimente zur Rekultivierung zerstörter Böden, die Sepp Holzer leitet. Eines davon findet beispielsweise im schottischen Hochland statt,[128] wo große Gebiete schon zu Zeiten der römischen Besatzung wegen Holzbedarfs der Schiffindustrie gerodet und damit der Bodenerosion preisgegeben wurden. Seitdem gibt es dort riesige, baumlose Heideflächen, die auf saurem ertragsarmen Boden wachsen, der für die Landwirtschaft ungeeignet ist. Mithilfe von Steinmauern, die als Wärmefallen und Windbremse fungieren, zeigt Sepp Holzer, wie man nach und nach wieder eine Humusschicht aufbauen kann. Durch die Pflanzung sogenannter Pionierpflanzen wie Weiden, Wildrosen, Ginster, Lupinen, Steinklee und Beinwell ist es zudem möglich, die niedrigen PH-Werte des Bodens zu verbessern und ihn so für den Anbau von Kulturpflanzen wie etwa Obstbäumen zu rekultivieren.

Durch Kurse, Hofbesichtigungen und Bücher geben diese Pioniere ihr Wissen Jahr für Jahr an Tausende Besucher weiter, sodass der Begriff »Permakultur« anders als zu Zeiten des Japaners Fukuoka mittlerweile recht verbreitet ist. Permakultur ist in der Anwendung für Jedermann/-frau erlernbar und praktizierbar, ob auf dem Balkon, im eigenen Gärtchen oder auf größeren Anbauflächen. Ein typisches Element der Permakultur ist das Hügelbeet. Dabei wird aus Schnittgut (abgeschnittenen Ästen, ab-

---

128 *Sepp Holzers Permakultur*, Leopold Stocker Verlag, Seite 289ff.

gestorbenen Pflanzenteilen, Laub und Kompost) ein Hügel geformt, der zum Abschluss mit Erde bedeckt wird. Dies ist auch im kleinsten Garten durchführbar. Durch die Verrottungsprozesse im Inneren eines solchen Hügels entstehen Wärme und Dünger, die die Pflanzen auf der Außenseite beim Wachstum unterstützen. Man arbeitet typischerweise mit Mischkultur und nach dem Prinzip, dass keine Bodenflächen brachliegen dürfen. Durch die Form eines Hügelbeetes lässt sich auch die Anbauoberfläche vergrößern, was insbesondere in einem Stadtgarten von Vorteil ist.

Interessanterweise findet die Umsetzung der Permakultur derzeit stärker in den neuen großstädtischen Gartenprojekten als in der traditionellen Landwirtschaft statt. Aber dies kann man auch als ermutigendes Signal lesen. Denn auch in der Vergangenheit haben die meisten großen Revolutionen in der Stadt ihren Anfang genommen und sich erst von dort flächendeckend ausgebreitet.

4. Vom Selbstanbau bis zur Haltbarmachung

Die wichtigsten Techniken, Trocknen, Einkochen, Salzen, die einfachsten Beispiele, und: Warum Sauerkraut manchen Sklaven früher zur Freiheit verhalf.

Wer schon mal selbst Gemüse oder Obst angebaut hat, weiß, dass zum Erntezeitpunkt meistens mehr reif wird, als man unmittelbar verzehren kann. Das Haltbarmachen von Lebensmitteln ist eine Kunst, ohne die unsere Vorfahren die Winter der nördlichen Halbkugel nicht überlebt hätten. In den letzten Jahrzehnten ist das Wissen darum weitgehend in Vergessenheit geraten, da es nicht nur Konserven und Eingemachtes in Hülle und Fülle in jedem Supermarkt zu kaufen gibt, sondern diese wegen der industriellen Fertigungsmethoden auch spottbillig geworden sind. Hinzu kommt, dass heute fast jeder Haushalt über einen Tiefkühlschrank verfügt und somit auch im Winter Gemüse- und Obstarten ohne aufwendiges Einkochen jederzeit frisch zur Verfügung stehen. Ganz davon abgesehen, dass wir schon im Winter Erdbeeren aus Spanien und Spargel aus Argentinien oder sonst woher erhalten. Der billige Sprit und eine riesige

Lkw-Flotte, die tagaus, tagein auf unseren Autobahnen unterwegs ist, machen es möglich. Zudem liefern beheizte Treibhausanlagen weltweit auch im Winter Salate und Gemüse.

Haltbarmachung von Lebensmitteln erfordert immer etwas Erfahrung und Fingerspitzengefühl. Eine gewisse Frustrationstoleranz braucht man auch, denn es wird nicht alles beim ersten Mal klappen. Dennoch lohnt sich der Versuch, zumal man relativ wenig Ausrüstung dafür benötigt. Im Grunde genügt eine Auswahl von Einmachgläsern[129] oder Flaschen, auch ein Schnellkochtopf[130] kann hilfreich sein. Doch sind weder komplizierte Küchengeräte wie Entsafter oder Einweckgeräte notwendig.

Die drei wichtigsten Methoden des Haltbarmachens sind: trocknen, mit Zucker erhitzen und einsalzen. Fürs Trocknen geeignet sind alle Arten von Kräutern oder Blüten für Tee oder zum Würzen von Speisen. Obst wird meist mit Zucker haltbar gemacht, sei es als Marmelade oder als Kompott. Einsalzen wurde traditionell für Fleisch verwendet (Schinken!), man kann jedoch auch haltbare Gewürzmischungen mit Salz herstellen. Salz ist jedoch auch die Voraussetzung, um eine Milchsäuregärung zu starten und beispielsweise Sauerkraut selber zu machen. Anhand einiger Beispiele lässt sich zeigen, wie man im Einzelnen dabei vorgeht.

129 Statt Einmachgläser neu zu kaufen, was nicht ganz billig ist, können das ganze Jahr über gebrauchte Gläser gesammelt werden, etwa von Essiggurken oder Pastasoßen, die sich gründlich gespült problemlos wiederverwenden lassen. Sehr nützlich sind auch die Halbliterglasflaschen für Schlagsahne aus dem Handel.

130 Ein ganz gewöhnlicher Schnellkochtopf ist eine Super-Alternative zum Entsafter.

Verfahren	Art der Konservierung	Lebensmittel	Lagerdauer
Kühlen	Wärmeentzug auf +2 bis +15 °C, Hemmung des Mikroorganismen-wachstums	Butter, Eier, Milch, Fisch, Fleisch, Obst, Gemüse	ein Tag bis mehrere Monate
Gefrieren	Wärmeentzug bis auf -18 °C oder kälter, Unterbrechung des Mikroorganismenwachstums und Reduzierung der Enzymaktivität	Gemüse, Fisch, Fleisch, Obst, Backwaren, selbsthergestellte Speisen	einige Monate bis ein Jahr
Einkochen	Hitzeeinwirkung zwischen 75 °C und 100 °C, teilweise Mikroorganismenabtötung, Hemmung des Mirkoorganismenwachstums, Reduzierung der Enzymaktivität, teilweise Abtötung von Sporen	Frucht- und Gemüsesäfte, Marmeladen, Konfitüre, Gelee, Chutneys	bis zu einem Jahr
Zuckern	Zuckerzusatz, Hitzeeinwirkung, Wasserentzug, Hemmung des Mikroorganismenwachstums	Marmelade, Konfitüre, Gelee, Fruchtsirup, kandierte Früchte	einige Monate bis ein Jahr
Einlegen in Alkohol	Zusatz von Alkohol, Hemmung des Mikroorganismenwachstums, Mikroorganismen sterben bei hohen Konzentrationen ab	Rumtopf, Früchte in Alkohol	einige Monate
Einlegen in konservierenden Lösungen	Verhindern des Luftzuttritts (z. B. durch Kalk, Wasserglas, Öl), Hemmung des Mikroorganismenwachstums	Eier, Kräuter, Schafskäse	Wochen bis Monate
Milchsäure-gärung	Bildung von Milchsäure durch Milchsäurebakterien, Hemmung des Wachstums anderer Mikroorganismen, pH-Wert-Absenkung	Sauerkraut, saure Bohnen	einige Monate
Salzen	Kochsalzzusatz, Hemmung des Mikroorganismenwachstums durch Wasserentzug und teilweise Abtötung von Mikroorganismen durch Nitrit	Fisch, Fleisch, Fleischwaren	Wochen bis Monate
Pökeln	Pökelsalzzusatz, Wasserentzug, Hemmung des Mikroorganismenwachstums und teilweise Abtötung von Mikroorganismen durch Nitrit	Fleisch, Fleischwaren	einige Wochen

Abb. 4.2: Methoden zur Haltbarmachung verschiedener Lebensmittel und Lagerdauer, Quelle: Bundesministerium für Ernährung, Landwirtschaft und Verbraucherschutz.

4.1 Trocknen

Tees aus heimischen Kräutern wie Holunderblüte, Lindenblüte, Kamille, Königskerze, Pfefferminze und vieles mehr trockne ich selbst. Der Grund: Das schonende Trocknen ist ein entscheidender Qualitätsfaktor bei der Verwendung solcher Tees als Heilmittel. Bei gekauften Kräutern oder Teemischungen hat man keine Informationen darüber, wie sie getrocknet wurden. Industriell hergestellte Mischungen werden meist durch Wärmeeinwirkung von außen getrocknet, dadurch besteht immer die Gefahr einer Überhitzung. Oft werden die Kräuter schon vor der Trocknung klein geschnitten, sodass wichtige Inhaltsstoffe verloren gehen. Außerdem lässt sich beim Selbstsammeln die Schadstoffbelastung besser einschätzen, wenn man beispielsweise fernab von Autostraßen auf Pirsch geht.

Bei jedem Sonntagsspaziergang einfach ein Baumwollsäckchen mitnehmen (bitte niemals Plastik verwenden, da die Kräuter darin schneller verwelken), um für den Fall der Fälle gerüstet zu sein. Im Sinne der Nachhaltigkeit ist es auch, einen Strauch oder eine Wiese niemals ganz abzuernten. Lassen Sie auch für die Tier- und Insektenwelt noch etwas stehen. Außerdem sollte die Pflanze noch eine Chance haben, sich selbst zu vermehren, also Samen und Beeren auszubilden. Nehmen wir als Beispiel die Holunderblüte, die die Grundlage für einen der heilkräftigsten Tees gegen Erkältungen und zur Steigerung der natürlichen Abwehrkräfte liefert. Entfernen Sie die Blüten vorsichtig vom Strauch. Dies ist beim Holunder relativ einfach, da die Blüten an großen Dolden hängen.

Zuhause werden die groben Stängel einfach abgeschnitten und die Blüten auf einem Holztablett oder auf geflochtenen flachen Körben ausgebreitet. Diese nun im Haus an einen trockenen warmen Ort aufstellen, aber direkte Sonneneinstrahlung vermeiden, da die Sonne die empfindlichen Kräuter »verbrennen« würde. Die nächsten Tage immer wieder prüfen, ob noch Restfeuchtigkeit in den Blüten vorhanden ist. Sie müssen im wahrsten Sinne des Wortes strohtrocken sein, also beim Anfassen soll es richtig knistern und rascheln. Nur dann sind die Blüten auch haltbar und können nicht schimmeln. Beim Holunder kann dies schon Mal sieben bis zehn

Tage dauern, bei Kräutern mit feinerer Blattstruktur, wie etwa der Pfefferminze, geht es bedeutend schneller.

Nach einer alten Überlieferung heißt es, der Bauer habe früher vor jedem Holunderstrauch ehrfurchtsvoll den Hut gezogen. Denn der Holunder, auch Holler genannt, enthält in allen Pflanzenteilen (Blüte, Blätter, Frucht und Rinde) Wirkstoffe, die für die Heilung sehr vieler Volkskrankheiten nützlich sind. Früher standen daher auch auf jedem Bauernhof Hollersträucher, meist neben Stall- oder Scheunenwänden wachsend. Heute sucht man den Holler in den Dörfern dagegen oft vergeblich, er ist dem Ordnungsdenken einer großflächigen, industriellen Landwirtschaft zum Opfer gefallen.

Weiter geht es mit dem Trocknen empfindlicherer Pflanzen wie etwa der Pfefferminze oder dem Salbei. Hier ist es wichtig, die Blätter im Ganzen zu trocknen und im Ganzen aufzubewahren. Erst bei der Teezubereitung kann man die getrockneten Blätter dann zerbröseln, um so alle Aroma- und Heilstoffe aus der Pflanze herauszuholen. Salbeitee hat sich besonders bei Halsschmerzen bewährt. Dazu drei bis vier zerkleinerte Salbeiblätter je Tasse mit kochendem Wasser übergießen und zehn Minuten ziehen lassen. Danach die Salbeiblätter entfernen und die Flüssigkeit noch etwas abkühlen lassen und damit gründlich gurgeln.

Wie aber werden die getrockneten Blüten- und Kräutervorräte aufbewahrt? Am besten in einer Blechdose oder einem Schraubglas, auch Papiertütchen sind bei sehr trockener Lagerung geeignet. Ideal zum Aufbewahren ist ein dunkler, kühler und möglichst trockener Ort. Man kann am Ende der Saison selbst Teemischungen herstellen oder die Sorten auch getrennt aufheben. Da die einzelnen Sorten auch bestimmte Heileigenschaften haben, etwa die Pfefferminze krampflösend (gut bei Migräne) oder die Kamille beruhigend (gegen einen gereizten Magen), ist es immer gut, wenn man für medizinische Zwecke sortenreine Vorräte anlegt.

Folgende Kräuter sollten in keiner Hausapotheke fehlen:[131]

- Huflattich, Lindenblüte, Holunderblüte und Königskerzenblüte zur Erkältungsabwehr,
- Hagebutte, Apfelschale, Sanddorn, Holunderfrüchte und Malvenblüten zur Steigerung der Abwehrkräfte,
- Pfefferminze gegen Migräne und Bauchschmerzen und Zitronenmelisse gegen Schlaflosigkeit und Nervosität bei Kindern,
- Kamille und Brombeerblätter gegen Magen-Darm-Erkrankungen,
- Salbei gegen Halsentzündungen.

Nicht alles lässt sich im eigenen Garten oder durch Wildsammlungen bekommen. Manche selten gewordene Kräuter, wie zum Beispiel die Kamille, können aber aus ökologischer Erzeugung zugekauft werden.

4.2 Einkochen mit Zucker

Hier ist an erste Stelle die Marmelade zu nennen. Mithilfe von großen Mengen Zucker (normalerweise werden Früchte und Zucker im Verhältnis von 1 zu 1 dosiert) werden so die Früchte des Sommers haltbar gemacht. Marmelade einzukochen ist kinderleicht. Auch hier liegen die Vorteile des Selbermachens auf der Hand: Die Qualität der Früchte lässt sich selbst in Augenschein nehmen, die schnelle und schonende Verarbeitung und erstklassige Zutaten sorgen für ein hochwertiges Produkt.

Ein weiterer Grund, Marmelade nicht im Supermarkt zu kaufen, ist, dass bei den meisten industriell hergestellten Marmeladen der Zusatzstoff Zitronensäure zum Einsatz kommt. Zitronensäure[132] stammt nicht, wie der Name suggeriert, aus dem Saft frisch gepresster Zitronen, sondern ist ein chemisch hergestellter Zusatzstoff, auch als E330 bekannt. Es ist nachgewiesen, dass Zitronensäure den Zahnschmelz angreift und die Aufnahme von Schwermetallen wie Blei oder Kadmium im Körper begünstigt.

[131] Es versteht sich von selbst, dass im Krankheitsfall bei hohem Fieber und nicht abklingenden Beschwerden immer ein Arzt konsultiert werden muss.

[132] Siehe auch die Verbraucherschutzorganisation Foodwatch, www.foodwatch.de

Zitronensäure ist stark ätzend und eine wichtige Zutat bei Entkalkungslösern und WC-Reinigern. Wollen Sie das wirklich auch in Ihrem Essen haben? Doch Vorsicht beim Selbst-Einkochen: Fertige Zuckermischungen wie Gelierzucker enthalten ebenfalls Zitronensäure. Je weniger echten Zucker man den Früchten zusetzen muss, desto mehr Zitronensäure enthält der Gelier- oder Einmachzucker.

Besser ist es daher, nur reinen Haushaltszucker zu verwenden. Die meisten von Natur aus säuerlichen Früchte wie die Johannis-, Him- oder Stachelbeeren enthalten bereits genügend Pektine, benötigen also keine zusätzlichen Säuerungsmittel. Bei sehr süßen Früchten kann man das Gelieren mit echtem Zitronensaft beschleunigen, oder indem man sie mit sauren Früchten mischt, etwa Erdbeeren und Rhabarber. Damit die fertige Marmelade nicht schimmelt, ist es wichtig, sie noch kochend heiß in sauber sterilisierte[133] Gläser zu füllen und sofort zu verschließen. Wer auf Nummer sicher gehen will, kann die Gläser anschließend auf den Kopf stellen, damit auch der letzte Sauerstoff aus dem Glas entweicht.

Mit viel weniger Zucker lassen sich daneben fast alle Obstsorten als Kompott für den Wintervorrat einmachen. Dazu werden zum Beispiel entkernte Zwetschgen, geschälte und geachtelte Apfelstücke, Birnen, Brombeeren und Holunderbeeren in einer schwachen Zuckerlösung kurz aufgekocht (Verhältnis 1 Liter Wasser zu 100 Gramm Zucker). Mit Zitronensaft und Zimtstangen kann das Gericht noch verfeinert werden, auch kann man einen Teil des Wassers durch Wein (Rotwein bei roten und Weißwein bei hellen Früchten) ersetzen. Das Verhältnis von Früchten zu Flüssigkeit sollte großzügig (ein Kilo Frucht auf mindestens 1,5 Liter Wasser, eher etwas mehr) berechnet werden. Der Trick beim Haltbarmachen ist nämlich, dass die Früchte im Glas vollständig durch Flüssigkeit bedeckt sind. So kann kein Schimmel auftreten und die solcherart konservierten Früchte lassen sich mindestens ein Jahr aufbewahren. Bei der hygienischen Vorbereitung der Einmachgläser ist ansonsten, wie schon bei der Marmelade beschrieben, auf Sauberkeit und Sterilität zu achten.

---

[133] Zum Sterilisieren benötigt man kochendes Wasser, das man kurz vor dem Befüllen in die schon sauber gespülten Gläser schüttet. Nach ein paar Minuten kann das heiße Wasser dann entfernt werden. Alternativ kann man die sauberen Gläser auch für 15–20 Minuten in den 100 Grad heißen Backofen stellen.

Schwarze Johannisbeeren lassen sich sogar ohne Einkochen, nur mit Zucker, haltbar machen. Der Grund ist der hohe Pektingehalt der Früchte, der die Entstehung von Schimmelpilzen auch ohne Abkochen hemmt. Dazu ein Schraubglas zu zwei Dritteln mit den vollreifen Johannisbeeren befüllen. Dann Zucker auf die Früchte schütten, sodass sie vollkommen von Zucker bedeckt sind. Deckel zudrehen und dann ab in den Vorratskeller. Im Laufe der folgenden Wochen zieht der Zucker Saft aus den Früchten. Dieser Saft ist ein exzellentes Mittel bei allen akuten Erkältungen, da er sehr viel Vitamin C enthält. Daher sollte der Strauch der schwarzen Johannisbeere eigentlich in keinem Garten fehlen.

4.3 Salz

Die bekannteste Haltbarmachung mithilfe von Salz ist wohl das Sauerkraut. Sauerkraut gilt als eines unserer gesündesten Lebensmittel. Früher, als sich die Menschen noch keine Orangen und Paprika im Winter leisten konnten, war es einer der wichtigsten Vitamin-C-Lieferanten. Schon James Cook führte bei seiner Weltumsegelung Sauerkraut auf seinen Schiffen mit, um die bei den Seefahrern am meisten gefürchtete Vitaminmangelerkrankung, den Skorbut, zu vermeiden. Im Römischen Reich standen Sklaven, die Sauerkraut zubereiten konnten, hoch im Kurs, da die Kunst des Sauerkrautmachens für die Römer, die sich nördlich der Alpen niederließen, eine wichtige Überlebenstechnik war. Denn anders als die einheimischen germanischen Völker waren die Römer genetisch nicht so gut an die widrige Witterung und die langen Frostperioden angepasst. »Gute Sauerkrautsklaven« wurden daher als Dankbarkeit für ihre Dienst gar nicht selten mit der Freilassung belohnt.

Heutzutage ist die Sauerkrautherstellung jedoch wesentlich einfacher als zur Römerzeit, da uns mit dem preiswerten Glas ein sehr hygienisches Behältnis zur Verfügung steht. Sauerkrautmachen ist eine richtige »Kinderarbeit«, denn Kinder haben an dem Stampfen (früher wurde das sogar noch mit nackten Füßen gemacht) einen Heidenspaß. Man geht folgendermaßen vor: Fünf Kilo Weißkohl werden in feine Streifen gehobelt und in eine große Schüssel oder auch in einen Eimer gefüllt. Fügen Sie nun

100 Gramm Salz und nach Belieben Gewürze wie Kümmel, Dill, Fenchel und Wacholderbeeren hinzu. Nun muss das Kraut gründlich gestampft werden. Dazu kann man sich einen richtigen Krautstampfer aus Holz kaufen oder man funktioniert diverse Küchengeräte um, wie etwa den Fleischklopfer oder den Kartoffelstampfer. Der Stampfprozess kann je nach Frische des Krauts und der Krautmenge 20 Minuten oder mehr dauern, braucht also einen gewissen Muskeleinsatz. Kinder haben aber wie gesagt ihren Spaß daran. Dieser Prozess ist abgeschlossen, wenn genügend Saft aus dem weich geklopften Kraut austritt. Nun kann das fertige Kraut in etwas größere, sauber gespülte Schraubgläser gefüllt werden. Das Kraut im Glas immer wieder gut andrücken und dabei darauf achten, dass es leicht von Saft bedeckt ist.

Zum Schluss muss das Kraut im »Saft stehen«. Dann kommt ein Stück Haushaltsfolie über das Glas und zuletzt wird der Deckel zugedreht. Nun müssen die Gläser einige Tage an einem zimmerwarmen Ort aufbewahrt werden, damit die Milchsäuregärung in Gang kommt, die für die Haltbarkeit sorgt. Am besten sollte man die Gläser auf ein Tablett oder in eine Wanne stellen, da beim Gären auch Saft austreten kann. Spätestens nach einer Woche ist der Gärungsprozess abgeschlossen. Die Gläser werden nochmals sauber abgewischt (aber unter keinen Umständen geöffnet, sonst ist das Vakuum unterbrochen und Schimmelbakterien können ins Glas) und sollten dann in den Keller oder einen anderen Vorratsraum gestellt werden. Dort muss es deutlich kühler als in den Wohnräumen sein. Das so zubereitete Sauerkraut lässt sich problemlos bis zu neun Monate aufbewahren. Die Abfüllung in Gläser hat zudem den Vorteil, dass man immer eine haushaltsübliche Menge zur Verfügung und keine Reste im Kühlschrank stehen hat.

Neben den hier beschriebenen Einmachmethoden gibt es natürlich noch weitere traditionelle Verfahren wie das Haltbarmachen mithilfe von hochprozentigem Alkohol, mit Essig oder mit Öl. Es würde an dieser Stelle jedoch zu weit führen, darauf im Einzelnen einzugehen. Wer sich dafür interessiert, findet im Buchhandel ein mittlerweile riesiges Literaturangebot mit Rezepten zum Nachkochen. Auch im Internet kann man fündig werden. Empfehlenswert ist daneben das Buch *Natürlich konservieren* aus dem ökobuch-Verlag, da es sehr viele verschiedene, auch sehr alte Techniken beschreibt, die zum Teil durch Mund-zu-Mund-Propaganda überliefert sind. Ausführliche Rezepte machen das Nachkochen leicht möglich.

5. Leben und Einkaufen im Jahreszeitenzyklus

Warum es Sinn macht, regionale und saisonale Produkte zu erwerben, praktische Tipps zum Selbstversuch »Gärtnern«, David gegen Goliath in der Saatguterzeugung und: Wie sich mit Linsen und Bohnen ein Weltreich regieren ließ.

Zwar ist das Haltbarmachen von Lebensmitteln heutzutage keine Notwendigkeit mehr und wir können zum Glück auch ohne Sauerkraut den Winter überstehen. Dennoch ist es aus Gründen der Nachhaltigkeit sinnvoll, so autark wie möglich zu leben und weitgehend auf Nahrungsmittelimporte zu verzichten. Denn in dem Maße, indem sich unsere Energiekosten in den nächsten Jahren noch weiter verteuern werden, wird der Lebensstil des »Jederzeit und in Massen Verfügbaren« immer schwerer zu finanzieren sein. Außerdem wäre er auch heute schon nicht mehr rentabel, wenn wir die externen Kosten einer solchen Lebensweise berücksichtigen würden. Solche externen Kosten sind, zum Beispiel, der Ausstoß von Kohlendioxid beim Transport und bei der Beheizung der Treibhäuser. Oder die Ausbeutung natürlicher Ressourcen, wie etwa von Grundwasservorräten durch intensive Bodenbewirtschaftung. Daneben zerstört die intensive Landwirtschaft mit Monokulturen natürliche Lebensräume und Artenvielfalt und fördert die Bodenerosion.

Diese Kosten bezahlen wir nicht über höhere Preise, und auch der Verursacher muss keine höheren Abgaben leisten, um die Schäden zu beheben. Stattdessen lasten wir die Kosten künftigen Generationen auf. Nicht nur aus diesen Gründen macht es Sinn, die Ernährung wieder stärker auf saisonale und damit auch regionale Produkte umzustellen. Erdbeeren im Frühjahr und Gurken im Winter schmecken ohnehin nach recht wenig. Dass die von weither importierte Ware niemals so frisch und aromatisch sein kann wie die Früchte, die vor der Haustür wachsen, liegt auf der

Hand. Außerdem: Wer im Mai/Juni mehrmals die Woche frische Erdbeeren nascht, hat sich am Ende der Saison daran satt gegessen und kann gut und gerne für den Rest des Jahres darauf verzichten. So lässt sich das Jahr wieder in erlebbare und erfahrbare Jahreszeiten unterteilen, zumal die Natur genügend Abwechslung bietet.

Noch vor hundert Jahren war so ein Leben im Einklang mit der Natur und den Jahreszeiten für den Großteil der Bevölkerung selbstverständlich. Es wäre auch gar nicht anders gegangen. Marion Gräfin Dönhoff, die 1909 auf Schloss Friedrichstein zur Welt kam, beschreibt dies sehr anschaulich in ihrem lesenswerten Buch *Kindheit in Ostpreußen*[134]:

> »... denn natürlich war ein solcher Haushalt auf dem Lande hundertprozentig autark. Nichts wurde gekauft, alles selber produziert, Eier, Gemüse, Obst. Konsumiert wurde alles zu seiner Zeit, also immer dann, wenn die Zeit für das jeweilige Obst oder Gemüse gekommen war. So wurde eben wochenlang erst Spinat gegessen, dann kamen Erbsen dran, bis sie zu Kanonenkugeln herangereift waren; danach gab es Mohrrüben. Alles wurde überdies eingemacht oder in anderer Weise für den Winter präpariert: Mohrrüben in Sand eingegraben, Gurken in Steintöpfe eingelegt und der daraufgesetzte Holzdeckel mit einem Stein beschwert.«

1988, als dieses Buch erschien, beschrieb es bereits eine längst versunkene Welt, die bei den meisten Lesern wohl Staunen und Kopfschütteln hervorgerufen haben dürfte. Gleichzeitig haben die Erzählungen aus einer vergangenen Epoche und aus einem damals noch weit hinter dem Eisernen Vorhang liegenden Land aber einen großen Zauber. Sie schildern eine intakte Naturlandschaft, in der der Mensch in Harmonie mit seiner Umgebung wirtschaftet und trotz des mühevollen Lebens sich einen Blick für die Schönheiten der Natur bewahrt hat. Ob so ein Leben heute noch möglich und für viele Menschen erstrebenswert wäre? Wohl kaum. Dennoch ist es auch im 21. Jahrhundert möglich, so bewusst zu leben, dass die Jahreszeiten wieder erfahrbar werden. Und wir müssen dafür nicht einmal wochenlang jeden Tag Spinat essen.

---

[134] Marion Gräfin Dönhoff, *Kindheit in Ostpreußen*, btb Verlag, S. 92.

Wie kann so ein Jahresablauf heute aussehen?

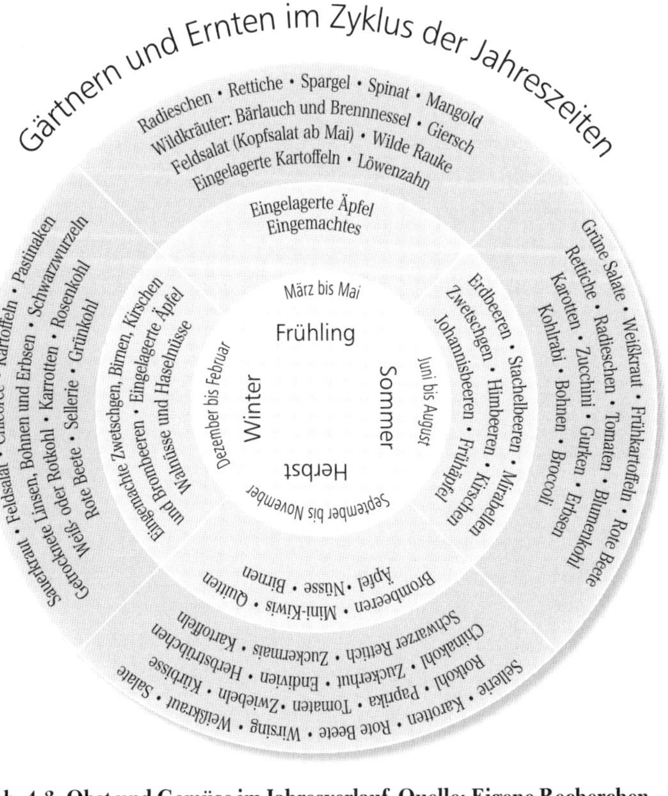

Abb. 4.3: Obst und Gemüse im Jahresverlauf, Quelle: Eigene Recherchen.

Beginnen wir mit dem Frühling, wenn die ersten grünen Triebe im März oder April aus dem Boden sprießen. Dann bietet sich als erstes eine Frischkräuterkur in Form von Spinat, Bärlauchpesto, Brennnesselsuppe oder Löwenzahnsalat an. Das junge zarte Grün hilft mit, den Körper nach der langen Winterzeit zu entschlacken und zu entgiften. Auch mit dem von allen verachteten »Unkraut«[135] Giersch kann man prima kochen. Bald darauf kommen dann schon die ersten Radieschen und kleinen Rettiche

[135] Es gibt im eigentlichen Sinne kein Unkraut, denn viele Wildkräuter sind nicht nur essbar, sondern eine echte Bereicherung für die Küche. Wildkräuter sind in jedem Fall nährstoffreicher als gezüchtete Gemüsesorten, enthalten also mehr Mineralien, Vitamine und sekundäre Pflanzenstoffe.

auf den Tisch. Im Mai gibt es jede Menge Spargel in allen Variationen und täglich eine große Schüssel grünen Salats. Im Winter streiche ich grünen Salat komplett aus unserem Speiseplan, da dieser nur im Gewächshaus unter künstlichen Bedingungen wächst. Der Mangel an Tageslicht führt außerdem dazu, dass die Nitratbelastung[136] von Salat im Winter um ein Vielfaches höher ist als bei Freilandsalat im Sommer.

Weiter geht es im Jahresverlauf mit Beeren: Erdbeeren, Johannis- und Himbeeren sind eine große Bereicherung für den Speisezettel im Frühsommer, da spätestens im Mai alle Äpfel aus der Vorratshaltung aufgebraucht sind. Im Gemüsegarten ist jetzt die Hauptwachstumsphase die uns vielerlei Genüsse beschert: Frühkarotten, erste Zucchini, Kohlrabi, Mangold und immer wieder Salate, Spinat oder Rettiche. Es ist die Zeit der oberirdischen Gemüse. Die Wurzel- und Fruchtgemüse benötigen dagegen eine längere Reifezeit und stehen meist erst ab August zur Verfügung: Kartoffeln, Tomaten, Sellerie, junge Kohlköpfe, Bohnen, Karotten, Zwiebeln, Blumenkohl, Brokkoli und so weiter. Im September ist die Auswahl an Gemüsesorten dann am größten: Kürbisse, Zuckermais, Paprika, sogar Auberginen reifen in unseren Breitengraden heran.

Hinzu kommt der Beginn der Obsternte: Äpfel, Zwetschgen, Birnen, Brombeeren und Nüsse sind überreichlich vorhanden und sorgen für viel Abwechslung in der Küche. Viele dieser Gemüsesorten lassen sich auch noch nach dem ersten Frost im Oktober oder November problemlos ernten, zum Beispiel die große Palette der Herbstsalate wie Endivien, Zuckerhut oder Chinakohl, aber auch die Schwarzwurzel, der Rosenkohl und die Pastinake. Feldsalat wächst sogar den ganzen Winter und kann an frostfreien Tagen immer frisch vom Beet geholt werden. Ab Ende Dezember wird der Speisezettel dann deutlich ärmer an frischen Gemüsen und Salaten. Kartoffeln, Äpfel, Karotten, Sauerkraut und Getreidesorten wie Dinkel, Hirse, Buchweizen oder Polenta sind dann die wichtigsten Energielieferanten. Hinzu kommen Linsen, getrocknete Bohnen und Erbsen, mit denen man viele schmackhafte Eintöpfe zubereiten kann.

---

[136] Nitrat an sich ist nicht giftig. Es ist aber eine Vorstufe von Nitrit, das für den menschlichen Körper je nach Dosis schädlich sein kann. Nitrit ist z. B. auch in Pökelfleisch enthalten.

Dazu ein kleiner Exkurs: Von vielen Menschen heute werden Hülsenfrüchte nicht besonders geschätzt. Sie gelten als Arme-Leute-Essen und als Gemüse, das nicht fein genug ist für die große Tafel. Nur wenige wissen, wie wertvoll Hülsenfrüchte als Energielieferant sind. Den alten Römern war dies noch bewusst: So war eine weitgehend vegetarische Diät aus Linsen, Bohnen und Getreide wohl die Hauptternährungsquelle der Gladiatoren, den Kraftsportlern der Antike. Auf der Basis einer solchen Ernährung waren sie für die strapaziösen Kämpfe und das tägliche Krafttraining bestens gerüstet. Dies haben Anthropologen der Universität Wien festgestellt, indem sie die Knochenfunde eines antiken Gladiatoren-Friedhofs aus Ephesos mit modernen Methoden analysiert haben.[137]

Auch die römischen Fußsoldaten ernährten sich von Getreide und Bohnen, wenn auch nicht ausschließlich. Pro Tag hatten sie oft 30 Kilo an Gepäck und Waffen zu schleppen und zwar über eine Strecke von rund 25 Kilometern. Getrocknete Bohnen oder Linsen waren nicht nur wenig anfällig für Schimmel, sondern auch eine besonders leichte Marschration und lieferten pro Kilo Gewicht mehr Kalorien als das schwerere Getreide. Am Ziel jeder Tagesetappe musste dann noch ein römisches Lager mit Gräben und Palisaden aufgebaut werden. Dies war eine physische Leistung, der heutzutage wohl nur noch die wenigsten Menschen gewachsen wären.

Ganz anders, in jedem Fall aber weniger strapaziös, sind die Herausforderungen der fünfköpfigen modernen Familie, die ihr Essen ausschließlich aus der Region beziehen will. Im Winter sind wir froh über die im Sommer eingeweckten Früchte, Marmeladen und Säfte, die für eine ausreichende Vitaminzufuhr sorgen. Getrocknete Kräuter und Tees sorgen ebenfalls für Abwechslung. Mangel kann so jedenfalls keiner entstehen, und der Verzicht auf Importgemüse ist jederzeit möglich. Im Gegenteil: Wer im Winter selten bis nie Gurken, Tomaten oder Paprika verzehrt, dem schmecken sie im Sommer umso besser.

[137] Spiegel Online vom 02.03.04, *Gladiatoren waren fette Vegetarier.*

Natürlich ist eine Vorbedingung für eine solche Ernährung, dass auch Kinder Salat, Sauerkraut oder Linsen essen. Dies ist heutzutage alles andere als selbstverständlich. Es gibt Kinder, die überhaupt keinen Salat oder nur geschmacklose Gemüsesorten wie Gurken zu essen bereit sind. Wie alles, ist dies jedoch eine Frage der Gewöhnung und der Zubereitung. Mit Zwang erreicht man bei Kindern tatsächlich wenig, aber auf feste Gewohnheiten, Regeln und Rituale lassen sie sich meist gerne ein. Eine der wichtigsten Regeln in unserem Haushalt lautet: Es wird kein unverdorbenes Essen weggeworfen. Dies ist meiner Meinung nach das erste und wichtigste Gebot der Nachhaltigkeit, das Kinder lernen müssen.[138] Wie der World Wildlife Fund (WWF) Deutschland soeben in einer ausführlichen Studie berichtet hat, wirft der durchschnittliche Deutsche pro Jahr derzeit 80 Kilo an Nahrungsmitteln in den Müll. Eine vierköpfige Familie könnte demnach im Jahr bis zu 1.200 Euro sparen, wenn sie weniger wegwerfen würde. Vielen Konsumenten ist zum Beispiel nicht klar, dass ein Überschreiten des Mindesthaltbarkeitsdatums nicht zwangsläufig bedeutet, dass das Lebensmittel verdorben ist. Sonst müsste es ja Höchsthaltbarkeitsdatum heißen. Man sollte sich den Artikel also erst einmal genauer anschauen, bevor er in der Mülltonne landet.

Aber auch der WWF kommt zu dem Schluss, dass ein Umdenken gerade auch in Schulen und Kindergärten beginnen muss:

> »Der Umgang mit Lebensmitteln wird in der Kindheit gelernt. Neben dem Elternhaus sollte es Kindergärten und Schulen in weitaus stärkerem Maße ermöglicht werden, alltagspraktisches Wissen über Erzeugung, Lagerung und Zubereitung von Lebensmitteln zu vermitteln, damit Kinder frühzeitig Lebensmittel wertschätzen lernen.«[139]

Nicht nur Kinder, wir alle müssen wieder begreifen, dass ein schonender Umgang mit den Ressourcen unserer Erde nur dann möglich ist, wenn wir unser tägliches Brot wieder achten und nicht mehr davon verbrauchen, als wir zum Erhalt unseres Lebens benötigen.

---

[138] Siehe hierzu auch den Film *Taste the Waste* von Valentin Thurn, der die massenweise Vernichtung von Lebensmitteln und den Hunger in der Dritten Welt anschaulich macht, siehe www.tastethewaste.com

[139] http://www.wwf.de/fileadmin/fm-wwf/pdf_neu/studie_tonnen_fuer_die_tonne.pdf

Wo, wenn nicht bei selbst gesätem und geerntetem Gemüse, kann man die Ehrfurcht vor einem Lebensmittel noch erfahren und erspüren. Wer sich den täglichen Mühen und Anstrengungen des Gärtnerns unterwirft, denkt gar nicht daran, das mühsam Erwirtschaftete auf den Müll zu werfen. Durch die im letzten Kapitel beschriebene urbane Gartenbewegung haben auch immer mehr Menschen in der Stadt die Möglichkeit, diese existenzielle Erfahrung zu machen. Selbst auf einem Balkon lassen sich immer frische Kräuter anbauen.

Außerdem besteht in vielen Großstädten die Möglichkeit, sich für den Sommer eine Ackerparzelle zu pachten.[140] Viele Bauern im Umkreis der Städte bessern so ihr Einkommen auf. Die Flächen werden vom Landwirt zum Zeitpunkt des Kartoffellegens etwa Mitte April vorbereitet. Dabei werden mit dem Häufelpflug die Kartoffeldämme, im Fachjargon »Bifänge«, angelegt. Im Herbst nach der Ernte pflügt der Landwirt dann die Pflanzenreste wieder in das Erdreich. Ein 100-Meter-Bifang (ca. 80 Quadratmeter) kostet im Jahr rund 50 Euro Pacht. Auf dieser Fläche lässt sich der Gemüsebedarf einer Familie zumindest in den Sommermonaten problemlos decken. Für den Landwirt ist diese Form der Pacht lukrativ, da sie mehr einbringt als bei eigener Bewirtschaftung. Durch das Unterpflügen im Herbst stellt er sicher, dass aus seinem Feld auf Dauer keine Kleingartenanlage wird. Anders gesagt: Der Bauer kann sein Feld jederzeit wieder anderweitig nutzen, die Pachtverträge werden jährlich ausgehandelt und immer nur für die Dauer der Sommermonate. Zum Ausprobieren ist dies für Städter aber eine empfehlenswerte Sache.

Was sind nun die nächsten Schritte? Am Anfang steht die Überlegung, welche Gemüse man anbauen möchte. Am sinnvollsten ist eine möglichst detaillierte Planung vor der Bepflanzung. Diverse Gartenbücher helfen dabei. Als sehr praxisbezogen und informativ für alle Formen der Mischkultur[141] sind folgende Bücher zu empfehlen: *Mischkultur im Hobbygarten*, aus der »edition Gartenfreund« bei Ulmer von Schwester Christa

[140] Informationen unter www.unserland.info

[141] Das heißt, auf einem Beet werden mehrere Sorten von Gemüsen so miteinander kombiniert, dass sie sich gegenseitig im Wachstum begünstigen.

Weirich und *Auf gute Nachbarschaft. Mischkultur im Garten*, im pala Verlag von Natalie Faßmann.

Im nächsten Schritt müssen Saaten und Setzlinge erworben werden. Auch hier gibt es einiges zu beachten: Das Saatgut sollte zunächst einmal frei von Gentechnik sein, weil die Folgen der Gentechnik völlig unklar, vor allem aber unumkehrbar sind. Zum Beispiel werden in der Gentechnik Kopfsalatgene mit Rattengenen gemischt, damit der Salat länger haltbar ist. Dies ist jedoch ein Eingriff in den Bauplan der Pflanze, der nicht mehr rückgängig gemacht werden kann, da es immer zu einer Kontamination natürlicher Pflanzen kommt. Samen machen eben nicht an der Ackergrenze halt. Dazu muss man wissen, dass auf einem Gen bis zu 30.000 verschiedene Informationen gespeichert sind. Für den Genversuch werden zwei Eigenschaften bewusst gekoppelt, wie sich die Vermischung der restlichen 29.000 Gen-Eigenschaften langfristig auf die Art auswirkt, kann niemand wirklich abschätzen.[142]

Als nächstes sollte man sich überlegen, ob man den Trend zu Hybridsamen unterstützen möchte. Die meisten in den Gartencentern verfügbaren Sämereien sind solche Hybridsamen. Der Nachteil für den Kunden ist, dass sich diese Samen nicht selbst vermehren lassen, sondern jedes Jahr neu gekauft werden müssen. Wie der weltgrößte Saatmittelhersteller, der amerikanische Konzern Monsanto, die Nahrungsmittelerzeugung auf diese Weise bereits heute steuern und beeinflussen kann, zeigt eindrucksvoll der Film *We feed the world* von Erwin Wagenhofer (2005).

Nach wie vor gibt es aber eine Reihe kleiner Saatgutproduzenten, die sich nicht nur der biologischen Saatgutgewinnung, sondern auch der Zucht alter Kultursorten verschrieben haben. Einer der bekanntesten Vertreter ist Dreschflegel[143] aus dem hessischen Witzenhausen. Dort arbeiten 14 biologisch wirtschaftende Saatguterzeuger aus verschiedenen Regionen Deutschlands unter einem Dach zusammen. Ziel ist der Weiterverkauf von Saatgut, das über mehrere Pflanzengenerationen hinweg biologisch

[142] Eine sehr kritische Position zur Gentechnik nimmt der Film »Gekaufte Wahrheit« von Bertram Verhaag ein.
[143] www.dreschflegel-saatgut.de

erzeugt wird. Daneben ist eine große Vielfalt von Sorten, die an unterschiedliche Klimastandorte angepasst sind, ein wichtiges Züchteranliegen. So gehören auch alte Kulturpflanzen wie die Spargelerbse, die Weiße Beete oder die Zuckerwurz zum Sortiment. Die kleinen Produzenten haben, ganz David gegen Goliath, auch eine politische Botschaft: So schreibt Dreschflegel auf seiner Internetseite:

> »Hybriden können nicht oder nicht sortenecht weiter vermehrt werden; gentechnische Manipulation und Patentierung sollen zusätzlich der großen Mehrheit der Menschen die Verfügung über Saatgut aus den Händen nehmen. Die genannten Verfahren sind für eine lebendige, reichhaltige Ernährung unnötig und schädlich – sie dienen der Konzentration von Macht«,.

Das österreichische Pendant zu Dreschflegel ist der Verein Arche Noah[144], der ähnliche Ziele verfolgt und Pflanzen und Saatgut auch nach Deutschland verschickt. Unter eingefleischten Gärtnern bekannt sind daneben das Bingenheimer Saatgut[145], der Bioland Hof Jeebel aus der Altmark[146] und die Gärtnerei Naturwuchs aus Bielefeld[147]. Die beiden letztgenannten haben sich insbesondere einen Namen gemacht durch die Verbreitung historischer Kartoffelsorten. Nachdem in den letzten Jahrzehnten nur die immer gleichen Kartoffelsorten wie Siglinde oder Ackersegen von den landwirtschaftlichen Monokulturen in die Läden kamen, kann man seine Gäste längst wieder mit Raritäten wie dem Bamberger Hörnchen oder der französischen Trüffelkartoffel Vitelotte verwöhnen. Allerdings ist der Supermarkt um die Ecke hierfür (noch) nicht die richtige Anlaufstelle. Spezialisierte Gemüsehändler oder Internetanbieter führen jedoch schon ein recht breites Sortiment. Nur um ein paar Namen zu nennen: Da gibt es etwa die Kartoffel »Blauer Schwede«. Der Biogartenversand schreibt dazu: »Die legendäre Sorte mit der dunklen Schale und dem blauvioletten Fleisch … ist sehr alt, das genaue Alter und die Herkunft der Blauen Schweden sind unbekannt.«[148] Des Weiteren gibt es Kartoffeln mit so klangvollen Namen wie Duke of York, Belle de Fontenay, Peachbloom oder Rosa Tannenzapfen.

[144] www.arche-noah.at
[145] www.bingenheimersaatgut.de
[146] www.biogartenversand.de
[147] www.naturwuchs.de
[148] Biogartenversand-Katalog 2012, S. 15.

Allen diesen Kartoffeln ist gemeinsam, dass sie zum Teil aus dem 19. Jahrhundert stammen oder noch älter sind. Weil sie weniger ertragreich als die modernen Züchtungen einer Hochleistungslandwirtschaft waren, verschwanden sie jahrzehntelang aus den Gärtnereien. Doch nun drängen sie mit aller Macht zurück ins Rampenlicht. Gründe dafür gibt es viele: So sind die alten Sorten individuell angepasster an Klima und Bodenbeschaffenheit, resistenter gegen Schädlinge und Pilzkrankheiten und damit auch ohne massiven Dünge- und Spritzmitteleinsatz kultivierbar. Unübertroffen sind sie in ihrer Geschmacksvielfalt und keine gleicht im Aussehen der Anderen. Die heutige Generation ambitionierter Hobby- und Profiköche will weg von dem normierten Geschmack der Nachkriegszeit. Essen ist Kultur, und Kultur entsteht nur auf der Basis von Vielfalt und Vielseitigkeit.

6. Die Ernährung bestimmt unsere Gesundheit

Das Basen-Säure-Gleichgewicht, der richtige Nahrungsmix für die Familie, und: Wie Zwiebeln und Grütze auf die Speisekarte der Oberschicht gelangten.

In einem Industrieland wie Deutschland lassen sich die Ausgaben für das Gesundheitssystem auf eine relativ kleine Zahl chronischer Krankheiten zurückführen: Diabetes, Herz- und Kreislauferkrankungen, Allergien und Krebs, um nur die wichtigsten zu nennen. Für alle diese Erkrankungen ist bereits medizinisch nachgewiesen, dass sie durch ungünstige Ernährungsgewohnheiten in ihrer Entstehung gefördert werden. Zuviel Zucker kann Diabetes auslösen, eine salz- und fetthaltige Ernährung begünstigt Herz- und Kreislauferkrankungen. Daneben stehen viele Substanzen im Verdacht, Allergien oder sogar Krebs auszulösen. Dazu gehören chemische Zusätze wie Farb-, Aroma- und Konservierungsstoffe, die in vielen industriell gefertigten Nahrungsmitteln enthalten sind, besonders aber in den Fertigprodukten.

In dem Dschungel an Studien und sich oft auch widersprechenden Ernährungsempfehlungen kann man als Laie jedoch leicht die Orientierung verlieren. Ein paar grundlegende Regeln helfen jedoch, sich besser zurechtzufinden und seinen Alltag gesundheitsbewusster zu strukturieren:

1. Weniger Fleisch, dafür mehr Obst und Gemüse essen.
2. Zuckerkonsum drastisch einschränken, etwa durch den Verzicht auf zuckerhaltige Getränke oder süße Teilchen aus dem Backshop.
3. Auf Zusatzmittel im Essen achten (z. B. Farb-, Aroma- und Zusatzstoffe) und naturbelassene Nahrungsmittel bevorzugen.
4. Vollkorn ist generell besser als Weißmehl.
5. Salz durch frische Kräuter so weit wie möglich ersetzen.

Diese Empfehlungen lassen sich zusammenfassen in einem Ernährungsmodell, das in jüngster Zeit sehr populär geworden ist und das auf der Idee eines ausgewogenen Säure-Basen-Gleichgewichts im menschlichen Körper beruht. Säuren und Basen sind chemische Verbindungen, die in der Natur und damit auch in unserem Körper überall vorkommen. Wichtig ist: Treffen in unserem Körper ein Säuremolekül und ein Basenmolekül aufeinander, so neutralisieren sie sich gegenseitig und werden problemlos ausgeschieden.[149] Wenn dieser Ausgleich nicht mehr stattfinden kann, weil sehr viele Säuremoleküle auf nur wenige Basenmoleküle treffen, dann reichern sich die überzähligen Säuremoleküle im Körper an. Dies ist deshalb problematisch, weil der menschliche Körper ein bestimmtes Basen-Säure-Verhältnis braucht, um optimal funktionieren zu können. Eine Faustregel besagt, dass für eine optimale Gesundheit unsere Ernährung zu 80 Prozent aus basischen und nur zu 20 Prozent aus sauren Lebensmitteln bestehen darf.

Wenn dem Körper durch die Nahrung also ständig säurehaltige Moleküle zugeführt werden, muss er basische Reserven (zum Beispiel in den Knochen eingelagertes Kalzium) auflösen, um ein ausgeglichenes Milieu herstellen zu können. Durch einen Selbstversuch lässt sich relativ leicht feststellen, ob der Körper übersäuert ist oder nicht, und zwar mit einem PH-Messstreifen aus der Apotheke, auch bekannt unter dem Begriff Lackmuspapier. In Reaktion mit dem körpereigenen Urin lässt sich an der Farbe des Papiers das Säure-Basen-Verhältnis im eigenen Körper ablesen.

Um zu verstehen, was an unserer Ernährung falsch ist, müssen wir uns über den Säuren-Basen-Gehalt einzelner Nahrungsmittel im Klaren sein.

---

149 *Säure-Basen-Haushalt* von Dr. med. Michael Worlitschek, Trias-Verlag, S. 11f.

Basisch sind alle Gemüse- und Obstsorten. Je saurer ein Obst schmeckt, wie beispielsweise die Zitrone[150] oder die rote Johannisbeere, umso basischer ist ihre Wirkung. Sehr wichtig für eine an Basen reiche Ernährung ist die Kartoffel. Basisch reagieren auch alle Arten von Kräutern sowie Vollkorngetreide und Vollkornreis. Der Grund: Gerade in den Randschichten des Getreides sind die basischen Mineralstoffe enthalten, also Natrium, Kalium, Kalzium, Magnesium und Eisen. Auch Trockenfrüchte, Nüsse und Samen, sowie kalt gepresste Öle sind basische Lebensmittel. Butter, Milch, Buttermilch und Kefir sind nach der Basen-Säure-Lehre in ihrer Wirkung auf den menschlichen Organismus neutral, da die basischen Anteile (z.B. Kalzium) die sauren Anteile (tierisches Eiweiß) ausgleichen. Der große Rest unserer täglichen Nahrungsmittel, also in erster Linie alle tierischen Eiweiße wie Fleisch und Wurstwaren, aber auch Eier, sind nach der Säuren-Basen-Lehre als sauer einzustufen.

Basische Wirkung, positiv für die Ernährung	Neutrale bis leicht saure Wirkung, erlaubt in der Ernährung	Saure Wirkung, möglichst nicht mehr als 20 Prozent der täglichen Nahrung
Kartoffeln	Kalt gepresste Öle	Fleisch
Obst	Butter, Kefir	Wurst
Gemüse	Milch, Buttermilch	Eier
Zwiebeln, Knoblauch	Vollkornprodukte	Käse, Quark
Stilles Mineralwasser	Honig, Ahornsirup	Weißmehlprodukte
Kräutertees	Schafs- und Ziegenkäse	Zucker, Obstkonserven
Soja	Bier	Kaffee und schwarzer Tee
Frische Kräuter	Hirse, Dinkel, Buchweizen	Schokolade
Haselnüsse		Alkoholika
Kürbis- u. Sonnenblumenkerne		Seefische und Meeresfrüchte
		Kohlensäurehaltige Getränke
		Erdnüsse, Walnüsse

Abb. 4.4: Die wichtigsten sauren und basischen Lebensmittel im Überblick, Quellen: Eigene Recherchen, Michael Worlitschek, *Säure-Basen-Haushalt*, Trias-Verlag.

[150] Deshalb hilft die ausgepresste Zitrone auch bei der Bekämpfung eines Katers. Der Basenimpuls durch die Zitrone gleicht die Übersäuerung infolge des übermäßigen Alkoholgenusses aus.

Seien wir ehrlich, besteht unser Essen zu 80 Prozent aus basischen Nahrungsmitteln? Wohl kaum. Was essen wir stattdessen? Täglich Fleisch und Wurst, Zucker in allen Variationen, Brötchen, Brot aus Weißmehl sowie Teigwaren wie Nudeln, die meist auch nur aus Auszugsmehlen und Eiern bestehen, also auch einer Übersäuerung Vorschub leisten. Hinzu kommen alkoholische Getränke, Kaffee und schwarzer Tee. Alle diese Nahrungsmittel haben auf den Körper eine saure Wirkung! Mit anderen Worten: Der Körper muss sehr viel Energie aufwenden, um diese Nahrungsmittel zu verdauen und den Säureüberschuss im Körper abzubauen.

Aus diesem Grund ist es zum Beispiel auch ungünstig, sich als kranker Mensch von Fleisch oder Eiern zu ernähren. Der Körper ist durch die Krankheit, sagen wir etwa eine Erkältung, ohnehin geschwächt und muss mit den Krankheitserregern fertig werden. Indem wir uns von sauren Lebensmitteln ernähren, belasten wir die natürlichen Abwehrmechanismen zusätzlich, da sich der Körper dann auch noch gegen eine Übersäuerung zur Wehr setzen muss. Durch eine basische Ernährung kann sich der Körper dagegen voll und ganz auf seine Aufgabe konzentrieren, die Erkältungsviren unschädlich zu machen. Also im Krankheitsfall möglichst keinen Zucker, kein Fleisch oder sonstige tierische Eiweiße zu sich nehmen. Stattdessen: Kräutertees, Obstsäfte, Gemüse oder Obst in naturbelassener Form, möglichst roh, leichte Gemüsesuppen, Kartoffeln und Vollkornprodukte. Wer dies beherzigt, wird feststellen können, dass das Fieber oft schneller zurückgeht und viele Erkrankungen ohne Komplikationen überwunden werden können. Insbesondere bei der Pflege kranker Kinder kann man häufig weitgehend auf Fieberzäpfchen und Antibiotika verzichten, wenn Fleisch und Süßigkeiten konsequent vom Speiseplan gestrichen werden. Dafür reicht man Äpfel, Karotten, in der Schale gekochte Kartoffeln oder eine basische Gemüsesuppe.

Die basische Gemüsesuppe ist so schmackhaft, dass ich sie mittlerweile gegen die traditionelle, klare Fleischbrühe ersetzt habe – und Gäste dies meist gar nicht merken. Wie geht die Zubereitung? Diverse Gemüsesorten (zum Beispiel Zwiebel, Lauch, Sellerie, Pastinaken, Karotten, Fenchel, Petersilienwurzel) gründlich waschen und dann grob zerkleinern. Schälen der Gemüse ist überflüssig, da unter der Schale die meisten Vitamine und Mineralstoffe stecken, sodass das Kochen mit Schale weitaus gesünder ist. Gewürze hinzufügen wie zum Beispiel Knoblauch, Wacholderbeeren, Rosmarin, Quendel und Ingwer. Die Zutaten (700 g Gemüse) in einen Topf mit circa 1,5 Liter Wasser geben und eine halbe Stunde sprudelnd kochen lassen. Mit Salz abschmecken und sofort pur oder mit einer beliebigen Suppeneinlage servieren. Wichtig ist, dass die Säuren-Basen-Suppe nicht aufgewärmt gegessen wird, sondern frisch, da sie so die meisten Nährstoffe enthält. Reste der Suppe können jedoch im Kühlschrank eine Woche aufbewahrt und für andere Rezepte, in denen Gemüsebrühe vorkommt, verwendet werden.[151] Die einzelnen Gemüsesorten können hingegen je nach Jahreszeit und Vorräten unterschiedlich kombiniert werden, ohne dass dies die Qualität der Suppe beeinträchtigt. Fehlen sollte jedoch in keiner Zubereitung die Zwiebel.

Warum? Die Zwiebel ist eines unserer gesündesten Nahrungsmittel, und wir sollten sie täglich in irgendeiner Form zu uns nehmen. Sie ist eine der ältesten Kulturpflanzen der Menschheit überhaupt und wurde schon den ägyptischen Arbeitern und Sklaven, die die Pyramiden erbauen mussten, zu jeder Mahlzeit gereicht. Auch in der Mythologie und den Märchen vieler Völker wird die Wertschätzung der Zwiebel deutlich: Sie steht für Gesundheit, Langlebigkeit und Lebenskraft. Eva Aschenbrenner, die durch das Fernsehen bekannte Kräuterfrau aus Oberbayern, umschreibt die Heilkraft der Zwiebel mit folgenden Worten: »Im Darm wirkt sie wie ein Schwamm, der die Giftstoffe aufsaugt und nach draußen nimmt.«[152] Zwiebelsuppe, Zwiebelgemüse und klein geschnittene Zwiebel in Salaten, in Bratkartoffeln und Eintöpfen finden sich daher auch in allen überlieferten Rezeptsammlungen.

Ohne die Zwiebel konnte eine Hausfrau früher gar nicht richtig kochen, sie verfeinerte die einfachsten Gerichte, wie zum Beispiel die heute kaum noch bekannte Brenn- oder Brotsuppe. Die Brennsuppe ist im

---

[151] Die verkochten Gemüsebestandteile der Brühe werden entweder weggeworfen, besser kompostiert oder können auch in pürierter Form gegessen werden. Ihr Vitamingehalt ist dann allerdings gering, doch enthalten sie viele Ballaststoffe.

[152] Eva Aschenbrenner, *Die Kräuterapotheke Gottes*, Kosmos-Verlag, S. 58.

Grunde nichts anderes als eine Mehlsuppe, die in fünf Minuten zubereitet ist und daher früher, als die Frauen vom Feld kamen und zum Kochen wenig Zeit und für aufwendige Speisen wenig Geld hatten, sehr häufig auf den Tisch kam. Dafür wird das Mehl zusammen mit einer klein geschnittenen Zwiebel in Fett angeschwitzt, mit Kümmel und Wasser aufgekocht und mit Essig abgeschmeckt. Daher stammt auch der bayerische Ausdruck: »Bist wohl auf der Brennsuppn daher kemma?« Das bedeutet, dass jemand aus einfachsten Verhältnissen stammt. Bei der Brotsuppe handelt es sich um ein typisches Gericht der Resteverwertung, aus einer Zeit, als Brot zu kostbar war, um es wegzuwerfen. Klein geschnittenes altes Brot wird in Butter oder Öl zusammen mit einer zerkleinerten Zwiebel geröstet, dann mit Gemüse- oder Fleischbrühe aufgegossen und sämig eingekocht.

Die Zwiebel hilft jedoch nicht nur, die einfachsten Gerichte zu verfeinern und bekömmlich zu machen. Sie kann auch als Heilmittel vielseitig eingesetzt werden: So lassen sich die negativen Wirkungen von Bienen- oder Wespenstichen durch eine aufgelegte, halbierte Zwiebel deutlich abmildern. Auch kann mit Zwiebeln ein heilkräftiger Hustensirup selbst hergestellt werden: Dazu ein bis zwei Zwiebeln grob in Stücke schneiden, in ein Schraubglas geben und ein bis zwei Esslöffel Honig oder Kandiszucker hinzufügen. Nach ein paar Stunden hat sich ein Saft abgesondert, den der Kranke löffelweise stündlich einnehmen muss. Nach etwa 12 Stunden kommt kein neuer Saft mehr nach, und die Zwiebel kann weggeworfen werden.

Wichtig bei allen Anwendungen ist, dass der Keim der Zwiebel gründlich entfernt wird. Im Spätsommer kurz nach der Ernte hat die Zwiebel noch keinen Keim, da sie ganz frisch ist. Doch im Laufe des Winters und je nachdem, wie warm oder hell die Zwiebel gelagert wird, bildet sich in ihrer Mitte ein neuer Keim, die Basis für die spätere Samenbildung. Keime schützen sich in der Natur vor dem »Gefressenwerden«, indem sie teilweise giftige Substanzen enthalten. Daher sollte man Keime generell gründlich entfernen.

Ein weiterer wichtiger Aspekt einer gesunden Ernährung ist der Verzicht auf Weißmehl. Ein altes Sprichwort besagt: »Schwarzes Brot macht Wangen rot, weißes Brot macht Kinder tot.« Weißes Brot war bis zum Anfang des 20. Jahrhunderts eine Delikatesse, die sich nur die Oberschicht leisten konnte. Wer erinnert sich nicht an die Episode aus *Heidi*, dem Kinderbuch der Schweizer Autorin Johanna Spyri, in der das Landkind Heidi in Frankfurt bei der reichen Klara zum ersten Mal in ihrem Leben ein weißes Brötchen zu essen bekommt. Weil die kranke Großmutter zuhause auf der Alm immerzu davon spricht, wie schön weich solches Brot für einen zahnlosen alten Mund sei, versteckt Heidi jeden Morgen ihre Brötchen, um sie der Großmutter mitzubringen, nicht wissend, dass diese sehr schnell alt, hart und damit ungenießbar werden.

Die meisten Experten sind sich einig: Das um die wertvollen Randschichten beraubte Mehl ist zwar sättigend aber nicht unbedingt nahrhaft, und doch fällt es uns im Allgemeinen schwer, auf Vollkornprodukte umzustellen. Hilfreich kann hier die Verwendung der alten Getreidesorten Dinkel und Einkorn sein, da deren Vollkornmehl weniger schwer und dunkel ist als das von Weizen oder Roggen. Auf jeden Fall sinnvoll ist auch die Anschaffung einer haushaltsüblichen Getreidemühle[153]. Zum einen enthält frisch gemahlenes Mehl viele Vitamine und Mineralstoffe, die sich bei einer Lagerung sehr schnell verflüchtigen würden. Zum anderen lassen sich Getreidekörner, vorausgesetzt sie werden an einem trockenen und dunklen Ort gelagert, jahrelang problemlos aufbewahren, während Mehl nur sehr begrenzt haltbar ist. Damit eignet sich Getreide perfekt als Lebensmittel für Zeiten mit Versorgungsengpässen. Mit einer Menge von 25 Kilo Dinkel lässt sich eine Familie schon relativ lange »durchfüttern«.

Im Folgenden die wichtigsten Getreidesorten und ihr Nutzen im Überblick.

[153] Auf folgenden Internetseiten können Sie sich über Getreidemühlen in Haushaltsgrößen informieren: www.frischmahlen.de, www.getreidemuehlen.de, www.hawos.de, www.getreidemuehle.com

Getreidesorte	Wert für die Ernährung	Wissenswertes
Weizen	Besonders wertvoll sind die Randschichten des Weizenkorns, da sie sehr viele B-Vitamine und Vitamin E enthalten. Diese werden aber bei weißem Mehl beim Mahlvorgang weitgehend entfernt.	Emmer und Einkorn, die Urformen des Weizens, wurden bereits vor 4500 Jahren angebaut. Besonders vitaminreich ist gekeimter Weizen bzw. Weizenkeimöl, da sich der Vitamingehalt darin in kürzester Zeit verdoppelt.
Dinkel	Wurde als Getreide schon von den Kelten, Germanen und Römern angebaut, ist ideal zum Backen von Brot oder Kuchen. Sehr gesundes Getreide hat mehr B-Vitamine als der Weizen und einen höheren Fettgehalt. Enthält außerdem mehr Eisen, Phosphor und Magnesium, ist magenfreundlich und wird von Allergikern besser vertragen.	Das Lieblingsgetreide von Hildegard von Bingen, der Universalgelehrten des Mittelalters. Sie schrieb zur Wirkung des Dinkels: »Er ist das beste Getreide, fettig und kraftvoll und leichter verträglich als andere Körner. Wer ihn isst, bekommt rechtes Fleisch und gutes Blut. Und die Seele des Menschen macht er froh und voll Heiterkeit.«
Grünkern	Ist unreif geernteter Dinkel, der anschließend gedörrt und geröstet wird, um ihn haltbar zu machen. Durch das Rösten bekommt der Dinkel ein würziges Aroma und kann daher idealerweise für Eintöpfe oder auch als Hackfleischersatz verwendet werden.	Grünkern und Dinkel gerieten wegen des ertragreicheren Weizens fast in Vergessenheit, erlebten die letzten Jahre aber eine Renaissance. Beide Sorten lassen sich auch auf weniger ergiebigen Böden noch gut anbauen und benötigen weniger Pestizide und Düngemittel als Weizen.
Hafer	Hafer gilt als das vollwertigste aller Körner, denn er enthält doppelt so viel hochwertiges Eiweiß wie die restlichen Getreidearten. 100 g Hafer decken einen wesentlichen Teil unseres Tagesbedarfs an essenziellen Aminosäuren. Hafer enthält außerdem Substanzen, die Bakterien binden können. Deshalb ist Haferschleim bei allen Magen-Darm-Störungen die ideale Ernährung.	Haferbrei gehörte jahrhundertelang auf jeden Frühstückstisch, aber im 19. Jahrhundert wurde es Mode, Brot anstatt Brei zum Frühstück zu essen. Wegen des hochwertigen Eiweißanteils sagt man dem Hafer nach, besonders wertvoll fürs Gehirn zu sein, also die ideale Kost für alle »Geistes-Arbeiter«.
Roggen	Im Nährwert unterscheidet sich Roggen kaum vom Weizen. Roggenbrot stellt höhere Anforderungen an den Bäcker, da Hefe allein als Triebmittel nicht ausreicht. Roggenbrote sind daher immer Sauerteigbrote, die jedoch leichter verdaulich und bekömmlicher sind als reine Hefebrote.	Roggen war das Brotgetreide der Germanen, da er winterhart ist und bei niedrigsten Temperaturen keimt. Das anspruchslose Getreide kann bis zum Polarkreis und in Höhen bis zu 2000 m angebaut werden. Doch die Römer schätzten ihn nicht. Plinius schrieb: »Roggen ist ein minderwertiges Zeug und nur zur Stillung des Hungers gut.«

Getreidesorte	Wert für die Ernährung	Wissenswertes
Buchweizen	Ist nicht zum Brotbacken geeignet, jedoch ideal für Kuchen, Pfannkuchen oder Grütze. Enthält sehr viel Kieselsäure und wertvolle Eiweiße. So enthält er dreimal so viel Lysin wie Weizen. Lysin ist notwendig für das Knochenwachstum.	Buchweizen gibt es erst seit dem 15. Jahrhundert in Europa. Er wurde durch die Kriegszüge der Mongolen nach Europa eingeschleppt und gedieh vor allem auf kargen Böden. Später wurde er durch die Kartoffel verdrängt.
Hirse	Hirse ist das kleinste unter den Getreidesorten und zugleich auch mit das gesündeste. Ist fettreicher und enthält mehr Mineralstoffe als alle anderen Getreidesorten. Eignet sich zum Backen von Pfannkuchen sowie für viele pikante und süße Breigerichte, Risottos, Aufläufe und Salate. Ist in der Küche ähnlich zu verwenden wie Reis.	Schon die Menschen in der Jungsteinzeit haben in Europa Hirse angebaut. In China gehörte die Hirse bereits 2800 v. Chr. zu den fünf heiligen Nahrungspflanzen. Bis in die Neuzeit war Hirse das Getreide der armen Leute, die sich den teureren Weizen nicht leisten konnten. Durch Kunstdünger und Pestizide wurde jedoch der Weizenanbau flächendeckend möglich und verdrängte als günstiges Brotgetreide die Hirse.

Abb. 4.5: Die wichtigsten Getreidesorten im Überblick, Quelle: Das große Buch der Vollwertküche, essen& trinken, Naumann & Göbel-Verlag, eigene Recherchen.

Der ideale Aufbewahrungsort ist beispielsweise das Schlafzimmer, also ein trockener Raum, der im Winter nicht beheizt wird. Im Keller besteht dagegen die Gefahr von Feuchtigkeit und damit Schimmel. Getreide ist auch in ganz normalen Zeiten vielseitig verwendbar, ob zum Backen von Kuchen oder Brot, für süße Speisen oder selbst gemachte Nudeln oder Spätzle. Daneben empfiehlt es sich, einmal pro Tag einen Getreidebrei anstelle von Brot zu essen. Noch zu Zeiten Ludwig van Beethovens war es ganz selbstverständlich, dass die gesamte Bevölkerung, also auch die Gutsituierten, eine Mahlzeit pro Tag als Getreidebrei verzehrten. Der mittlerweile schon etwas verstaubte Begriff »Grütze« meint nichts anderes als grob geschrotetes Getreide, das als süßer Brei oder als dicke Suppe verkocht wurde. Auch das englische Porridge stammt aus dieser Tradition und wurde selbst in Herrenhäusern in silbernen Schüsseln zum Frühstück gereicht. Der Vorteil eines Getreidebreis ist, dass er sehr schnell zuzubereiten ist und dass man, um satt zu werden, eine kleinere Menge Getreides als im Brot benötigt. Für Magen und Darm ist ein solcher Brei zudem in der Regel schonender als frisches Brot, das bei der Verdauung Gärprozesse auslösen kann.

Wie bereitet man eine solche Grütze oder auch Müsli zu? Pro Person zwei Esslöffel Dinkel, Buchweizen, Hafer oder Hirse (einzeln oder gemischt) mit einer Getreidemühle grob schroten und über Nacht in etwas Wasser einweichen. Am nächsten Morgen kurz aufkochen und abkühlen lassen. Dann nach Belieben einen geriebenen Apfel, klein geschnittenes Obst und einige Nüsse hinzugeben. Wer möchte, kann noch Sahne, Joghurt oder etwas Honig hinzufügen. Im Gegensatz zu vielen Fertigprodukten enthält dieses Müsli keinen Zucker, nur den natürlichen Fruchtzucker des Obstes.

Die Indianer Nordamerikas kannten überhaupt keinen Zucker. Die einzige Süßigkeit, die sie sich gegen Ende des Winters leisteten, war der Pflanzensaft aus angebohrten Ahornbäumen. Wer auf einer Nordamerika-Reise zufällig eine Maple-Syrup-Ernte erlebt hat, weiß, dass dieser unverdünnte Baumsaft für uns Zivilisationsmenschen wie Wasser schmeckt. Unsere Geschmackssinne sind durch den vielen Zuckerkonsum so abgestumpft, dass wir die Süße in einem unbehandelten Ahornbaumsaft überhaupt nicht wahrnehmen können. Anders als die Indianer früher müssen wir den Wasseranteil darin fast vollständig verdampfen lassen, um die Süße zu registrieren.

Zucker begegnet uns hierzulande auf Schritt und Tritt, und es ist fast unmöglich, komplett darauf zu verzichten. Doch wer einige Hinweise beachtet, kann den Zuckerkonsum gerade auch bei Kindern in einem überschaubaren Maß halten:

- Wenig Fertigprodukte kaufen, da diese sehr häufig überproportional viel Zucker enthalten.
- Statt Schokolade auch mal zu Trockenfrüchten greifen.
- Selbst gebackene Kuchen enthalten in der Regel weniger Zucker als die aus der Bäckerei.
- Brauner Rohrzucker oder Honig sind insofern besser, weil sie im Gegensatz zu weißem raffinierten Zucker noch Mineralien und Vitamine enthalten.
- Statt gezuckerten Limonaden Wasser trinken und Obstsäfte immer mit Wasser verdünnen.

Das Thema Ernährung ist ein weites Feld, und es ließen sich noch viel mehr Beispiele für eine gesunde Ernährung finden. Doch kann in diesem Kapitel kein vollständiger Überblick gegeben werden. Wer anfängt, sich für selbst angebautes, selbst gekochtes und möglichst naturbelassenes Essen zu interessieren, wird schnell in der Thematik heimisch werden und die Informationen, die schon jetzt in der Presse, im Radio, Fernsehen und in Fachbüchern zur Verfügung stehen, bewusster nutzen. Zweifelsohne ist die Ernährung ein Weg zu einer besseren Gesundheit und stärkeren Immunabwehr, daher ist sie auch eine optimale Vorbereitung für Krisen jeglicher Art. Das Wissen und die Fähigkeiten, die man sich heute schon aneignet, sind dann im Krisenfall sicher und schnell abrufbar. Daher sei noch einmal an das Motto vom Anfang des Kapitels erinnert: Beginnen Sie sofort und in kleinen Schritten, Ihr Leben bewusster und nachhaltiger zu gestalten. Wenn Sie auf den Tag X warten, an dem es vielleicht unvermeidlich werden könnte, einige Dinge selbst in die Hand zu nehmen, bekommen Sie wahrscheinlich große Konkurrenz. Das bedeutet nicht nur mental Stress, sondern kann die Vorbereitungen auch teurer und mangels Praxiserfahrung in mancher Hinsicht sogar unmöglich machen.

Die Autoren

Peter Boehringer (Jg. 1969)

Der Vermögensberater und Wirtschafts-Blogger beobachtet einen seit Jahrzehnten fortschreitenden Werteverfall unserer Gesellschaft, der uns in die Kreditabhängigkeit getrieben hat. Als zentrale Ursache dieser Entwicklung sieht der Wirtschaftsinformatiker und Diplom-Kaufmann das herrschende Schuldgeldsystem, das das gewohnheitsmäßige Leben auf Pump erst ermöglicht hat; und uns nun – beschleunigt durch die Finanzkrise – zum Umdenken zwingt.

Boehringer hat diese geistige Neuorientierung in den vergangenen neun Jahren vollzogen, nachdem er zuvor ein Jahrzehnt als Unternehmensberater, Firmengründer und Finanzinvestor tätig war. Nach sechs Berufsjahren als Consultant bei der US-Strategieberatung Booz, Allen & Hamilton machte er sich zunächst mit einem Telekommunikations-Unternehmen in Frankfurt selbstständig. Nach der Jahrtausendwende wechselte er vom Kapitalnehmer auf die Seite der Kapitalgeber zur börsennotierten britischen Private-Equity-Gesellschaft 3i und erlebte das Platzen der New-Economy-Blase und die Folgen hautnah mit.

Die mit zwölfjährigem Abstand heute fast harmlos erscheinende Dotcom-Krise bewog Boehringer dazu, Ursachenforschung zu betreiben. Seit 2003 verfasste er Hunderte Kommentare mit Dokumentarcharakter über die Fehlentwicklungen unserer kreditsüchtigen Gesellschaft. In dem Kapitel »Geistige Vorbereitung« beschreibt er die Lebenslügen unserer Zeit, die zur absehbaren und keineswegs mit »Rettungspaketen« überwindbaren Schuldenkrise geführt haben. Sie zu erkennen, war für den zweifachen Familienvater und leidenschaftlichen Rennradfahrer die Voraussetzung für den Beginn eines veränderten, stimmigeren Lebens.

Philipp Vorndran (Jg. 1962)

Der Kapitalmarktstratege und Diplom-Kaufmann berät seit mehr als 25 Jahren Anleger dabei, ihr Erspartes zu mehren. Er hat seine Karriere bei der Deutschen Bank begonnen und war bis 2008 für die Schweizer Häuser Julius Bär und Credit Suisse tätig, bevor er zum Kölner Vermögensverwalter Flossbach von Storch wechselte.

Vor zehn Jahren hat der gebürtige Würzburger angefangen, sich stärker um die Anlageklasse der Rohstoffe zu kümmern. Als viele Investoren sich noch mit der Analyse der gerade geplatzten New-Economy-Blase beschäftigten, empfahl Vorndran seinen Kunden erstmals, Gold zu kaufen. Ein Investment, das für ihn seit dieser Zeit genauso zu den festen Bestandteilen eines gut sortierten Depots gehört wie Aktien und andere Sachwerte. Allerdings desillusioniert der Geldprofi Anleger regelmäßig: Es gehe in der Schuldenkrise nicht darum, riesige Kursgewinne zu erzielen, sondern das reale Vermögen zu erhalten! Vorndran rechnet mit steigender Inflation, die die Bürger erst schleichend, dann beschleunigt enteignet.

Keine schönen Aussichten für den zweifachen Vater, den man zwischen Strategiebesprechungen, Kundenterminen und Investmentkonferenzen durchaus auch mal beim Holzhacken im Garten erreichen kann – oder gleich in China. Vorndran liebt Fernreisen und führt seine Expertise zu Anlagestrategien in den Emerging Markets auch wesentlich auf die Erfahrungen vor Ort zurück. Als einer von wenigen in der Finanzbranche gönnt er sich auch mal kleinere Auszeiten, um über Grundsätzliches nachzudenken – oder auch, um Bücher zu schreiben. Gemeinsam mit Bert Flossbach hat er seine Sicht der Dinge in dem Titel *Die Schuldenlawine. Demokratie, Wohlstand, Vermögen in Gefahr* dargelegt, das ebenfalls im FinanzBuch Verlag erscheint. Für den *Privaten Rettungsschirm* hat Vorndran seine Vermögensstrategie für die anstehenden unsicheren Zeiten praxisnah zusammengefasst.

Gerhard Spannbauer (Jg. 1964)

Der gelernte Schreiner und Autodidakt betreibt eine der führenden Internetseiten für Krisenvorsorge im deutschsprachigen Raum. Einer größeren Öffentlichkeit bekannt wurde er 2008 durch sein Bestseller-Buch *Finanzcrash – die umfassende Krisenvorsorge.* Das Timing dafür hätte nicht besser sein können: Es erschien kurz nach der Pleite der US-Investmentbank Lehman Brothers, die das Finanzsystem an den Rand des Zusammenbruchs gebracht hatte.

Seitdem hat Spannbauer seine Expertise auf dem Gebiet der Vorratshaltung und persönlichen Vorsorge weiter ausgebaut, hält Vorträge und betreibt in der Nähe von München einen Shop für Krisenutensilien aller Art. Dabei hatte der gebürtige Schwabe am Anfang seiner Laufbahn alles andere im Kopf als Crashs und Ausstiegsszenarien. Er arbeitete im Vertrieb, gründete eine Firma zur Vermittlung von Garagenstellplätzen – und wollte reich werden. Als er anfing, sich Gedanken übers Geldanlegen zu machen, kamen ihm große Zweifel am Finanzsystem. Zweifel, die sein Handeln und seine Empfehlungen noch immer dominieren.

Der vierfache Familienvater rechnet gerade nach Lehman fest mit einem plötzlichen Zusammenbruch der Geldversorgung, solange die Regierungen das Schuldenproblem nicht in den Griff bekommen. Um sich gegen die unabsehbaren Folgen eines solchen Geldcrashs zu wappnen, hat Spannbauer ein Konzept der Vorratshaltung entwickelt, mit dem eine Familie drei bis sechs Monate weitgehend autark leben kann. Zur persönlichen Vorsorge rechnet Spannbauer auch die Fähigkeit und die Bereitschaft, sich persönlich umzuerfinden, neue Erlösquellen zu sichern, sollte der angestammte Job einem in und vor allem nach der Krise keine Perspektiven mehr geben.

Christine Illing (Jg. 1962)

Die studierte Volkswirtin (München, Montpellier und London/Ontario) arbeitete zunächst 15 Jahre lang als Finanzjournalistin und Medienberaterin für Vermögensverwalter und Fondsgesellschaften. Nach der Geburt des dritten Kindes 2001 konzentrierte sie sich mehr und mehr auf das »Kleinunternehmen« Familie und tauschte die Finanzmärkte gegen Themen wie »Gesunde Ernährung« und »Gesundheitsvorsorge«.

Aufgeschreckt durch die Verschreibungspraxis mancher Ärzte definierte sie ihre Leistungsziele neu: Die Kinder möglichst ohne Antibiotika großziehen und dabei auf gesunde Ernährung und Medizin aus der Natur setzen. Viel frisches Gemüse und der Verzicht auf Fertigessen waren hierfür eine der Voraussetzungen. Dies gab wiederum den Ausschlag, sich für neue, nachhaltige Methoden des Gärtnerns zu interessieren. Aus dem Gemüse- und Obstanbau ergaben sich viele Impulse für die Haltbarmachung von Nahrung und damit auch Überlegungen zu einer besseren Vorratshaltung. Als Organisatorin einer Permakultur-Gruppe managt Illing das Leben ihrer Familie im Münchner Umland mittlerweile konsequent nach den Prinzipien der Regionalität, der Nachhaltigkeit und des Naturschutzes. Zukunftskonzepte wie »eigene Bienen halten« oder »selbst Sauerteigbrot backen« erscheinen der Expertin für Selbstversorgung heute aussichtsreicher als Spekulationen an den Finanzmärkten.

Damit steht die gebürtige Münchnerin längst nicht mehr allein, denn das Interesse an solchen Themen nimmt ständig zu. Gesunde Ernährung ist immer mehr Menschen ein großes Anliegen, wie nicht nur der Zuwachs im Handel mit Bio-Lebensmitteln beweist. Vielen Interessierten fehlt jedoch noch das Know-how und der Zugang zu den richtigen Netzwerken. Dies sollte mit dem Kapitel »Einstieg in ein nachhaltiges Leben« aber auch Neueinsteigern gelingen.

Simone Boehringer (Jg. 1971)

Die Wirtschaftsjournalistin und Volkswirtin berichtet seit fast 15 Jahren über Banken, Börsen, Geld und Krisen, seit mehr als zehn Jahren als Redakteurin für die Süddeutsche Zeitung. Die wachsende Diskrepanz zwischen dem, was von vielen Fachleuten inzwischen über die Schuldenkrise gesagt und gedacht wird und dem, was öffentlich dazu debattiert wird, hat sie dazu bewogen, als Herausgeberin an diesem Buch mitzuwirken.

Nach fast fünf Jahren Finanzkrise bezweifelt die »zuagroaste« Münchnerin, dass die laufende Politik zur Euro-Erhaltung, bei der Schulden mit immer neuen Schulden bekämpft werden, Erfolg im Sinne der Bürger haben kann. Sie ist daher überzeugt, dass sich jeder selbst einen »privaten Rettungsschirm« bauen sollte, um eine Verschlechterung des eigenen Lebensstandards möglichst gering zu halten.

Boehringer begann ihre Laufbahn kurz nach dem Berliner Mauerfall bei zwei Lokalradiosendern im Schwäbischen und absolvierte dann ein studienbegleitendes Volontariat bei der Passauer Neuen Presse. Nach kurzen Stationen bei der Deutschen Presseagentur und dem Börsenfernsehsender n-tv wechselte sie 1998 zum Wirtschaftsmagazin »Markt und Mittelstand«, dann zur SZ.

Womit wir morgen zahlen werden

Ulrich Horstmann

Mit dem jüngsten Schuldenschnitt wurde Griechenland gerettet, aber nur scheinbar. Auch andere Krisenstaaten wie Spanien oder Italien können ohne drastische Maßnahmen ihre gigantischen Schuldenberge niemals abtragen. Das haben die Finanzmärkte längst erkannt, und so wird sich die Lage in kürzester Zeit dramatisch zuspitzen -- egal wie riesig die nächsten Rettungsschirme auch sein werden.Deshalb sollten Anleger nicht zögern und sich rasch auf die möglichen Folgen dieser einschneidenden Maßnahme vorbereiten.

240 Seiten | Hardcover | 16,99 € (D) | ISBN 978-3-89879-696-5

Weltkrieg der Währungen

Daniel D. Eckert

Die Explosion der Schulden im Westen und der Aufstieg Chinas im Osten schaffen eine hochbrisante Konstellation: Schleichend verliert der Dollar seinen Status als Leitwährung. Der Euro kämpft, von Interessenkonflikten zerrieben, ums nackte Überleben. Zugleich setzt Peking seine »Volkswährung« Yuan als Waffe ein, um zur alles beherrschenden ökonomischen Supermacht aufzusteigen. Von Finanzkrise und Rezession verunsichert, erinnern sich die Sparer an die traditionelle Währung Gold, und auch viele Notenbanken stocken ihre Edelmetallbestände systematisch auf. Doch echte Sicherheit ist schwer zu finden: Längst manipulieren die Regierungen die Märkte in nie gekanntem Ausmaß. Um das Geld der Welt tobt ein Kampf der Giganten.

304 Seiten | Hardcover | 19,99 € (D) | ISBN 978-3-89879-684-2

Ein Service des FinanzBuch Verlags:
kurs+
www.kursplus.de
Autoren live
erleben –
Fragen stellen
Abonnieren Sie unverbindlich unseren Newsletter – alles über unsere kostenlosen Veranstaltungen, Kongresse und Seminare.
www.seminar-newsletter.de